POLITIQUE

DE TOUS LES CABINETS

DE L'EUROPE.

POLITIQUE

DE

TOUS LES CABINETS

DE L'EUROPE,

PENDANT

LES RÈGNES DE LOUIS XV ET DE LOUIS XVI,

COMMENTÉE

PAR M. LE COMTE DE SÉGUR,

DE L'ACADÉMIE FRANÇAISE, PAIR DE FRANCE.

Quatrième Édition, revue, corrigée et augmentée.

TOME SECOND.

BRUXELLES,

ARNOLD LACROSSE, IMPRIMEUR-LIBRAIRE,
RUE DE LA MONTAGNE, N° 1015.

1825.

POLITIQUE
DE
TOUS LES CABINETS
DE L'EUROPE,

PENDANT LES RÈGNES DE LOUIS XV ET DE LOUIS XVI,

COMMENTÉE

PAR M. LE COMTE DE SÉGUR.

CONJECTURES

RAISONNÉES

SUR LA SITUATION ACTUELLE DE LA FRANCE

DANS

LE SYSTÈME POLITIQUE DE L'EUROPE,

ET

RÉCIPROQUEMENT SUR LA POSITION RESPECTIVE DE L'EUROPE A L'ÉGARD DE LA FRANCE.

SUITE DE LA SECTION II.

ARTICLE VI.

DE LA PORTE.

On ne remontera point ici jusqu'à l'origine de l'alliance entre la couronne de France et l'empire ottoman.

On sait que, depuis François Ier jusqu'à nos jours, cette alliance a toujours été plus ou moins intime, et qu'elle a donné continuellement de l'ombrage à la maison d'Autriche, qui n'a pas cessé, en conséquence, de chercher à tirer de la France quelques assurances ou déclarations, ou à l'entraîner dans des engagemens et des démarches dont la cour de Vienne s'est souvent aussitôt prévalue auprès de la Porte.

Son objet a été constamment de rompre, ou du moins de relâcher, par ces moyens, les liens de cette alliance, aussi ancienne que naturelle. Ce système a été ensuite adopté par la Russie, et ces deux cours, depuis quelque temps, ont mis en œuvre plus que jamais les mêmes manœuvres. Il faut espérer qu'on se lassera de leur faire des confidences ou des ouvertures dont elles ne se lassent point d'abuser.

Tantôt la cour de Vienne est parvenue, par cette conduite, à parer des coups dangereux que la France et l'empire ottoman auraient pu lui porter de concert, lorsque l'une de ces deux puissances, ou les-deux ensemble, étaient en guerre avec l'Autriche.

Tantôt, en pleine paix, elle a feint de se rapprocher de nous; elle a sollicité, elle a obtenu des témoignages d'amitié, d'union et de confiance dont elle s'est servie pour en imposer à la Porte, du moins par la crainte d'être abandonnée de la France.

Enfin elle a même obtenu une fois, de la générosité de Louis XIV, un secours effectif qui sauva les États d'Autriche. Le passage du Raab allait ouvrir à l'armée ottomane la Styrie et la Carinthie, et déjà les Tartares avaient porté leurs courses jusque dans ces provinces. Six mille Français arrivent au bord de cette rivière, battent les Turcs, les forcent à la repasser en désordre, et les mettent hors d'état d'agir pour tout le reste de la campagne *.

Ce bienfait de Louis XIV fut reconnu de Léopold, comme l'indulgence et la facilité de François Ier l'avaient toujours été de Charles V, et comme le secours de Vienne par Sobieski le fut ensuite du même Léopold. Celui qu'il avait obtenu de Louis XIV n'excita dans l'âme de cet empereur qu'un sentiment de crainte, de jalousie et de haine. Ce fut le germe des guerres longues et sanglantes au milieu desquelles il mourut, comme il avait vécu, à l'aumône de l'Angleterre et de la Hollande, sans avoir acquis beaucoup de gloire personnelle, mais avec la satisfaction d'avoir triomphé à Hochstet du fond de son palais, et de laisser

* Bataille de Saint-Gothard, en 1664.

son bienfaiteur à deux doigts de sa perte *.

L'abandon, la disette de toutes choses, qu'éprouva, dans les États autrichiens, ce corps victorieux de troupes françaises qui venait de les délivrer, les réflexions que produisit le ressentiment de la Porte, qui rejaillit sur l'ambassadeur et sur la nation, mais surtout les conseils du sage Colbert, occupé dès-lors à créer nos fabriques de draps et à nous en assurer le débouché dans le Levant, tout enfin concourut à ramener l'ancien système de l'union la plus intime avec l'empire ottoman. On ne s'en était écarté, en faveur de l'Autriche et des Vénitiens, que par un reste de l'esprit de chevalerie ** : on y revint par les calculs de la plus saine politique.

Ce retour à l'ancien système, au seul bon, au véritable, avait porté et soutenu la France au plus haut degré de considération fondée sur la puissance fédérative; et ce fut à cette considération et à ses liaisons intimes avec la Porte qu'elle dut l'avantage d'être recherchée par les deux partis, et d'avoir les honneurs de la médiation dans le traité de Belgrade, et dans celui

* En 1705.
** Pendant le siége de Candie, où Louis XIV envoya si souvent des secours, qui reculèrent si long-temps la perte de cette île, mais qui le compromirent aussi souvent avec la Porte.

de 1724, entre les cours de Pétersbourg et de Constantinople.

De ces liaisons dérivait pour la France, relativement à une partie de l'Europe, ce crédit de considération que donnera toujours à un grand État la puissance fédérative. Il était fondé sur deux persuasions qui servaient à faire respecter cette couronne de toutes les puissances voisines de l'empire ottoman :

L'une, que cet empire pouvait, dans plusieurs cas, employer ses forces au gré de la France par de puissantes diversions;

L'autre, que dans le cas où la France voudrait bien rester neutre, elle aurait, du moins à la Porte, la plus grande influence, pour l'engager à continuer la guerre ou à la terminer par sa médiation.

En maintenant avec la Porte cette union et cette intimité, la France était donc sûre de conserver une branche essentielle de sa puissance fédérative.

Dans les cours voisines du Turc, ces deux persuasions, sur lesquelles était fondée, à l'égard de la France, une partie de sa considération, ne pouvaient subsister qu'autant qu'elle se réserverait la liberté du choix, c'est-à-dire de rester neutre et indifférente, ou de devenir partie, et d'entrer en jeu directement ou indirectement par des diversions faites à propos, soit d'elle-même, soit de ses alliés et subsidiaires; ou enfin de donner du poids et de la valeur à sa neutralité, en se portant pour médiatrice, et en soutenant sa médiation d'un appareil assez imposant pour qu'elle ne fût jamais refusée.

C'est, en effet, la position glorieuse et brillante où la France était restée depuis la paix de Belgrade, et où elle se trouvait encore après le traité d'Aix-la-Chapelle. Il ne tenait qu'à elle de s'y maintenir toujours à l'égard de la Porte et des États voisins de l'empire ottoman, enfin de conserver par là son rang, sa place naturelle à la tête des grandes puissances. Il ne fallait pour cela pas de soins, de dépenses, d'intrigues, ni de négociations : tout se réduisait à un seul moyen bien simple, *à rester comme on était* *.

La guerre maritime que nous fit l'Angleterre, en 1755, aurait été, sans doute, un motif de plus pour rester, relativement à la Porte et à ses voisins, dans cette position avantageuse. Respectée, redoutée dans le continent, la France

---

« * Une grande vérité, contraire à l'assertion de Favier, est que l'on ne peut rester comme on est qu'autant que les autres restent comme ils sont : or, le système fédératif de la Prusse étant changé, il était impossible que celui de la France ne changeât pas. »
(SÉGUR.)

n'avait rien à craindre du côté de la terre.

Si quelque puissance voisine de ses frontières eût osé l'attaquer, on a prouvé, dans les articles précédens, que ce n'aurait pas été impunément.

On a de plus démontré que la France aurait gagné à être attaquée par ces puissances voisines.

Mais, si l'on avait craint que d'autres puissances plus éloignées se fussent liguées alors avec les ennemis de la France, le seul moyen de leur en imposer était de persister dans son système d'union avec la Porte. Elle pouvait toujours menacer par là ces cours éloignées d'une puissante diversion, et les contenir par la crainte dans la neutralité. C'était précisément le cas de la Russie, liée alors avec l'Angleterre par un traité de subside.

Pour cela, il ne fallait qu'éviter de prendre aucun nouvel engagement indirect et définitif par terre, puisque, de ce côté-là, on n'avait pas besoin de défense, et que tout engagement de cette nature était étranger à une guerre de mer et de commerce, mais se réserver seulement la liberté d'en contracter au besoin dans le Nord et dans le Midi, surtout avec la Porte, contre la Russie et la cour de Vienne, enfin partir de là pour concentrer tous ses moyens, toutes ses forces dans un système offensif contre l'Angleterre.

Malheureusement un autre système prévalut alors. Autant le premier était simple, économique et sûr, autant celui-ci se trouva compliqué, dispendieux et fautif. Il enfanta l'alliance avec l'Autriche, et peu après avec la Russie.

Cette alliance exclusive liait les mains à la France, surtout à l'égard de la Porte. Le principal objet, pour les cours de Vienne et de Pétersbourg, était d'élever entre ces deux puissances un mur de séparation. On fit plus : on se flatta même de leur mettre les armes à la main l'une contre l'autre, et peu s'en fallut qu'on n'y réussît.

On sait trop à quelle ivresse le ministère d'alors s'était abandonné dans la première chaleur de cette alliance soi-disant défensive, mais dont les cours de Vienne et de Pétersbourg avaient bien résolu de faire, à la charge de la France, une ligue offensive envers et contre tous. Loin de faire valoir au moins la condescendance du roi, et, tranchons le mot, la protection trop désintéressée qu'il accordait à la cour de Vienne, il semblait que ce fût celle-ci qui nous protégeait, pour nous faire obtenir l'accession de la Russie à cette ligue, où la France seule n'avait rien à gagner en Europe, et tout à perdre en Amérique.

Ce n'était pas assez pour les deux cours de préparer, par ce moyen, la destruction de notre marine et de notre commerce sur l'Océan : il ne tint pas à leurs intrigues, à leurs séductions, de nous faire perdre aussi les mêmes avantages dont nous jouissions dans la Méditerranée, surtout aux Échelles du Levant ; et il faut avouer que, si la ruine entière de la marine et du commerce de la France avait été concertée dans le cabinet de Saint-James avec ceux de Vienne et de Pétersbourg, l'Angleterre même n'aurait pas pu leur suggérer des moyens plus propres à remplir cet objet.

Le ministère de Russie osa donc nous proposer d'ajouter une seconde faute capitale à la première qu'on avait faite dans le traité du 1er mai, en n'exceptant point nommément la Porte du *casus fœderis*, et de la prestation d'un secours qui, pour nous, ne pouvait jamais devenir réciproque.

La cour de Pétersbourg ne se contentait point, pour elle-même, de cette omission : elle exigeait de la France une déclaration formelle, que la Porte n'était et ne serait jamais exceptée du *casus fœderis*, ni par conséquent de la prestation du secours de la France contre toute agression, et, selon la logique russe, ces pauvres Turcs n'auraient pas manqué d'être toujours les agresseurs.

L'ambassadeur de Vienne à Pétersbourg fut employé à séduire l'émissaire *, devenu ministre de France dans la même cour. Celui-ci se laissa entraîner, et signa la *convention secrétissime*.

Cet acte, par lequel on accordait à la Russie tout ce qu'elle avait désiré sur l'inclusion expresse de la Porte dans le *casus fœderis*, n'était

---

* Le chevalier Douglas avait été envoyé d'abord comme émissaire auprès de M. de Woronzow, et fut fait ensuite très mal à propos ministre **.

« ** M. du Châtelet, ambassadeur de France à Londres,
» ne voulant pas souffrir que le comte de Czernischeff,
» ambassadeur de Russie, lui disputât la préséance, l'a-
» vait violemment chassé de la place qu'il avait prise
» dans une fête. L'ambassadeur de Russie avait hum-
» blement souffert cette insulte; mais l'impératrice,
» vivement aigrie, avait rompu avec la France. Cette
» cessation de toute communication avec la principale
» puissance du Nord était utile à l'Angleterre et nui-
» sible à la France. On voulut, quelques années après,
» essayer, sans se compromettre, de rétablir quelque in-
» telligence entre les cours de Versailles et de Péters-
» bourg; et Douglas eut ordre d'aller en Russie comme
» simple voyageur, et de ne déployer le caractère de mi-
» nistre qu'on lui donnait, que dans le cas où il trou-
» verait les dispositions de l'impératrice conformes à
» celles du roi. La mission était très délicate; Douglas
» s'en acquitta avec beaucoup d'adresse, et la commu-
» nication entre les deux cours fut rétablie. » (Ségur.)

cependant pas destiné à rester dans ce profond secret. La Russie et la cour de Vienne, toujours occupées à remplir leur objet, c'est-à-dire à brouiller sans retour la France avec la Porte, ne manquèrent pas de laisser transpirer jusque dans le divan ce mystère d'iniquité. Heureusement l'ambassadeur de France * dans une cour voisine, bien instruit de ce qui se passait à celle de Pétersbourg, fit au ministère d'alors les plus fortes représentations contre cette mesure, aussi dangereuse qu'absurde. Ce ne fut pas sans peine qu'il en obtint le redressement; mais enfin, au risque d'exciter contre lui-même une personnalité qui commençait à devenir redoutable, il fit tant que la convention ne fut point ratifiée, et que l'instrument en fut déchiré.

L'impression cependant était faite à la Porte; on eut bien de la peine à l'effacer, ou du moins à l'adoucir par toutes les assurances qu'on don-

* Le comte de Broglie, ambassadeur en Pologne, était à Versailles au moment de l'arrivée du courrier du chevalier Douglas, qui portait cette *convention secrétissime* que lui avait fait signer M. le comte d'Esterhazy, ambassadeur autrichien à Pétersbourg. M. Rouillé, ministre des affaires étrangères, la lui communiqua, et, sentant de lui-même le danger et le faux de cette démarche, il le pria de faire un mémoire sur cet objet, qu'il porta au conseil. Ce mémoire déplut extrêmement à ceux qui étaient entièrement subordonnés aux volontés de la cour de Vienne; mais il eut l'approbation du roi, et la *convention secrétissime* fut déchirée : il est vrai qu'on ne l'a jamais pardonné au comte de Broglie.

na au ministère ottoman que la convention était annulée.

Il restait d'ailleurs à calmer l'inquiétude et la défiance qu'avait excitées le traité du premier mai 1756; et quoi qu'on ait pu dire pour pallier l'effet qu'il avait produit à la Porte, on n'a pas dû ignorer le mécontentement qu'elle avait témoigné lors de la notification que la cour de Vienne s'était empressée de lui faire de ce traité aussitôt qu'il avait été conclu *.

Cet empressement et celui de la Russie, lors de la *convention secrétissime*, n'était que la suite du système adopté par les deux cours de tout employer pour rompre l'alliance entre la Porte

---

* Le chevalier Porter était alors ambassadeur d'Angleterre à Constantinople. C'est un homme de bon sens, fort instruit, et son rapport paraît croyable. Il dit qu'à cette époque le grand-visir n'était pas, à beaucoup près, sans esprit et sans jugement, ni aussi ignorant que le sont en général les ministres de la Porte; qu'il parlait italien, et que sa facilité de s'entretenir dans cette langue avec les étrangers, dans les emplois précédens, l'avait mis à portée d'acquérir quelque connaissance des affaires de l'Europe.

M. Porter ajoute que ce ministre ne fut point la dupe des explications que l'ambassadeur de France fut chargé de lui donner au sujet du traité; qu'il en avait assez bien saisi l'esprit et les conséquences, et qu'il ne cacha point à l'ambassadeur qu'il regardait dès-lors la France comme alliée avec la cour de Vienne contre l'empire ottoman; mais qu'en même temps, au lieu de se plaindre de cette défection, il eut soin de ne témoigner que de la hauteur et de l'indifférence sur la suite qu'elle pourrait avoir à l'égard de la Porte.

et la France, ou du moins d'inspirer à celle-ci contre l'autre tout le ressentiment le plus vif du présent, et la plus grande défiance de l'avenir. Par là on réussissait à détruire l'ancienne influence de la France à la Porte, et à l'exclure sans retour de toute médiation, de toute négociation relative aux intérêts de l'empire ottoman.

Tel était le plan des deux cours dont nous épousions alors la querelle contre le roi de Prusse, et qui, depuis, se sont liguées avec ce monarque contre la Pologne et contre la Porte; car l'espèce de négociation, ou plutôt d'intrigue, d'espionnage et de tracasserie, que les cours de Vienne et de Berlin entretiennent à Constantinople, n'est que la suite du complot formé avec celle de Pétersbourg, pour consolider le partage de la Pologne par l'abaissement de la Turquie.

Tels ont été, pour la Porte et pour la France, les funestes effets du changement de système en 1756, et de la persévérance du ministère suivant à marcher sur les traces de celui qui avait conclu ce traité, à renchérir même sur son dévouement aux vues, aux désirs de la cour de Vienne, à se laisser mener par elle, à n'agir qu'en sous-ordre, à s'interdire toute autre liaison en Allemagne, et consommer, par cet asservissement exclusif, la destruction de notre puissance fédérative.

Deux États seulement pouvaient balancer vers le Nord le poids énorme de la Russie et de la cour de Vienne sur l'empire ottoman : c'étaient la Suède et la Prusse. Elles y avaient toutes deux le même intérêt, les mêmes motifs à peu près que la France : rien à craindre des Turcs, beaucoup à redouter des deux puissances voisines et ennemies naturelles de l'empire ottoman, si elles parvenaient à le détruire ou à l'abaisser au point de ne pouvoir plus se mêler des affaires de l'Europe, beaucoup à espérer de son secours et de ses diversions, s'il restait à portée de donner la main, par la Pologne, à ses alliés dans le Nord et en Allemagne.

Par toutes ces raisons, il n'est pas douteux que la Suède, toute divisée, tout épuisée qu'elle était, ne se fût empressée de resserrer les liens qui l'unissaient avec la Porte depuis son traité de 1740; que le roi de Prusse, qui avait tant intrigué, tant dépensé à Constantinople pour en négocier un pareil, ne se fût joint à la Suède, pour former une triple alliance; et que la France, libre de tout engagement, sans intriguer, sans se mouvoir, n'eût vu les trois puissances venir la chercher, et la supplier d'accéder à cette ligue défensive.

Elle aurait pu bientôt être suivie et soutenue, au Midi, d'une autre ligue, également fondée sur des principes défensifs et pacifiques. La France alors serait devenue le lien et le centre commun de ces deux ligues respectables. Elle aurait tenu dans ses mains la balance de l'Europe.

La Pologne existerait encore libre, entière, et peut-être enfin en état de contribuer à sa propre défense. L'empire ottoman aurait conservé sa splendeur, sa puissance, et la France son influence prépondérante à la Porte, enfin tout l'éclat, tout le poids, tous les avantages réels de la puissance fédérative.

Le nouveau système de 1756 avait fait disparaître cette glorieuse perspective, et l'ascendant que la cour de Vienne avait pris sur notre ministère nous avait ôté jusqu'à l'espérance de l'entrevoir encore.

L'Europe entière a vu des mêmes yeux cette dépendance servile où la France s'était réduite si volontairement, si gratuitement. Elle avait tout négligé, tout abandonné pour la cour de Vienne. Les uns ont perdu l'espoir de se rapprocher, les autres de se soutenir; privés de l'appui de la France, les uns l'ont négligée à leur tour pour se jeter entre les bras de ses ennemis, les autres l'ont abandonnée par l'espoir de faire mieux leurs affaires dans un autre parti; et c'est ce qu'a fait la cour de Vienne, cette cour même pour qui la France avait tout quitté.

Depuis deux ans, peut-être, il n'aurait pas été impossible de s'arrêter au bord du précipice. Le voile était déchiré, et il était enfin permis de voir un peu plus clair dans les manœuvres de la cour de Vienne. Il ne l'est pas de pénétrer les mystères de politique, qu'un voile plus épais cache aux regards profanes; mais enfin on serait en droit de conjecturer que le système dominant depuis 1756 a dû recevoir quelque modification dans le courant de 1771; les mêmes motifs personnels ne subsistaient plus. Eux seuls avaient pu étayer si long-temps ce système fait pour s'écrouler de son propre poids. Par quel enchantement l'illusion a-t-elle pu se soutenir jusqu'au moment de la catastrophe; ou l'inertie, la léthargie durer jusqu'à l'instant de ce triste réveil? C'est, on ose le dire, un problème insoluble.

Quoi qu'il en soit, ou des principes, ou des erreurs dont l'enchaînement a conduit les affaires de la Pologne et de la Porte au point où elles se trouvent, il en résulte que la première n'est plus, et que l'autre touche à sa ruine.

Dans ces circonstances, il ne serait pas surprenant que la Porte eût recours à la France ; qu'elle lui fît valoir sa rupture avec la Russie, comme une déférence qu'elle n'a pu refuser à nos sollicitations ; et que, se voyant abandonnée ou trahie des autres puissances qui ont avec elle des rapports directs, elle se jetât de nouveau entre les bras de son ancienne alliée*.

La conduite sage, adroite et soutenue des deux ambassadeurs de France, depuis l'époque de 1756, a dû, d'ailleurs, contribuer beaucoup à faire revenir le ministère ottoman des préjugés qu'avait fait naître l'alliance de la même année. Ce succès, s'il a été complet, leur fait d'autant plus d'honneur, qu'ils ont eu de plus à combattre la juste défiance des Turcs au sujet de l'union qui a toujours subsisté, depuis, entre nous et les Autrichiens, leurs ennemis naturels. Mais si peut-être il en sub-

---

* Si la Porte résiste jusqu'ici aux motifs qui auraient dû la ramener entièrement à la France, c'est que, de notre côté, nous n'avons cessé de varier dans nos démarches vis-à-vis d'elle. On prétend même qu'en dernier lieu on a eu l'imprudence de faire des ouvertures à la Russie, par lesquelles, pour obtenir de cette puissance des ménagemens pour la Suède, on lui promettait à ce prix de déterminer la Porte à accepter les conditions dures et insoutenables que Catherine II voulait lui imposer. On assure que M. Kotinski n'a pas manqué, suivant l'usage de sa cour, de faire part à M. d'Obrescow de cette négociation, et que ce dernier l'a communiquée aux plénipotentiaires turcs, sous les couleurs les plus désavantageuses ; ce qui a renouvelé la méfiance du divan.

siste encore quelques impressions, elles ont dû aussi se cacher sous l'extérieur de l'amitié et de la confiance. Tel est l'effet de l'infortune et de l'abaissement.

Mais quelle est aujourd'hui la position respective de la Porte à l'égard de la France? C'est ce qui nous reste à examiner.

Apprécions d'abord les relations actuelles de l'empire ottoman avec les autres puissances voisines alliées, ou que l'intérêt du commerce lie plus ou moins au sort de cet empire.

De tous ces rapports et de leurs combinaisons, résulte leur degré d'utilité ou d'importance réciproque entre la France et la Porte, par conséquent la position respective de celle-ci à l'égard de celle-là. Commençons par la Russie.

On ne répétera pas ici tout ce qu'on a dit là-dessus à l'article de cette puissance. On y a traité ses intérêts, à l'égard de la Porte, dans une assez grande étendue, et le premier des deux mémoires a développé les détails relativement au commerce de la mer Noire. On connaît donc et les motifs de la Russie pour faire certaines demandes, et ceux de la Porte pour les refuser. Il n'est plus question que de la possibilité pour l'une de les obtenir, et de la nécessité pour l'autre de les accorder.

Tout dépend, là-dessus, ou de la reprise des

conférences, ou des opérations de la campagne *.

Dans le premier cas, la Russie persistera sans doute à demander l'indépendance de la Crimée, la cession de Kersch et de Jenikalé, et, par conséquent, la liberté du commerce et de la navigation dans la mer Noire. Ces deux places sont les clefs pour y déboucher de la mer de Zabache par le détroit de Taman.

Dans le second cas, que peut-on attendre de la part des Turcs que de nouvelles fautes, de nouvelles déroutes, qui les ramèneront toujours fuyant au moins jusqu'aux montagnes qui couvrent Andrinople ** ? car il n'est pas vraisemblable que la connivence des Autrichiens s'étende plus loin, et qu'ils laissent franchir aux Russes une barrière après laquelle rien ne pourrait plus les arrêter jusqu'aux vieilles murailles de Constantinople ***.

* Quoique la rupture des conférences soit confirmée, on a été bien aise de discuter la matière, comme si la chose était encore douteuse, afin de l'éclaircir davantage.

** « Cette réflexion, très juste et très contraire à tout
» ce qu'a dit précédemment l'auteur, a toujours em-
» pêché la cour de France de croire que celle de Vienne
» laisserait l'impératrice consommer la ruine de l'em-
» pire ottoman. » (SÉGUR.)

*** On suppose que les Turcs sont aussi malheureux cette année que les précédentes, parce que cela est vraisemblable si on ne les secourt pas par mer, comme cela est fort à craindre.

Mais, dans l'un ou l'autre de ces deux cas, la paix est toujours assurée, et à peu près aux mêmes conditions. Les cours de Vienne et de Berlin interviendront toujours par leur médiation ou par leurs bons offices. Elles représenteront à la Porte la nécessité de finir. Elles la lui feront peut-être sentir plus vivement par des insinuations menaçantes; et si le ministère ottoman ose courir les risques d'une campagne de plus, elles lui imposeront, pour sa peine, des conditions plus dures. La liberté du commerce russe aux Échelles du Levant, par le canal de Constantinople, au moins pour un certain nombre de vaisseaux de registre, serait vraisemblablement une de ces conditions additionnelles; le divan et l'uléma seraient forcés de la subir.

L'opposition des gens de loi, des ministres de la religion, est redoutable au sultan même, tant que la subsistance d'un peuple lâche et fanatique n'est pas absolument coupée; mais aussitôt que les convois seront interceptés, les Dardanelles bien bloquées, et les bâtimens neutres ou confisqués ou arrêtés, et forcés de rétrograder, l'uléma craindra la famine, le divan la révolte, et le sultan une révolution. La populace même viendra demander à grands cris, aux portes du sérail, la paix et du pain, et la tête des généraux et celles des ministres. Enfin la paix sera signée; et, pour sauver la dignité de l'empire ottoman, on joindra à toutes ces têtes celles des plénipotentiaires.

Le roi de Prusse aurait alors rempli son objet en Pologne à la faveur de cette guerre *; et même, après avoir été, par ses intrigues, la première cause peut-être de la ruine des Turcs, il se ferait encore remercier de ses bons offices.

La cour de Vienne s'en est déjà payée par les sommes considérables qu'elle s'est fait donner d'avance par la Porte **; et si elle n'exige pas encore le reste du subside promis, elle ne renoncerait pas à la cession stipulée de quelque territoire, du moins à la restitution de la Valachie autrichienne. Belgrade alors resterait à

« * Favier avoue ici que le roi de Prusse, par ses in-
» trigues, est la cause de la ruine des Turcs, et il a dit
» plus haut que c'était la seule puissance sur laquelle
» la France dût compter pour protéger l'empire otto-
» man. » (SÉGUR.)

** Il y a deux calculs différens sur les sommes données à la cour de Vienne par la Porte. L'un les fait monter à 5,000,000 de florins d'empire, qui font 12 millions et demi tournois; l'autre les réduit à six mille bourses, qui en font neuf. Cette somme a été payée immédiatement après la convention du 6 ou 7 juillet 1771, qui contenait une alliance offensive entre les deux cours, et dont, à l'étonnement de toute l'Europe, la suite a été, de la part de la cour de Vienne, de se réunir à la Russie.

sa discrétion; car, au premier coup de tambour, le Danube serait fermé par les places et les postes que contient ce district à la gauche du fleuve, la communication coupée; et cette forteresse, qui a tant coûté de sang musulman et chrétien, tomberait alors d'elle-même.

Voilà donc quelle est la position de la Porte à l'égard de trois cours : la Russie l'écrase, la Prusse la trahit, et l'Autriche, après l'avoir rançonnée, guette le partage de ses dépouilles.

La Suède ne tenait plus guère à la Turquie, depuis que l'influence de la Russie et la cabale des *bonnets* l'avaient réduite à l'inertie. Elle conservait encore un fil de communication avec l'empire ottoman, par la Pologne libre et ouverte; mais ce fil est coupé par la triple barrière des puissances copartageantes. Loin de songer à la forcer par une diversion, cette monarchie renaissante et chancelante n'a que trop affaire de s'affermir au dedans et de se garantir au dehors. L'alliance de la Suède avec la Porte était pour elle peu de chose; à présent, ce n'est rien du tout.

Depuis vingt ans, ou environ, le Danemarck tient à la Porte par un traité de commerce, c'est-à-dire par des capitulations obtenues sur le même pied que les autres nations franques.

La négociation en coûta fort cher, et les

bénéfices du nouveau commerce n'ont pas répondu à cette dépense. Les Turcs ne sont accoutumés à considérer les nations chrétiennes que par deux rapports les plus directs, et, par conséquent, le plus à la portée de leur grossière politique : c'est la guerre et le commerce.

La peur de la guerre leur en imposa presque toujours, à l'égard des grandes puissances voisines, telles que la Russie et la cour de Vienne.

Les avantages du commerce, quoique abandonnés par l'inertie turque à l'industrie des Francs, des juifs, des Arméniens, se font sentir aussi au sultan, à ses peuples : à l'un, par le produit des douanes ; aux autres, par l'exportation des productions du pays, et par la circulation intérieure des caravanes.

L'établissement des Danois aux Échelles n'ayant rendu que peu de chose, relativement à ces deux objets, il est tombé dans le mépris, et conséquemment la nation et la légation danoise à Constantinople.

La terreur, cet autre motif de considération de la part des Turcs pour les Francs, ne pourrait pas relever celle du Danemarck à la Porte. Il n'en imposait ni par sa puissance ni par son voisinage : il fut, il est encore oublié, et presque ignoré de l'orgueil ottoman.

Qui croirait que bientôt peut-être cette puissance si médiocre rappellera son existence au superbe sultan, en déployant son pavillon de guerre devant les Dardanelles, et peut-être aussi en foudroyant le sérail même?

Cela n'est pourtant que trop vraisemblable. L'armement actuel du Danemarck est trop considérable, il exige de trop grands efforts, pour qu'on puisse le croire borné à une parade de port, ou à une campagne d'observation ou d'évolution. Il ne peut cependant avoir que deux objets.

Le premier, le plus apparent, serait d'attaquer la Suède; et, pour cet été, la chose n'est pas vraisemblable. La subordination du Danemarck à la Russie le fait marcher du même pas; et, puisque la première nous rassure, dit-on, par des déclarations pacifiques, l'autre, sans doute, a dû nous payer de la même monnaie; et quelle qu'en puisse être la valeur intrinsèque, il est à présumer que, de notre part, elle aura été exigée et reçue.

L'autre objet, qui paraît d'abord moins vraisemblable, pourrait bien cependant être devenu le vrai et le seul. Il importe à la Russie de finir la guerre contre les Turcs, et cette campagne doit absolument être la dernière. Les opérations maritimes seraient les seules décisives; elles attaquent le *cœur*; mais jusqu'à présent la flotte russe n'a pu franchir les Dardanelles, et, à moins d'un puissant renfort, elle ne le pourrait pas plus cette année que les précédentes. Il est donc très probable que la Russie aura exigé du Danemarck de joindre à sa flotte l'escadre danoise, nombreuse, toute fraîche, bien montée, bien armée, et supérieure en tout à la première.

Les avantages qu'elle aura fait envisager à la cour de Copenhague seront, sans doute, de nouvelles conventions sur l'affaire de Sleswick, plus favorables que les précédentes, et dont la majorité du grand-duc assurerait enfin la solidité*.

A ces conditions, et peut-être aussi avec quelques secours d'argent, le Danemarck a dû accepter une proposition qui va lui faire enfin *jouer un rôle*, et le mettre à portée de se venger du mépris des Turcs. Il en obtiendrait plus de considération ; et ce coup d'éclat pourrait l'affranchir du tribut humiliant qu'il paie, depuis long-temps, à toutes les régences barbaresques.

Rien donc n'étant plus vraisemblable que cette destination de l'escadre de Copenhague,

---

* C'est-à-dire, quant à la personne et à la postérité de ce prince, s'il en a; car cette convention ne saurait lier en droit les agnats de la branche Holstein-Gottorp, qui n'y seraient point appelés.

il est apparent que le Danemarck va être pour la Porte un ennemi de plus *.

Voyons à présent si les deux *puissances maritimes*, que les liens du commerce rapprochent, malgré leur distance de l'empire ottoman, offrent à cet empire ébranlé une perspective plus consolante.

Sur l'Angleterre, tout est dit dans l'article de la Russie, et dans le premier des deux mémoires qui l'accompagnent.

A l'égard de la Hollande, il est vrai que jadis elle figura avec l'Angleterre dans les deux médiations de Carlowitz et de Passarowitz; qu'elle y joua un rôle brillant, et qu'à leur ordinaire, elles firent toutes deux les fonctions d'avocats de la cour de Vienne, plutôt que d'arbitres et de médiateurs. Cet heureux temps n'est plus. L'Autriche, si long-temps soudoyée et alimentée par ces deux puissances, méprise l'une, craint peu l'autre, et semble, de concert avec le roi de Prusse, les avoir toutes deux exclues de la médiation. L'Angle-

---

* Quand on se livre aux conjectures, on ne peut parler affirmativement. Cependant on pourrait assurer qu'au moins l'escadre danoise servira à défendre les côtes de Finlande et de Russie de toute espèce d'agression, et donnera à la cour de Pétersbourg la facilité d'envoyer de ses propres vaisseaux renforcer et réparer ses escadres dans l'Archipel, si des considérations particulières l'empêchent d'y envoyer la flotte danoise.

terre seule avait d'abord paru admise et désirée par la cour de Pétersbourg. Son intérêt, sans doute, n'a pas été de s'en mêler. Sa dignité même pouvait en souffrir. Sa partialité déclarée en faveur de la Russie la rendait trop suspecte. Elle n'aurait pas décemment pu exiger de la Porte, en son propre nom, les avantages qu'elle pourra partager avec la Russie, et vraisemblablement c'est de la main de celle-ci qu'elle recevra sa récompense.

Nous avons parcouru tous les États de l'Europe, qui, par le voisinage, ou par les alliances, ou par le commerce, ont quelques relations directes avec la Porte.

Le résultat de cette tournée, c'est que, parmi toutes ces puissances, la Porte a tout à craindre des unes, et rien à espérer des autres.

Que lui reste-t-il donc? la France. Que peut-elle, dans cette crise, faire pour l'empire ottoman?

Et que doit-elle, à son tour, attendre, ou de l'amitié, ou de la reconnaissance de la Porte?

La cour de Pétersbourg a toujours prétendu que notre ministère lui avait suscité cette guerre, uniquement pour la forcer de recourir à notre médiation; et, par ce moyen, lui faire la loi sur les affaires de Pologne. Elle ajoute même que la personnalité ministérielle avait ourdi ces deux intrigues. Pour le prouver, elle observe que les ressorts de l'une et de l'autre ont été mis en jeu trop tard, et l'occasion manquée.

Cette personnalité peut bien avoir influé dans le système du ministère de ce temps-là. Elle a même trop éclaté pour douter que l'effervescence n'ait produit l'explosion; mais la lenteur à se décider, le tâtonnement, la faiblesse, l'inconséquence dans les moyens d'agir, n'ont pas pu être dérivés de la même cause, puisqu'elle aurait dû, au contraire, donner à ses effets un degré de plus de chaleur et de rapidité.

Ce serait donc plutôt cette malheureuse subordination de toutes nos démarches aux vues, aux désirs de la cour de Vienne, qui aurait entraîné tous ces inconvéniens. Nos fautes, nos erreurs, nos vacillations, nos lenteurs, nos légèretés lui étaient nécessaires. Tout cela entrait dans son plan; mais c'est ce que nous traiterons dans l'article suivant.

Il est, au reste, certain que nous avons désiré que les Turcs déclarassent la guerre à la Russie; que M. de Vergennes a reçu les ordres les plus précis d'y travailler, mais qu'heureusement il n'a pas eu besoin de les exécuter. Ainsi, à la rigueur, le ministère ottoman n'a pas à nous reprocher d'être la cause des malheurs que cet empire éprouve; ainsi il n'est pas en droit d'exiger, dans sa détresse, les secours dont il aurait besoin pour en sortir.

Cependant on désire, on doit s'efforcer de le secourir, de le soulager. Serait-ce par des voies de fait? Tout est dit là-dessus dans l'article précédent.

Depuis le commencement de la guerre jusqu'à présent, le moment le plus favorable pour tenter en faveur des Turcs une diversion, a été celui où la flotte russe a paru dans l'Archipel. Il est apparent que la crainte de l'Angleterre a été la cause de l'inaction de nos flottes. Ce même motif existe toujours; mais, s'il est aussi vrai qu'apparent que l'escadre danoise soit destinée à renforcer la flotte russe, ce serait pourtant une loi bien dure pour nous que de rester les témoins de cette agression du Danemarck, sans pouvoir, de notre côté, nous écarter aussi de la neutralité. Quel que soit l'orgueil britannique, son opposition, en ce cas, ne pourrait pas même être palliée du plus léger prétexte. Elle serait l'équivalent d'une déclaration de guerre contre la Porte et contre la France.

Mais ce ne serait pas alors par des démonstrations, moins encore par d'humbles représentations, qu'il faudrait surmonter cette opposition obstinée. Plus on verra de faiblesse et d'inconséquence dans toutes nos démarches, plus on abusera du désir sage et louable que nous avons toujours montré de conserver la paix avec toute la terre. Si donc les circonstances ne permettaient pas de franchir l'obstacle du côté de la mer, la terre offrirait plusieurs points sur lesquels on pourrait faire craindre et même diriger une forte diversion.

On répondra peut-être que cette diversion ne pourrait pas s'exécuter directement contre la Russie, mais seulement sur quelqu'un des nouveaux alliés et copartageans de cette puissance victorieuse. On dira qu'alors ce serait une agression, une invasion, une hostilité qui ne saurait être justifiée.

Non, sans doute, si elle n'avait pas été précédée des plus vives instances auprès d'une cour qui prétend être encore alliée de la nôtre. Il y aurait à lui faire préliminairement quelques questions bien simples *.

* Le dilemme contenu dans ces questions aurait été bien meilleur à présenter à la cour de Vienne au mois de mai 1772. Mais, pour parler ainsi, on ne cessera de le répéter; il faut commencer par être en état d'exécuter ce qu'on fait entrevoir; et le préliminaire à tout est d'avoir augmenté l'armée de cinquante mille hommes. Cette démarche, faite froidement et sans ostentation, vaut mieux que tous les raisonnemens politiques; et c'est le seul moyen de faire réfléchir les puissances copartageantes, et d'attirer l'intérêt et les ouvertures de toutes les autres.

« Voulez-vous conserver seulement le nom,
» l'ombre d'une alliance avec nous, tant que
» cela vous sera commode; vous réserver le
» droit d'invoquer nos secours, lorsque vous
» serez attaquée, même après avoir provoqué
» l'agression? Prétendez-vous, en même temps,
» pouvoir faire, de votre côté, tout ce qu'il
» vous plaira, vous lier avec qui vous jugerez
» à propos pour vos intérêts particuliers, sans
» égard ni pour notre amitié, ni pour notre
» alliance, ni pour la reconnaissance que vous
» nous devez? Nous avons nos amis, nos alliés,
» nos protégés, nos affections, nos aversions;
» nous avions épousé les vôtres; et, sans aucun
» égard pour nos propres intérêts, nous avions
» fait cause commune. Prétendez-vous aujour-
» d'hui nous refuser la réciprocité à l'égard de
» la Porte? n'en avez-vous point tiré assez d'ar-
» gent? vous en faut-il davantage? Nous vous
» en ferons donner encore : mais tenez vos en-
» gagemens; elle remplira les siens. Vous nous
» avez déjà manqué, lorsque la Suède était
» menacée; nous ne l'abandonnerons pas; nous
» ne sacrifierons point la Porte; elle ne nous
» a point manqué, ni à vous non plus. Enfin
» vous avez rempli votre objet, en partageant
» la Pologne : aidez-nous à remplir le nôtre,
» en tirant la Porte de ce mauvais pas; alors

» nous continuerons à vous reconnaître pour
» notre amie, pour notre alliée, à vous aider,
» à vous servir, à vous secourir. Si, au con-
» traire, vous prétendez vous jouer de ces noms
» sacrés pour remplir exclusivement vos vues
» ambitieuses; si vous persistez à vous en faire
» un titre pour nous tenir les mains liées pen-
» dant que vous vendrez, que vous livrerez à
» vos copartageans nos amis et nos alliés, croyez-
» vous que ce marché inégal, absurde, puisse
» tenir encore long-temps entre vous et nous ?
» Ne voyez-vous pas bien qu'à la fin il faudra
» rompre des nœuds dont tout l'avantage est
» d'un côté, et tout le préjudice de l'autre ?
» enfin que si vos alliés, vos copartageans per-
» sistent à vouloir abuser de leurs avantages,
» nous serons en droit de nous en prendre à
» vous qui avez pu et dû l'empêcher ? C'était
» pour nos amis que vous pouviez nous être
» utile. Vous êtes engagée à nous secourir; mais
» nous n'avons pas besoin de secours. Nous ne
» craignons point d'être attaqués; et si nous
» l'étions, nous saurions nous défendre. Nous
» vous quittons d'avance de vos secours. Nous
» vous demandons en échange vos bons offices,
» mais sincères, réels, efficaces pour ces amis,
» ces alliés. Vous en êtes à portée par les cir-
» constances locales; vous le pouvez, vous le

» devez. Il faut opter, ou de nous servir à votre
» tour de bonne foi et sans tergiversation, ou
» de renoncer à ce vain nom d'alliance. Décla-
» rez-vous notre ennemie; nous le verrons avec
» regret, mais sans inquiétude. Une guerre ou-
» verte vaut mieux qu'une amitié perfide. »

Excepté ce moyen, ou une diversion peut-être tardive dans la Méditerranée, on chercherait en vain quelque expédient pour tirer la Porte de la crise où elle est réduite. On se propose de discuter ailleurs les moyens de la garantir d'une rechute qui pourrait devenir mortelle, de reprendre, de conserver notre influence dans le divan, et de recouvrer par là une branche principale de la puissance fédérative.

Tout autre parti qu'un des deux qu'on vient d'indiquer, ou tous les deux ensemble, serait insuffisant, chétif, et n'aboutirait qu'à nous compromettre en pure perte.

Exciter encore les Turcs à continuer la guerre, serait absurde et impossible, lorsque les flottes combinées auraient passé les Dardanelles, bombardé le sérail, et joint par le canal l'escadre russe de la mer Noire.

Prévenir ces derniers malheurs, en exhortant tristement la Porte à subir la loi des vainqueurs, serait un rôle aussi dangereux qu'humiliant.

Il serait fort à craindre que la mauvaise humeur du ministère ottoman et la fureur du peuple ne rejaillissent d'abord sur l'ambassadeur et sur la nation. Quoique nous n'ayons pas influé, autant qu'on le croit, dans la rupture avec la Russie, on ne manquerait pas de nous attribuer, comme on l'a déjà fait, l'origine de cette guerre. On nous imputerait jusqu'aux malheurs qui ne sont dus qu'à l'ignorance des ministres, aux prévarications, aux rapines des préposés, à l'impéritie, la présomption brutale ou la pusillanimité des généraux, à l'indiscipline, l'esprit séditieux, la terreur panique des troupes. Qu'en arriverait-il? Les Anglais, alliés de la Russie, et qui ont affiché pour elle la partialité la plus scandaleuse, seraient ménagés, respectés, parce qu'on les craint. Les Français, amis et les seuls amis de la Porte, seraient sacrifiés, parce qu'on ne les craint plus.

Mais que pourrait la France attendre des Turcs, en retour des services qu'elle leur aurait rendus, s'ils étaient suffisans pour les tirer d'affaire?

Beaucoup assurément s'ils étaient dirigés par l'influence de la France, et ils le voudraient aussi. Ils ne sont pas, à beaucoup près, aussi méchans, aussi ingrats, aussi perfides qu'on s'est accoutumé à les représenter. Faut-il l'avouer? ce sont, même en politique, les plus honnêtes gens de l'Europe, comme les plus malhabiles. Quoi qu'en aient dit les historiens, les ambassadeurs et les chancelleries chrétiennes dans leurs manifestes, ils ont plus rarement rompu la paix, et plus scrupuleusement discuté les motifs de la guerre, qu'aucune des nations polies, savantes et philosophes. Nous les quittâmes à Riswick, et les laissâmes seuls en guerre avec l'Autriche, la Russie et la Pologne. Ils nous attendaient pour faire la paix, et ne la conclurent à Carlowitz que deux années après.

Résumons sur la position respective actuelle de la Porte à l'égard de la France.

C'est celle d'un ami, d'un allié fidèle, dont on s'était éloigné sans motif en 1756, qu'on a recherché depuis sans plan, sans principes, engagé sans succès, encouragé sans secours, qu'on sert encore aujourd'hui très faiblement, et qu'il serait peut-être aussi dangereux d'abandonner qu'il parait difficile de le soutenir.

« On s'est complétement trompé en croyant que l'Au-
» triche voulait consentir à la destruction de l'empire
» ottoman. L'empereur Joseph II, qui certainement a
» montré beaucoup trop de condescendance à la Russie,
» ne s'était prêté à la conquête de la Crimée que pour

» enlever au roi de Prusse l'alliance des Russes, dont
» les forces l'avaient contraint à renoncer à ses projets
» sur la Bavière ; mais là se bornait sa complaisance
» pour Catherine. Je lui ai plusieurs fois entendu dire
» *que, si l'Autriche avait été mise en danger tant de*
» *fois par les turbans, elle serait dans une position bien*
» *plus périlleuse, si les chapeaux russes régnaient à*
» *Constantinople.* Ce n'est point à l'alliance de 1756
» qu'il faut attribuer les malheurs de la Porte ; c'est à
» la faiblesse du gouvernement français, qui ne savait
» ni secourir ses protégés, ni diriger ses alliés, ni en
» imposer à ses ennemis. » (Ségur.)

ARTICLE VII.

DE LA COUR DE VIENNE.

Dans l'introduction de ces conjectures et dans les articles précédens, on a souvent rappelé l'enchaînement et le résultat des événemens et des démarches qui ont amené les choses au point où elles sont aujourd'hui entre la France et la cour de Vienne. N'étant pas instruits avec certitude des affaires qui ont été traitées, ni de la forme des négociations, les faits seuls et les faits publics peuvent nous guider dans l'examen de la situation actuelle de la cour de Vienne vis-à-vis de la France.

Ces faits nous présentent la Pologne partagée, l'empire ottoman aux abois, et la Suède menacée, sans que l'intérêt que la France prenait à ces trois États, ses alliés ou protégés, ait pu engager la cour de Vienne à reconnaître l'utilité dont notre alliance n'avait cessé d'être pour elle, par celle dont elle pouvait être à nos alliés.

La position topographique des États héréditaires était, en effet, la plus favorable pour tenir la cour de Vienne à portée de veiller pour nous à la sûreté de ces mêmes alliés, trop éloignés de nos frontières.

Les siennes touchaient à la Pologne, à la Turquie; et, par ce double voisinage, elle pouvait toujours, de concert avec nous, en imposer à la cour de Pétersbourg, relativement à la Suède. Si celle-ci avait été seulement menacée, la crainte d'une diversion, en faveur ou des Polonais ou des Turcs, aurait arrêté tout court les préparatifs de la Russie sur la Baltique. « Mais, dira-t-on (et tel, sans doute, a déjà été
» le langage du ministère autrichien), le roi de
» Prusse serait-il resté les bras croisés? n'au-
» rait-il pas fait, à son tour, une diversion en
» Bohême en faveur de la Russie? ou ne se se-
» rait-il point chargé seul de l'affaire de la Po-
» logne, pour laisser à la Russie les mains
» libres contre la Suède et la Porte? La France
» n'aurait-elle pas été alors dans le *casus fœ-*
» *deris*, et la cour de Vienne dans celui de la
» réquisition du secours stipulé? Engagée mê-
» me par la France, n'était-elle pas en droit
» de lui demander de plus grands efforts? Celle-
» ci pouvait-elle les lui refuser, et dès-lors ne
» se trouvait-elle pas entraînée dans la guerre
» qu'elle voulait éviter? »

Oui, sans doute, après qu'on avait laissé venir les affaires de la Pologne et de la Porte au point où elles se trouvaient dans le courant de 1771 : mais, si la cour de Vienne avait agi de bonne foi dès le commencement de la confédération de Bar, au lieu de marchander sans cesse à Berlin et à Pétersbourg, elle eût offert à temps sa médiation entre le roi et la république, entre la Russie et la Porte : cette médiation, puissamment armée, en aurait imposé pour tenir au moins en suspens le roi de Prusse et la cour de Pétersbourg.

Cette démarche vigoureuse aurait engagé ou forcé la Russie à modérer son despotisme et ses prétentions en Pologne, et la France eût pu facilement alors suspendre les premières hostilités des Turcs contre les Russes, pourvu que la cour de Vienne se fût engagée de se joindre à eux dans le cas où la Russie se serait refusée aux moyens de conciliation.

C'était cette démarche et cette promesse que la France aurait dû exiger alors de l'Autriche, au lieu de recourir à de petites intrigues sourdes, indécentes par les désaveux qu'elles entraînaient, à de petits moyens lents et dispendieux, sans effet, et dont le succès même n'aurait jamais pu être décisif.

A ces conditions, la France aurait pu et dû s'engager de nouveau à secourir la cour de

Vienne contre le roi de Prusse, s'il l'avait attaquée.

Le roi de Prusse était au fond très éloigné de s'embarquer dans une nouvelle guerre contre l'Autriche et la France; et l'on a vu par toute sa manœuvre qu'il ne cherchait qu'à balancer la cour de Pétersbourg par celle de Vienne, et à s'affermir par leur mésintelligence, ou s'agrandir par leur réunion. Il avait sans doute toujours des projets de conquêtes; mais il désirait de les remplir, comme il l'a fait, sans guerre, sans dépense, et sans risque. Il y est parvenu; mais comment? par la connivence d'abord, et enfin par le concours déclaré de la cour de Vienne.

Cette connivence ne pouvait être plus marquée. Pendant que la France envoyait aux confédérés des secours d'argent, des officiers, des recruteurs, quelles facilités a-t-elle trouvées dans les États autrichiens pour rendre ses secours utiles? Le gouvernement lui a refusé des armes, des munitions, de l'artillerie qu'elle offrait de payer comptant; il n'a voulu se prêter à aucun des moyens proposés pour employer les déserteurs français, prussiens, et les siens propres, qu'on aurait ainsi ramenés sous ses drapeaux à la fin de la guerre. Il a gêné, tourmenté sans cesse les malheureux confédérés, et restreint l'asile qu'il leur accordait, à des conditions qui en faisaient plutôt des prisonniers que des réfugiés. Enfin la cour de Vienne a manifesté par la suite le but qu'elle avait toujours eu; c'était d'entretenir à nos dépens le feu de la confédération, mais si petit, si faible, qu'elle n'eût, pour l'éteindre, qu'à souffler dessus quand il lui plairait.

Si elle consentit à l'envoi d'un officier général accompagné d'une brigade d'officiers subalternes *, et à leur séjour dans la Haute-Silésie, ce ne fut qu'un nouveau piége qu'elle nous a tendu. Elle voulait se prévaloir à Pétersbourg et à Berlin de cette parade inutile, prouver à ces deux cours qu'elle tenait toujours la France en corps de réserve, que jusqu'alors elle l'avait laissé sur ses derrières, mais qu'il dépendait d'elle de le porter en avant quand elle le jugerait à propos **.

Si l'on fait attention à l'époque de cet envoi et à la date des conventions qu'a faites depuis la cour de Vienne avec ses deux copartageans, on verra combien et dans quelles vues elle a

* Cet envoi, de notre part, a été on ne peut pas plus déplacé, et il n'a pas tenu au comte de Broglie de l'empêcher.
** Cela est d'autant plus vraisemblable, que, par une suite des mêmes obstacles, cet officier général a été retenu à Teschen, comme en fourrière, jusqu'au dénouement de la pièce.

su tirer parti de cette dernière démonstration.

Pour suivre ainsi pied à pied la politique autrichienne dans tous ses replis, depuis l'origine de l'affaire de Pologne, il faudrait avoir sous les yeux les différentes correspondances de cette cour avec la nôtre, avec la Porte, et avec les deux autres puissances copartageantes.

On ose même présumer que la première suffirait pour mettre en évidence et la conduite artificieuse de cette cour à notre égard, et le dessein prémédité de nous faire servir, sans que nous le sussions, à l'exécution de ses projets sur la Pologne.

Ses procédés avec nous, relativement à la Porte, n'ont pas été de meilleure foi : sans entrer là-dessus dans l'analyse d'une négociation dont on ignore les détails, on peut du moins, d'après les faits connus, se former une idée des vues et des principes adoptés par la cour de Vienne.

Outre le système ancien et constant de saper l'influence de la France à la Porte, développé et démontré dans l'article précédent *, on peut supposer avec fondement que le ministère autrichien a eu dans cette négociation deux objets principaux.

---

* Article V, de la Russie.

Il semble que le premier ait été d'abord de flatter le ministère d'alors, et de l'endormir, dans l'espoir d'être admis avec elle dans la médiation, et d'y présider conjointement à l'exclusion de l'Angleterre et du roi de Prusse.

Ensuite, lorsqu'il n'a plus été possible à la cour de Vienne de cacher ses liaisons avec ce monarque et avec la Russie, elle a paru s'être réduite à nous persuader que du moins elle empêcherait la médiation de l'Angleterre à notre préjudice.

La cour de Londres, de son côté, n'ayant témoigné aucun empressement pour cette médiation *, et la Russie seule ayant insisté pour qu'elle y fût admise afin d'en écarter la France, il était aisé de prévoir qu'à la fin aucune des deux ne le serait. C'était précisément ce que désirait la cour de Vienne, et celle de Russie ne demandait pas mieux.

Pour l'Autriche, elle avait commencé de manifester et de remplir son objet pendant le cours de toutes ces petites tracasseries politiques : elle avait réduit la Porte à implorer son secours et à lui en payer bien cher d'avance la

* M. Murray, ambassadeur anglais à la Porte, est le seul qui désirât, pour sa gloire et son intérêt particulier, que sa cour eût cette médiation.

promesse. Il en résulta la convention du 5 ou 6 juillet 1771 *.

La cour de Vienne avait déjà prévu ce résultat; et, pour n'être pas embarrassée de la médiation dans le nouveau rôle qu'elle allait jouer, elle s'en était désistée. Il est très apparent qu'elle aura cherché alors à se faire un mérite de n'y avoir renoncé que par égard pour la France, parce que celle-ci ne pouvait pas y être admise conjointement.

L'accession de l'Autriche au traité de partage, et son alliance avec la Russie contre la Pologne, impliquent et entraînent de fait une pareille confédération contre la Porte, quoique de nom peut-être elle n'ait pas été encore stipulée. Le masque est levé, et la France et la Porte savent à quoi s'en tenir désormais **.

---

* En signant cette convention, la Porte paya 6000 bourses à la cour de Vienne, qui ne les a pas rendues, quoique la convention n'ait pas eu lieu.

** On apprend, par les gazettes, que le colonel baron de Browne, neveu du maréchal de Lascy, est allé faire la campagne *volontaire* à l'armée russe. On peut bien supposer qu'il y est envoyé avec distinction et chargé d'une correspondance intéressante. Cette démarche publique annonce d'autant plus l'union et le concert intime des deux cours dans la guerre contre les Turcs.

Mais voici un fait qui doit encore plus éclairer la Porte et la France. On a dit (dans le premier mémoire à la suite de l'article V) *qu'on parlerait ailleurs d'une puissance qui n'est pas non plus sans projet sur le commerce de la mer Noire*. Cette puis-

Il serait superflu de suivre plus loin la cour de Vienne dans les tours et détours de sa conduite à cet égard : elle ne peut et ne doit plus y mettre beaucoup de mystère; l'espoir, la tentative de nous tromper davantage, approcherait trop de la dérision.

Au milieu de nos embarras pour la Pologne et pour la Porte, la révolution de Suède en fit naître un de plus, par la nécessité de soutenir le nouveau monarque sur son trône chancelant.

sance est la cour de Vienne. On a su par un colonel anglais, revenu de Constantinople, ce qu'il y avait apparemment appris de M. Murray, chez qui il était logé. L'empereur, jeune et ambitieux, est fort occupé de projets de toute espèce : celui du commerce de la mer Noire par le Danube, et de là aux Échelles du Levant, est un des objets qu'il s'est proposés, et peut-être un des motifs les plus forts qu'il ait eus pour favoriser la Russie. Cette puissance étant une fois maîtresse absolue de la mer Noire par la supériorité qu'elle y aura sur les Turcs, l'empereur s'est flatté (et peut-être est-il déjà convenu avec la Russie) que la liberté du commerce sur cette mer, et même aux Échelles, sera rendue commune aux pavillons autrichiens. Pour cela, il compte obtenir ou extorquer de la Porte le droit de naviguer sur le bas Danube, d'en sortir et d'y rentrer librement pour tous les bâtimens des sujets de l'Autriche; ainsi que les capitulations les plus favorables sur le même pied que les autres *nations franques*.

La France peut donc regarder aussi la cour de Vienne comme entrée dans la conjuration qui semble être formée contre son commerce du Levant. Cette cour est d'autant plus intéressée à procurer les avantages de la Russie, et dans la guerre et dans la future négociation de paix, qu'elle s'est déjà proposé d'en partager le bénéfice.

« Le moyen le plus simple était assurément d'employer pour lui, auprès de la Russie et du roi de Prusse, l'intercession de la cour de Vienne. Aux termes où elle en était avec ces deux puissances alliées et copartageantes, il semblait qu'elle fût en droit d'obtenir ce qu'elle aurait demandé. Dans leur position respective et leurs liaisons d'intérêts présens et futurs, le besoin et l'espoir de la réciprocité leur font une loi d'une déférence mutuelle. L'étendue des objets que peut embrasser l'ambition de cette *triple alliance*, mettra les alliés dans le cas de se réserver ou de s'abandonner tour à tour plus d'une victime ; et la grâce demandée pour le roi de Suède aurait été à charge de revanche.

Cette grâce pouvait n'être pas une reconnaissance et une garantie expresse de la nouvelle forme du gouvernement de Suède* ; mais du moins la déclaration, la promesse positive « de n'attaquer ni le roi ni le royaume de » Suède, directement ni indirectement, à rai- » son de ce changement ou pour quelque autre

* On se sert ici de l'expression usitée par les états de Suède dans les actes publics depuis la révolution. Il serait à souhaiter qu'on eût conseillé au roi de ne point l'adopter. Il aurait pu et dû employer celle-ci : *Rétablissement de l'ancienne forme du gouvernement*. Elle n'aurait eu rien d'odieux, et quelque chose de plus vrai, puisque cette forme avait existé depuis Gustave-Vasa jusqu'à Charles XI, *avant le despotisme et l'anarchie*. (.

» cause que ce fût, » excepté le cas d'une agression antérieure de la part desdits roi et royaume, « et même de ne s'immiscer directe-
» ment ni indirectement dans les troubles in-
» térieurs auxquels la révolution pourrait don-
» ner lieu ou servir de prétexte. »

A-t-on demandé à la cour de Vienne cette intercession si juste, si naturelle? A-t-on fait valoir auprès d'elle les motifs d'équité, de reconnaissance, et même de saine politique, qui devaient engager le chef de l'empire à s'intéresser pour un membre du corps germanique, et pour l'intégrité de ses possessions?

Si, après l'avoir demandée, on ne l'avait point obtenue, l'a-t-on exigée, et cette cour a-t-elle osé la refuser?

On ne répétera point ici ce qu'on a déjà dit à ce sujet *; on observera seulement que, si la demande n'avait pas été faite, ce n'a pu être par la crainte d'être importun. Qu'avons-nous exigé depuis dix-sept ans de la cour de Vienne, et que n'a-t-elle pas exigé de nous? Mais remettons-en l'énumération à un autre moment **, et suivons le troisième objet de cette discussion, c'est-à-dire la conduite de la cour de

* Section Ire, article II de ces conjectures.
** A la fin du présent article.

Vienne à l'égard de la France, relativement à la Suède.

Si donc, pour premier et unique retour de tant de bienfaits dans le cours d'une alliance si onéreuse pour nous, et dont cette cour a recueilli tout l'avantage, la France avait demandé, exigé de l'Autriche de faire *cause commune* relativement à la Suède, comment et sous quel prétexte aurait-elle pu s'en défendre?

Serait-ce par la raison rigoureuse que, n'étant point engagée nommément avec la Suède, ni même avec nous, pour le cas éventuel de la *révolution*, la cour de Vienne pouvait à *toute force* se dispenser de prendre aucun parti, aucun intérêt à cette affaire?

Si cette raison péremptoire était alléguée au barreau en faveur d'une partie qui aurait trompé l'autre par des conventions dont toutes les charges seraient d'un côté et tous les avantages de l'autre, elle serait certainement admise dans un tribunal de rigueur, et déciderait la question : le refusant serait déchargé. *Summum jus, summa injuria*, dit un axiome de droit : *L'extrême justice est une extrême injustice*, s'écrierait alors la partie perdante.

Mais qu'arriverait-il même dans les règles de la plus étroite rigueur? Cette partie engagée légèrement, imprudemment chargée par la convention de tout le fardeau d'une société, reviendrait au même tribunal réclamer contre des engagemens dans lesquels la lésion serait trop manifeste. Elle demanderait la résiliation du contrat, parce qu'il ne serait point synallagmatique, c'est-à-dire réciproquement obligatoire, parce qu'il y manquerait cette clause : *Do ut des* (je donne pour recevoir), clause toujours sous-entendue par la loi dans tout contrat civil, et censée en être l'esprit, lors même qu'elle n'y est pas exprimée par la lettre. Alors aussi, la partie lésée gagnerait à son tour; le contrat serait annulé et comme non avenu.

Appliquons au cas de l'alliance d'une puissance avec une autre, ces règles universelles, éternelles, du droit civil, dérivées du droit naturel, et nous trouverons aussitôt la solution d'une vérité qui n'aurait jamais dû paraître embarrassante.

On nous a promis des secours; mais il est démontré que nous n'en avons ni n'aurons besoin, que nous ne serons et ne pourrons jamais être dans le cas de les réclamer : donc cette promesse de secours est illusoire, nulle au fond et comme non avenue; donc, en promettant, de notre côté, à l'autre partie contractante ces mêmes secours, dont le cas est possible, prochain, multiplié, et peut devenir très fréquent, nous avons été lésés, surpris, circonvenus; nous nous sommes engagés à donner sans recevoir : donc notre engagement n'est pas synallagmatique; donc il est nul ; donc nous sommes en droit d'en demander la résiliation.

Mais où sont les juges des rois? En existe-t-il sur la terre? Oui, le droit des gens, le droit naturel, surtout le sens commun. Il ne peut jamais supposer ni admettre que, dans un contrat quelconque, l'une des deux parties soit engagée à tout, l'autre à rien : son jugement est prononcé d'avance.

Lors donc qu'on veut des deux côtés laisser subsister la lettre d'un pareil contrat, d'une convention, d'un engagement qui n'est pas réciproque, il faut y suppléer par l'esprit, c'est-à-dire par la clause sous-entendue que la partie lésée obtiendra de l'autre un équivalent qui lui tiendra lieu de réciprocité.

Quel pouvait et devait être pour la France cet équivalent de la part de son alliée? Nous l'avons déjà dit, il faut le répéter : c'était l'appui que la première était en droit d'attendre de l'autre pour ses alliés, pour ses protégés, dans les cas surtout où la proximité mettrait celle-ci à portée de les défendre, et dans le cas aussi où, par d'autres circonstances, elle se trouverait en état de les garantir de toute vexation, de toute agression.

Trois cas à peu près de la même nature se sont présentés si près l'un de l'autre, qu'ils semblent n'en faire qu'un seul. Si on en excepte celui de la Porte, les deux autres, sans doute, sont précisément susceptibles de l'application. On a vu comment l'Autriche nous a aidés à secourir la Pologne. Cherchons à présent si, à notre considération, elle a mieux servi la Suède.

Cette recherche sera courte. Il nous manquerait, pour l'approfondir, la lumière la plus vive, c'est-à-dire la connaissance de tous les détails de la négociation qui peut et doit avoir été entamée à ce sujet entre notre cour et celle de Vienne. C'est encore le cas de le redire, nous sommes ici réduits aux conjectures.

Si cependant il était permis d'en juger, au moins par les faits qui ont percé dans un certain public, la conduite de la cour de Vienne, relativement à la Suède, a été vraisemblablement tout opposée à ce que la France aurait été en droit d'en exiger et d'en attendre.

On ne peut guère révoquer en doute les déclarations de cette cour à celle de Pétersbourg et à plusieurs autres, que, « si la Suède était » attaquée, leurs majestés impériales étaient

» résolues de garder la plus exacte neutralité. »
Quel autre sens peut-on donner à ces déclarations faites surtout à des puissances qui menaçaient alors la Suède, que le dessein d'encourager toute agression, toute invasion de ce royaume, au lieu de l'en défendre, ou du moins de l'en préserver?

S'il est permis aussi de conjecturer là-dessus, au moins d'après l'événement, ce n'est point à la cour de Vienne qu'on a pu devoir depuis la déclaration pacifique de la Russie au sujet de la Suède; le ministère autrichien ne paraît plus nous ménager assez pour être revenu sur ses pas, et avoir corrigé par des insinuations ultérieures et secrètes la dureté de ses déclarations publiques. Celle de la Russie, telle qu'elle puisse être, n'a été déterminée que par deux motifs : la rupture du congrès de Bucharest, et la nécessité absolue de terminer, par une diète bloquée et jugulée, l'affaire de la Pologne; et si la cour de Vienne a fait ou paru faire quelque démarche pour obtenir cette déclaration, ce n'a été aussi que par les mêmes motifs de projets et d'intérêts communs avec les deux autres puissances copartageantes.

D'après cet exposé, que l'on ose croire fidèle, il faut en revenir à ce qu'on avait observé au commencement de cet article, que la Pologne est partagée, l'empire ottoman aux abois, et la Suède menacée.

On dit menacée, parce que l'on croit avoir prouvé d'avance que des assurances et déclarations quelconques de la part de la Russie et du Danemarck ne peuvent ou ne doivent point nous rassurer sur le sort de la Suède, et que nous ne tenons rien, tant que ces deux puissances resteront armées sur la Baltique *.

Voilà cependant les trois États, nos alliés, ou nos protégés, en faveur desquels l'intervention ou même les secours de l'Autriche semblaient nous être acquis par la clause de réciprocité requise **, ou au moins sous-entendue dans notre convention, et sans laquelle aucun contrat ne peut rester obligatoire. De ces trois alliés de la France, la cour de Vienne a dépouillé l'un, rançonné l'autre, et au moins abandonné le troisième.

Quel fruit la France a-t-elle donc recueilli de son alliance avec la cour de Vienne? Quels

* Section II, article I et V de ces conjectures.

** « Dire qu'un traité n'a pas été exécuté, ce n'est pas
» prouver qu'il était désavantageux; c'est seulement
» rappeler cette triste vérité, que jamais la force ne
» tient ce qu'elle promet à la faiblesse. Un gouverne-
» ment sans énergie voit toujours ses alliés se dispenser
» de remplir les engagemens qui leur coûtent. » (SÉGUR.)

avantages peut-elle espérer désormais d'en tirer? Où est donc pour nous l'équivalent de la réciprocité?

Ce n'est donc point sans fondement qu'on avait déjà mis en question si, de fait, cette alliance ne subsistait déjà plus *. On pourrait ajouter ici une autre question : ce serait si, de droit, elle peut subsister encore?

On pourrait même trancher là-dessus, et décider que, de fait et de droit, cette alliance est rompue ; et voici sur quoi cette décision semblerait fondée.

La principale stipulation du traité de 1756 était celle d'un secours réciproque, au cas que l'une des deux parties fût attaquée par un tiers.

Cette clause a pu subsister pendant que l'Autriche est restée, ou du moins a paru étroitement unie avec la France exclusivement.

Mais aussitôt que la première s'est alliée avec la Russie et la Prusse contre la Pologne, c'est une agression de sa part exercée contre un tiers, et dont les suites peuvent ou doivent l'exposer bientôt elle-même à une ou plusieurs agressions ensemble ou successivement.

Dans tous ces cas, si l'alliance subsistait toujours entre cette cour et la France, celle-ci pourrait donc être obligée de secourir l'Autriche

* Section Ire, article II de ces conjectures.

contre tous les agresseurs quelconques, ou ceux qu'elle prétendrait tels, amis ou alliés de la France, et cela pour raison d'une première agression d'une ligue étrangère à cette couronne, contraire à ses principes, à ses vues, à ses intérêts, à ses-engagemens? cela serait absurde.

Il serait, au contraire, juste et raisonnable de regarder l'alliance de 1756 comme rompue, annulée et non avenue.

Cependant il faut être juste; voyons si, du côté de la France, les engagemens ont été remplis, et si même elle n'a pas beaucoup plus fait pour l'Autriche qu'elle n'avait promis, et qu'elle n'y était obligée.

Sans répéter ici ce qu'on a déjà dit des efforts inouïs qu'a faits la France en Allemagne, pendant la guerre, pour le seul objet de la cour de Vienne, et de la somme immense que celle-ci a reçue de l'autre après la paix pour arrérages de subsides *, cherchons seulement si, depuis, la France a manqué à la cour de Vienne.

Que n'a-t-elle pas fait, au contraire, pour favoriser toutes les vues de cette cour? Ne l'a-t-on pas vue aller au devant de ses désirs, guetter, rechercher les occasions de lui être utile? Jamais les petits soins et la cajolerie de cour à cour ont-ils été poussés si loin? Notre minis-

* Introduction à ces conjectures.

tère a-t-il été retenu par aucune considération de politique? Le traité du 30 décembre 1758 ne nous engageait-il point, en faveur de la maison d'Autriche, à des démarches, à des bons offices, dont l'objet ne pouvait qu'être désagréable au roi d'Espagne et aux autres branches de la maison de Bourbon?

Cet objet était de réaliser des prétentions fabuleuses, celles de l'Autriche contre ces trois branches, et d'éteindre leurs droits réels, à la charge de la Toscane et de la Lombardie autrichienne; enfin de gêner les chefs de ces branches dans l'arrangement de leur succession, pour la faire régler et partager au gré de l'Autriche.

Si, depuis, elle n'a point réclamé l'exécution entière de ces clauses inofficieuses pour la maison de Bourbon, c'est qu'elle en a obtenu les principaux objets par des mariages qui ont affermi sa puissance et sa tranquillité en Italie. C'est toujours à la France qu'elle a dû tous ces avantages, par l'influence et les liaisons de notre précédent ministère en Espagne, et par une espèce d'admission de l'Autriche au pacte de famille, qui n'est pas un des effets les moins désavantageux de ce pacte.

En effet, après avoir si long-temps combattu pour empêcher la couronne impériale de se perpétuer dans la maison d'Autriche, la France s'était engagée à favoriser et procurer l'élection de l'archiduc roi des Romains. Elle a tenu parole, et c'était alors tout ce qu'il lui restait de mieux à faire; car elle s'était laissé mettre peu à peu hors d'état de pouvoir s'y opposer.

On ne s'en est pas même tenu aux engagemens exprès et précis de ce traité du 30 décembre 1758. La France ne s'était engagée qu'à solliciter auprès de l'empire l'investiture éventuelle des États de Modène, en faveur de l'archiduc Léopold. Elle a fait plus pour la famille impériale : celle-ci a obtenu, sans limitation, la même expectative en faveur des héritiers collatéraux de l'archiduc Ferdinand. Par là, si ce prince venait à mourir sans postérité mâle, aussitôt l'empereur, le grand-duc ou son fils aîné, ajouterait de droit ces États voisins et considérables à la masse de sa puissance en Italie. Quel arrondissement pour la Lombardie autrichienne!

On ne s'étendra pas ici sur les conséquences de ce bon office pour la maison de Bourbon et celle de Savoie. Elles se présentent si naturellement, qu'on peut se dispenser là-dessus de tout commentaire. D'ailleurs, il trouvera sa place dans un des articles suivans*.

* Dans la suite de cette deuxième section, article de l'Italie.

Voilà donc, jusqu'à présent, la France en règle avec l'Autriche sur tous les engagemens contractés en sa faveur. On peut même prouver que souvent ils ont été pris et remplis, sans égard pour la bienséance qu'exigeaient au moins les liens du sang et la communauté du nom de Bourbon, au détriment des trois autres branches de cette maison, au risque même de se brouiller avec l'une, et en se donnant l'apparence de vouloir semer la division entre les deux autres *.

Nous venons d'observer aussi que les déférences de la France pour la cour de Vienne ne se sont point bornées à la lettre de ses engagemens; qu'elle a fait ou laissé faire, en faveur de la maison d'Autriche, beaucoup plus qu'elle n'avait promis et permis, et qu'il en peut, qu'il en doit même résulter un jour des conséquences dangereuses pour la maison de Bourbon. Ce serait au ministère d'alors à nous apprendre enfin ce que la cour de Vienne a fait en retour pour la France. C'est au ministère d'aujourd'hui à prévoir et à discuter ce qu'elle peut et doit en espérer, surtout dans ce nouveau système de la ligue copartageante.

En attendant, il serait peut-être permis de

* Par tous les Traités conclus avec la cour de Vienne depuis 1756 jusqu'en 1761, et nommément celui du 30 décembre 1758.

résumer, sur la position respective actuelle de la cour de Vienne, relativement à la France.

Mais nous avons déjà démontré ailleurs * combien cette position est devenue avantageuse, relativement à la puissance militaire, à la puissance fédérative, et même à la puissance pécuniaire.

On a prouvé aussi que tous ces avantages, usurpés sur nous-mêmes, ne l'ont été qu'à l'ombre de notre confiance, de notre déférence, de notre connivence; et qu'ainsi c'est nous-mêmes qui avons poussé l'Autriche à notre place naturelle, c'est-à-dire à la tête des grandes puissances.

Nous avons ajouté (et cela n'est que trop sensible) que, par sa défection et par son alliance avec la Russie et la Prusse, l'Autriche a fait gagner aussi un rang à chacun de ces deux alliés; enfin, que l'Europe étonnée a vu et voit encore la France rangée en quatrième ligne dans l'ordre des grandes puissances **.

Que pourrait-on opposer à ces tristes réflexions, qu'un autre tableau aussi vrai qu'il est consolant? C'est que cette supériorité de l'Autriche, celle de ses deux alliés, et les avantages qu'elle a pris sur nous de la puissance militaire,

---

* Introduction et section Ire de ces conjectures.
** Introduction à ces conjectures.

de la puissance fédérative et de la puissance pécuniaire; tout cela n'est ou ne peut être que momentané, si la France sort une fois de son enchantement léthargique;

Que les élémens et les matières premières de ces trois genres de puissance, existent encore chez elle en plus grande quantité et meilleure qualité que chez aucun de ces trois potentats;

Que ses moyens et ses ressources sont immenses et inépuisables; que, si son administration intérieure voulait ou savait en féconder les germes et en favoriser la reproduction, au lieu de les détruire par une culture forcée, bientôt leur développement et leur maturité multiplieraient rapidement et ses moyens et ses ressources;

Que, si l'usage et l'emploi en étaient réglés et modifiés par une économie noble, sage et ferme, il en résulterait aussi pour l'État le rétablissement de son crédit, de sa considération au dehors, de son rang, de sa prééminence, et de son influence dans l'ordre politique;

Que, même dans l'état présent, à partir du point où l'on est, il reste à la France des moyens de se rapprocher de celui d'où elle est partie, et de remonter au degré d'où elle est déchue;

Ces moyens consistent dans la formation d'un nouveau système de puissance militaire et de puissance fédérative;

Que les événemens récens, et ceux qui peuvent en dériver incessamment, doivent même entraîner et nécessiter ce changement de système.

Mais ce sont ces combinaisons qu'on se propose d'analyser et de calculer dans la troisième section. Poursuivons à présent notre voyage politique.

***

« Favier demande quel a été, pour la France, l'a» vantage de son alliance avec l'Autriche, et je réponds :
» Trente-deux ans de paix. Si la France avait profité
» avec habileté et force de cette alliance, la Pologne
» n'aurait point été partagée, la Suède et la Turquie
» auraient été sans inquiétude; mais elle ne s'est op» posée à rien, et l'Autriche ne pouvait combattre
» seule. Tel est le résultat d'une politique faible; tout
» lui nuit, et rien ne lui est utile; et, sous ce point de
» vue, il n'est que trop vrai qu'on peut regarder l'al» liance de 1756 comme une des causes de nos mal» heurs, puisque la faiblesse du gouvernement fran» çais lui a fait suivre servilement les mouvemens et
» les passions de son alliée, au lieu de profiter de ce
» calme pour réparer ses forces et régénérer toutes les
» parties de l'administration, et qu'il a laissé, par son

» indolence, tous les ressorts se détendre et tous les
» liens se relâcher. » (Ségur.)

***

Nota. On a placé à la suite de cet article l'extrait du traité de 1758, pour mettre en état de juger de tous les avantages qu'il procurait à la cour de Vienne.

EXTRAIT
DE LA CONVENTION
OU
TRAITÉ SECRET

ENTRE LE ROI ET L'IMPÉRATRICE-REINE,

SIGNÉ A VERSAILLES, LE 30 DÉCEMBRE 1758, PAR MM. LE DUC DE CHOISEUL ET LE COMTE DE STHAREMBERG.

ARTICLE PREMIER.

Le traité de Versailles, du 1ᵉʳ mai 1756, est renouvelé et confirmé *.

---

* Il n'est plus question ici du traité du 1ᵉʳ mai 1756. Quelque absurde qu'il fût, ridicule dans son plan et impossible dans son exécution, il contenait du moins des cessions éventuelles et conditionnelles, de la part de l'impératrice, d'une partie des Pays-Bas à l'infant don Philippe, et du reste à la France, en échange des États de l'infant, de la Silésie, etc., etc., et de plusieurs autres cessions, renonciations et garanties que la France s'engageait d'extorquer à différens princes, amis, alliés, et même de la maison de Bourbon.

La cour de Vienne trouva plus commode de conserver à peu

ART. II.

Le secours stipulé par ledit traité de la France à la cour de Vienne, sera fourni par le roi à l'impératrice, pendant toute la guerre, en troupes ou en argent, au choix de l'impératrice, à déclarer par elle à la fin de chaque année.

ART. III.

Ce secours en argent est évalué à 3,336,000 florins d'empire (8,340,000 liv.) par année, en douze paiemens égaux de mois en mois.

ART. IV.

Convention de Stockholm entre la France, la Suède et l'impératrice, renouvelée et confirmée; les subsides promis à la Suède par ladite convention, et à payer conjointement par le roi et l'impératrice, seront, à l'avenir, payés en entier par la France seule, à compter du 1er juin précédent 1758.

---

près tous les avantages qu'elle avait stipulés par ce traité [*]; et de s'exempter par celui-ci de tous les engagemens réciproques qu'elle avait pris.

[*] Voyez, à la fin du IIIe volume, les doutes sur le traité de 1756, entre la France et l'impératrice-reine, par M. Favier.

ART. V.

Les troupes saxonnes seront aussi payées par la France seule, à la disposition de l'impératrice.

ART. VI.

Promesse et indication vague de satisfactions et de dédommagemens à faire obtenir, de concert, au roi de Pologne, électeur de Saxe.

ART. VII.

Le roi s'engage à tenir toujours, pendant toute la guerre, au moins cent mille hommes de ses troupes en Allemagne, contre le roi de Prusse et ses alliés.

ART. VIII.

Dépôt d'Ostende et de Nieuport confirmé.

ART. IX.

Promesse cependant de restituer ces deux places à l'impératrice, sur sa première réquisition, même avant la paix avec l'Angleterre.

ART. X.

Tous les pays et États du Bas-Rhin, conquis ou à conquérir par la France sur le roi de Prusse, cédés en souveraineté à l'impératrice; les revenus réservés par la France, pendant la guerre, à l'exception de quarante mille florins pour les frais d'administration.

ART. XI.

Promesse d'accommoder tous les différends de limites aux Pays-Bas, l'affaire de l'abbaye de Saint-Hubert, etc., etc., par des commissaires à nommer dans l'espace de six mois : dettes de la Lorraine à solder par la France.

ART. XII.

La Silésie entière* et le comté de Glatz assurés à l'impératrice comme une condition préliminaire et *sine quâ non* de tous engagemens et traités faits ou à faire.

ART. XIII.

Ni paix ni trêve sans le consentement réciproque des deux parties contractantes au pré-

---

* Par le traité du 1er mai 1756, le duché de Crossen, ancienne possession de la maison de Brandebourg, et le district de Zullichau étaient adjugés au roi de Pologne, électeur de Saxe, pour une partie de ses dédommagemens. Cet article tenait fort au cœur à la cour de Dresde. Il lui donnait comme un pont sur la Silésie pour passer de Saxe en Pologne, sans toucher aucun territoire étranger; il fut supprimé par ces deux mots : *la Silésie entière*.

sent traité. Le roi exigera du roi d'Angleterre, électeur d'Hanovre, d'engager le roi de Prusse à faire une paix convenable avec l'impératrice, ou du moins d'abandonner ledit roi de Prusse; et l'impératrice exigera du roi de Prusse, *vice versâ*, la même chose, relativement au roi d'Angleterre, électeur d'Hanovre.

ART. XIV.

Les traités de Westphalie renouvelés et confirmés; la Suède admise à la garantie *.

ART. XV.

Renonciation de l'impératrice, en faveur de l'infant don Philippe, à son droit de réversion éventuelle sur les États de ce prince, en vertu du traité d'Aix-la-Chapelle **, exceptant seule-

* Elle l'était de droit.
** Ce prétendu droit de réversion éventuelle ne pouvait être imaginé que pour le cas où l'infant don Philippe parviendrait au trône d'Espagne ou de Naples. Ce cas n'a point existé depuis; il ne pouvait pas même exister; et l'impératrice renonce ici à un droit nul, imaginaire, pour en faire un équivalent fictif à des droits réels, existans, dont elle exige la renonciation dans les articles suivans. Le cas où le roi de Naples parviendrait à la couronne d'Espagne, est arrivé depuis; mais, dans ce cas même, le droit de réversion ne pouvait pas avoir lieu pour l'impératrice. On n'en trouve pas un mot dans son accession au traité d'Aix-la-Chapelle. Il n'y avait qu'à le lire. Ce fut seulement dans l'accession du roi de Sardaigne qu'on laissa glisser cette clause, qui depuis a coûté au roi 9,000,000 liv.

ment de cette renonciation le cas de l'extinction de la ligne masculine *.

ART. XVI.

Promesse et indication vague de démarches à faire auprès du roi des Deux-Siciles, de concert entre les deux parties contractantes et l'infant don Philippe, pour des arrangemens aussi vagues, afin de fixer et assurer l'ordre de succession auxdits royaumes **.

* C'était le seul cas qui pût exister et qui le puisse encore; le seul où, aux termes de l'accession, le droit de réversion éventuelle pourrait avoir lieu pour la maison d'Autriche. L'impératrice se le réservait; ainsi, dans le fait, elle ne renonçait à rien.

** Cet article était au moins superflu et insignifiant, s'il n'était pas même dangereux et absurde. Personne n'avait droit de s'immiscer dans cet ordre de succession, et moins encore la cour de Vienne. C'était lui en fournir des prétextes qu'elle aurait fait valoir, si le roi n'était pas mort pendant la guerre, et dans les circonstances où cette cour était trop occupée de ses affaires d'Allemagne, pour empêcher le roi don Carlos d'arranger lui-même à son gré la succession de ses royaumes. Quelques années plus tard cet événement aurait occasioné une nouvelle guerre en Italie. Le roi alors se serait trouvé engagé insensiblement dans des mesures concertées avec la maison d'Autriche et vraisemblablement opposées aux intérêts de sa propre maison. L'objet de la cour de Vienne, en faisant glisser cette clause dans le présent traité, ne pouvait être que de semer la division entre ces deux branches régnantes de la maison de Bourbon, et même dans celle d'Espagne, en poussant l'infant don Philippe sur le trône de Naples, au préjudice des enfans du roi don Carlos. Par là, elle n'aurait plus eu à craindre l'intervention de l'Espagne dans les affaires d'Italie; enfin elle aurait réuni la Lombardie autrichienne,

ART. XVII.

Le roi promet ses bons offices, pour engager le roi des Deux-Siciles à céder et à renoncer, en faveur de l'empereur, grand-duc de Toscane, à tous ses droits et prétentions sur les allodiaux de Médicis et de Farnèse, en dédommagement du droit de réversion acquis à l'impératrice par le traité d'Aix-la-Chapelle *.

ART. XVIII.

Pareille cession et renonciation promise par le roi, de la part de l'infant don Philippe, ainsi

---

les États de Parme, Plaisance et Guastalla. La renonciation vague de l'article XV n'aurait pas empêché cette réunion. Outre qu'elle ne portait sur rien, le droit de convenance, fondé sur l'appui que l'impératrice aurait accordé à l'infant pour le faire monter sur le trône de Naples, lui aurait fait obtenir de ce prince la cession de ses États de Lombardie. Ce droit de réversion au roi de Sardaigne de la ville de Plaisance et du Plaisantin jusqu'à la Nura, qu'il s'était réservé, pour son accession au traité d'Aix-la-Chapelle, n'aurait pas non plus embarrassé la cour de Vienne, surtout si la France avait concouru à ses projets, ou lui avait seulement permis de les exécuter. Ou elle se serait emparée de Plaisance et l'aurait gardée; ou, au pis aller, elle en aurait été quitte pour la restituer au roi de Sardaigne, à condition de concourir au nouvel arrangement, d'y accéder et de le garantir; et ce prince, ne pouvant faire mieux, aurait du moins profité de l'occasion pour ajouter à ses États une grosse ville, un grand territoire, et 500,000 l. de revenu.

* Ce prétendu droit a été apprécié dans les notes sur l'article XV.

qu'à tous ses droits et prétentions sur Bozzolo et Subionetta, condition *sine quâ non* de la renonciation de l'impératrice à son prétendu droit de réversion.

ART. XIX.

Le roi s'engage à concourir, avec l'impératrice, pour faire élire roi des Romains l'archiduc son fils aîné : les deux parties contractantes agiront aussi de concert, en cas d'élection d'un roi de Pologne, pour la faire tomber sur un prince de Saxe.

ART. XX.

Même concert et union pour faire accomplir le mariage de l'archiduc Léopold avec la princesse de Modène, et accorder par l'Empire audit archiduc l'investiture éventuelle de Modène, Reggio, etc *.

---

* Cet article a été plus que rempli : l'investiture a été nonseulement accordée par l'Empire, aux termes du présent traité, mais encore étendue aux héritiers collatéraux de l'archiduc Ferdinand, qui a pris la place de l'archiduc Léopold. Par là, dans le cas où l'archiduc Ferdinand ne laisserait point de postérité mâle, ou même dans celui d'extinction de sa ligne masculine, les États de Modène seraient de droit réunis à la Lombardie autrichienne. On ignore s'il y a eu quelque nouvelle convention pour faire ajouter cette clause à l'investiture, et plus encore quel motif a pu avoir notre ministère de s'y prêter et d'y concourir.

ART. XXI.

Accession à demander en temps et lieu à l'empereur, au grand-duc de Toscane, à la Suède, à l'impératrice de Russie, au roi de Pologne, électeur de Saxe, et démarches à faire de concert pour y engager aussi le roi des Deux-Siciles.

ART. XXII.

Sur *le secret*. Il sera gardé par les deux parties contractantes, nommément pour l'impératrice de Russie et le roi de Pologne, électeur de Saxe, jusqu'à ce qu'elles soient convenues de le déclarer en même temps aux parties intéressées.

ART. XXIII.

Sur l'échange des ratifications.

ART. XXIV.

Article séparé, ordinaire, sur les titres et rangs respectifs.

« Si une alliance avec l'Autriche pouvait être avan-
» tageuse en 1756, et même devait être regardée com-
» me nécessaire par la crainte qu'excitaient le génie
» conquérant et la fortune rapide de Frédéric II, par
» la juste méfiance qu'avait causée son abandon de no-

» tre alliance deux fois répété pendant la guerre, par
» l'humeur qu'inspiraient ses liens impolitiques avec
» l'Angleterre, et enfin par le désir que devait éprouver
» la France de se donner la certitude de ne pouvoir
» être attaquée chez elle, tandis qu'elle combattait la
» Grande-Bretagne, il faut convenir que la manière
» dont le second traité de 1758 a été conclu et rédigé,
» était entièrement inexcusable. Chaque article y porte
» l'empreinte de la passion, de l'imprévoyance et de
» la faiblesse ; et Favier, dans ses observations criti-
» ques, a raison sur tous les points. Il se trompe ce-
» pendant, en regardant comme étranger au traité
» d'Aix-la-Chapelle un article inséré, de son aveu,
» dans l'accession du roi de Sardaigne. Toute acces-
» sion ne se fait que par un acte qui devient dès-lors
» aussi obligatoire que le traité principal, dès qu'il est
» signé par les parties contractantes. La faute la plus
» capitale de ce traité, est de s'obliger à avoir cent
» mille hommes en Allemagne ; l'objet de l'alliance
» devait être d'occuper assez les puissances germani-
» ques pour les empêcher de se mêler de nos affaires.
» Nous ne devions fournir que vingt-quatre mille auxi-
» liaires pour cet objet. Par ce moyen, nos dépenses
» auraient été faibles; la balance du succès se serait
» maintenue plus égale entre l'Autriche et la Prusse, et
» il était véritablement absurde de faire de la guerre
» continentale notre objet principal, tandis que nous
» ne devions nous occuper que de nous mettre à l'abri
» de toute diversion pendant la durée de notre guerre
» maritime. L'auteur censure, avec quelque exagéra-
» tion, les clauses qui lui paraissent propres à semer
» la division entre les cours de Madrid, de Versailles

» et de Naples. Le pacte de famille, qui fut conclu peu
» d'années après, prouve sans réplique combien cette
» crainte était peu fondée. Ce qui est extraordinaire,
» c'est que Favier fait cette critique long-temps après
» que l'événement l'a réfutée. » (Ségur.)

ARTICLE VIII.

DE L'EMPIRE, OU CORPS GERMANIQUE.

Pour traiter méthodiquement cette partie de l'Europe, il faut remonter aux principes, et rappeler ici ce qu'on a dit ailleurs de la *puissance fédérative.*

C'est le résultat des rapports que l'intérêt a établis entre une cour et plusieurs autres.

De ce rapport naît le besoin réciproque, et de ce besoin les alliances, les garanties, le recours des plus faibles, le secours des plus forts, et, dans certains cas, le concours des uns et des autres.

Relativement à l'Empire, la France était au plus haut point de sa puissance fédérative après la paix d'Aix-la-Chapelle.

Jetons donc un coup d'œil rapide sur l'origine de cette branche de puissance, sur ses progrès, sa décadence et son rétablissement.

Au comble de la gloire et de la prospérité, après la paix de Nimègue, Louis XIV pouvait rester l'arbitre de l'Europe, surtout de l'Empire : il en devint l'ennemi.

Les chambres de réunion, établies à Metz et à Brisach, ne produisirent à la France que l'odiosité. L'occupation de Strasbourg, en pleine paix, paraissait fort avantageuse et presque nécessaire; elle n'en révolta pas moins le corps germanique *.

La prise de Philipsbourg, en 1688, fut, à tous égards, une invasion, un acte d'injustice manifeste **.

Par cette invasion l'empereur obtint, de la France même, tout ce qu'il désirait. C'était un

* On paya cher cette acquisition à la paix de Riswick, par la cession de Brisach et des autres possessions au-delà du Rhin, qui ouvraient à la France les cercles de Souabe et du Haut-Rhin, et les tenaient sans cesse à sa discrétion. L'Alsace fut arrondie, couverte; mais le Rhin, devenu barrière, diminua dans l'Empire la confiance, la sécurité des amis de la France, et augmenta l'audace de ses ennemis.

** Un roi d'Angleterre attaqué par un stathouder, une république qui lui en fournissait les moyens, l'empereur même et l'Espagne ligués secrètement avec la Hollande, tout cela n'avait rien de commun avec le corps germanique. Cette diversion en pure perte ne pouvait d'ailleurs ni sauver Jacques II, ni en imposer à la Hollande, ni à l'Espagne, ni même à l'empereur. C'était dans la Manche ou en Angleterre que Jacques pouvait et devait être secouru. La Hollande craignait tout pour elle, et vit avec plaisir l'orage se détourner du côté de l'Allemagne. L'Espagne, complice du prince d'Orange, était la plus exposée au ressentiment de la France. La Flandre pouvait être envahie dès la première campagne; l'attaque de Philipsbourg lui donnait le temps de respirer et de se mettre en défense. L'Empire insulté allait se réunir contre la France, et divisait ses forces en les occupant sur le Rhin : c'était le salut des Pays-Bas.

prétexte, un motif de faire déclarer contr'elle une guerre d'Empire. Il se souciait peu de laisser en proie à la France quelques cercles antérieurs, pourvu qu'il remplit ses projets aux Pays-Bas et en Italie. L'intérêt de sa maison exigeait que le corps germanique fût compromis avec la France, irrité, irréconciliable; il fallait pour cela qu'une partie de l'Allemagne fût dévastée.

Il est triste de le rappeler : Louvois, par ses conseils injustes, on oserait dire atroces, surpassa même l'espérance et les vues de Léopold. L'incendie du Palatinat acheva de rendre la France plus l'horreur que la terreur de l'Allemagne et de l'Europe.

Depuis cette époque jusqu'à la mort de Louis XIV, cette plaie saigna toujours. Elle ne fut entièrement refermée et consolidée que par la confiance qu'inspirèrent enfin au corps germanique la sagesse, l'équité et la modération de son successeur.

La guerre passagère de 1733, où l'Empire entra faiblement, fut terminée par une paix dont le vainqueur dicta la condition d'après les mêmes principes. Cette confiance éclata surtout lorsque après l'élection de François Ier, en 1745, on vit la cour de Vienne tenter, pendant trois ans, des efforts inutiles pour faire d'une guerre autrichienne une guerre d'Empire.

Malgré les fautes et les malheurs dont cette guerre ne fut presque qu'un enchaînement en Italie et en Allemagne, les succès aux Pays-Bas en furent la compensation; et partout où le roi parut, la France triompha.

Si la paix ne fut pas aussi avantageuse qu'elle aurait pu et peut-être dû l'être, elle fut du moins la plus glorieuse, et par l'héroïsme le plus pacifique du conquérant, et par la position brillante et solide où la France se vit alors dans le continent de l'Europe. Il en résultait le maintien et l'accroissement de sa puissance fédérative.

Celle-ci se trouvait le mieux établie dans l'Empire. Cette guerre avait fait éclore le système d'un équilibre en Allemagne, dont la balance aurait toujours été dans les mains de la France.

Une puissance rivale * s'était élevée pres-

* « L'accroissement de la puissance prussienne fut
» certainement avantageux pour la tranquillité de la
» France. L'Empire acquérait par là, contre l'Autriche,
» deux protecteurs au lieu d'un, quelquefois aussi deux
» maîtres au lieu d'un. Mais était-il possible que, de-
» puis la fondation de cette nouvelle monarchie, l'in-
» fluence de la France fût aussi prépondérante qu'elle
» l'était précédemment? Tout ce qui est partagé n'est-
» il pas nécessairement affaibli? Joignez à ceci la nou-

qu'au niveau de celle d'Autriche*; elle semblait cependant ne pouvoir ni atteindre plus haut, ni se maintenir long-temps au même degré sans l'appui de la France. Quels qu'eussent été les motifs des deux défections que la France avait reprochées à ce nouvel allié pendant le cours de la même guerre ; soit qu'il eût eu de bonnes raisons à alléguer pour sa justification, soit que les circonstances eussent obligé de l'en dispenser, il n'en est pas moins certain qu'à la paix il obtint encore de la France la garantie de ses acquisitions, et l'intérêt commun semblait être un garant encore plus sûr de la durée de cette alliance.

Elle paraissait, en effet, devoir être dans l'Empire la base la plus solide du crédit et de la considération de la France, fondés sur la puissance fédérative.

» velle puissance de la Russie, vous trouvez un nouveau
» partage, une nouvelle diminution d'influence; ajou-
» tez-y cette soudaine puissance pécuniaire et commer-
» ciale de l'Angleterre, jadis isolée du continent, et
» qui, depuis, en soudoie les monarques, et en trou-
» ble à son gré l'harmonie, et vous verrez qu'on peut
» assigner bien d'autres causes au discrédit de la France
» que l'alliance de 1756. » (SÉGUR.)

* Le roi de Prusse avait été opposé à la maison d'Autriche, à la mort de Charles VI.

Quoique revêtue de la dignité impériale, la nouvelle maison d'Autriche ne pouvait plus, comme l'ancienne, opprimer l'Empire, ni le soulever à tout propos contre la France. La nouvelle balance était encore fortifiée, de notre côté, par des liaisons particulières avec divers membres du corps germanique.

En partant de cette position, la France reprenait déjà, dans les affaires de ce corps, le degré d'influence qu'elle y avait acquis autrefois par les traités de Westphalie, que la ligue du Rhin, en 1658, lui avait conservé et assuré jusqu'à la paix de Nimègue, et que ses hauteurs et ses vexations, après cette paix, lui avaient fait perdre.

De là, pour elle, un nouveau surcroît de crédit, de considération et même de pouvoir. Pour l'augmenter encore, elle n'avait, on le répète, rien à faire que de rester comme elle était. La France allait redevenir pour l'Empire un point d'appui fixe, une protection assurée dans tous les cas d'atteinte, soit aux lois, aux constitutions du corps entier, soit aux droits et prérogatives de chaque membre. Garant perpétuel de la paix de Westphalie, le roi était, en quelque sorte, le gardien et le protecteur-né de ces lois et constitutions.

Dans tous les cas, sa majesté restait d'autant

plus libre dans l'exercice de cette garantie, qu'elle n'avait aucun engagement particulier avec la cour impériale, la seule de qui l'on peut craindre de pareilles atteintes; et toutes les fois que la France n'aurait pas jugé à propos d'exercer sa garantie à la rigueur, dans les différends qui pourraient survenir, elle était sûre au moins de s'en réserver l'arbitrage.

On l'a déjà remarqué: la puissance nouvellement agrandie, et mise, dans l'Empire, en équilibre avec l'Autriche, ne semblait pas avoir acquis une consistance assez ferme, pour se maintenir elle-même, et pour soutenir sa balance sans l'appui, ou du moins sans le concours de la France.

D'autres membres puissans du corps germanique, la Saxe, la Bavière, la maison palatine, avaient un intérêt commun au maintien de cette balance et de la prépondérance de la France, toutes les fois qu'il lui plairait de la faire pencher d'un côté ou de l'autre. Par là elles étaient également à couvert des entreprises de l'une ou de l'autre des deux puissances opposées. Par là aussi elles pouvaient espérer de la France un appui solide dans leurs prétentions respectives.

A l'égard des trois électeurs ecclésiastiques, et des autres princes et États du Rhin, ils tenaient déjà à la France par des liens encore plus forts. Obligés de la ménager par leur position topographique, quelques-uns d'entr'eux fondaient aussi leurs liaisons avec cette couronne sur des vues d'intérêt présent et d'avantages éventuels. Quels garans plus sûrs de la foi des hommes et des princes, que l'intérêt d'un côté, et la crainte de l'autre!

De toutes parts donc, c'est-à-dire, du corps germanique en général, et de chacun de ses membres en particulier, à la France le recours du plus faible; de la France à l'Empire, à chacun de ses co-États, le secours du plus fort; ce qui fait le lien le plus fort de la puissance fédérative. De là, pour la France, dans le corps germanique, le plus grand crédit de considération.

Et ce crédit ne bornait point ses effets à l'étendue de l'Allemagne, il les portait au loin et dans le Nord et jusqu'en Italie.

Voyons à présent s'il a pu subsister au même point depuis la diminution, ou plutôt l'anéantissement de notre puissance fédérative.

Dans l'Empire, elle était fondée sur deux titres: la protection et l'arbitrage.

Depuis le changement de ce système, il ne faut pas croire que le corps germanique, ni aucun de ses membres, attende encore de la France aucune protection: s'ils pouvaient s'en flatter un jour, ce ne serait qu'après un retour, de sa part, vers les anciens principes.

Mais l'alliance de 1756 avec la cour de Vienne était, dira-t-on, purement défensive; loin d'y déroger aux engagemens des traités de Westphalie, les deux cours les prenaient pour base de leur union.

Rien n'est plus vrai, selon la lettre [*]; mais quel était l'esprit des nouveaux engagemens? la suite l'a montré; et tant que ces liens subsisteront entre la France et l'Autriche, on restera persuadé que celle-ci pourrait toujours attenter impunément, soit aux libertés du corps germanique, soit à l'indépendance, ou même aux possessions de chacun de ses membres.

On ne compte guère plus sur l'arbitrage de la France. Il aurait été au moins très suspect.

Mais autant la France perdit à ce changement, autant l'Autriche y gagna.

D'abord elle eut de quoi en imposer à tout l'Empire, par la publicité et l'étalage de son étroite union avec la France.

Ensuite elle fit servir cette même intelligence à procurer enfin l'élection d'un roi des Romains.

Enfin elle tint par là en respect le roi de

---

[*] Voyez la note à la fin de cet article.

Prusse, et se réserva les moyens de renouer avec lui, quand elle le jugerait à propos, pour des intérêts éventuels. Aussi qu'en est-il arrivé?

Tous les princes et États de l'Empire, se voyant sans appui, du côté de la France, contre la cour de Vienne, se jetèrent entre les bras de cette cour, ou s'attachèrent au roi de Prusse et à l'électeur d'Hanovre. Celui-ci, soutenu de l'argent de l'Angleterre, forma dans l'Empire une troisième puissance du premier rang. La France n'y parut plus, dans la dernière guerre, que comme une puissance secondaire et auxiliaire de l'Autriche, une exécutrice aussi aveugle que zélée des décrets du conseil aulique.

Les princes et États autrefois alliés et dépendans de la France, furent entraînés par elle-même dans la cause et dans la dépendance absolue de la cour de Vienne. Ils lui vouèrent l'obéissance et la soumission, dont on a vu, sous Léopold, des exemples si funestes à la France. Ce fut, à la vérité, contre le roi de Prusse; mais, par l'assujettissement qui en résulta, cette cour se mit en mesure de les tourner avec plus de facilité encore contre la France même, si celle-ci lui en fournissait le plus léger prétexte.

En attendant, ils sont restés, à l'égard de

cette couronne, dans l'état d'indifférence et d'indépendance où l'Autriche a toujours souhaité de les tenir en temps de paix, pour en faire contr'elle des instrumens en temps de guerre.

L'archiduc Joseph fut élu roi des Romains. Devenu empereur, il a manifesté dans toutes les occasions cet esprit despotique à l'égard de l'Empire et de ses dépendances, qui est en même temps exclusif de toute intervention de la part de la France. Il n'a plus entendu prononcer qu'avec peine le nom de *garantie*, ni souffert qu'avec humeur les démarches les plus mesurées de la part de cette couronne. L'heureuse distinction entre l'*empereur* et l'*impératrice* a mis fort à l'aise le ministère autrichien, lorsqu'il a voulu se dérober à l'intercession de la France dans les affaires qu'il appelle *purement de l'Empire*. M. de Kaunitz s'en était débarrassé en nous envoyant à M. de Perghen; et celui-ci nous insinua « que ces affaires étaient
» chatouilleuses, épineuses à traiter; que l'em-
» pereur était là-dessus d'une extrême délica-
» tesse; qu'il regardait comme sacrés les droits
» attachés à la couronne impériale; qu'il ne
» souffrirait point qu'on entreprît d'y toucher,
» et que sa majesté impériale s'était fait là-des-
» sus des principes dont elle ne s'écarterait ja-

» mais; enfin que, si de notre part on désirait
» d'entretenir avec ce prince une parfaite in-
» telligence, il nous conseillait fort (lui comte
» de Perghen, et c'était aussi l'avis de M. de
» Kaunitz) de ne pas nous mêler de ces sortes
» d'affaires *. »

Voilà donc à quoi s'est réduite peu à peu l'influence de la France dans les affaires de l'empereur et de l'Empire! Nous avons parlé ailleurs de celle qui lui était restée dans les négociations et les opérations de l'impératrice, ou, pour mieux dire, de l'ascendant que la cour de Vienne avait sur la nôtre, jusqu'à l'époque de son alliance avec la Russie et le roi de Prusse.**

C'était le troisième objet de cette cour dans sa conduite à notre égard, ou plutôt par celle qu'on s'était laissé prescrire par elle. La sécurité, la confiance outrée qu'on nous avait inspirée dans son alliance, a tenu la France en sous-ordre, passive et désarmée, enfin dans l'état où il fallait qu'elle fût restée depuis la

* Tel a été, entr'autres occasions, le langage tenu à M. de Durfort, ambassadeur de France, et depuis à M. Durand. Ce fut au sujet de l'affaire de San-Rémo, qui, pour être en Italie et dans les États de Gênes, n'en est pas moins de l'Empire, suivant le protocole autrichien. Mais nous parlerons, dans un autre article, de ces prétentions surannées et de leurs conséquences.
** Introduct. et sect. Ire, art. II de ces conjectures.

paix, pour que l'Autriche pût lever le masque impunément.

Voyons à présent si, depuis la ligue copartageante, la France peut et doit avoir encore quelque crédit, quelque influence dans l'Empire.

Jusqu'à cette époque, il est vrai qu'elle en avait fort peu, parce qu'elle s'en était désistée en faveur de la cour de Vienne; mais tant que celle-ci aurait été ou en froideur ou en défiance avec celles de Berlin et de Pétersbourg, le besoin qu'elle aurait de nous pouvait au moins ramener des circonstances favorables; et alors la France, guérie de son aveuglement, aurait profité de ces conjectures pour reprendre sa supériorité, et pour exercer dans l'Empire ses droits de garantie, de protection et d'arbitrage.

Aujourd'hui l'équilibre existe encore entre l'Autriche et la Prusse; et c'est, dit-on, pour le maintenir, que la première a dû s'agrandir à proportion de l'autre; mais la France autrefois en tenait la balance, et la tiendrait encore si elle l'avait voulu. Il n'est plus temps de la reprendre; les deux puissances principales d'Allemagne étant une fois d'accord entr'elles pour y dominer de concert, celles du second ordre dans le corps germanique n'ont plus que le choix de la servitude, pour acheter à ce prix la protection de l'une ou de l'autre de ces deux puissances dominantes. Un tiers quelconque serait fort mal venu à s'immiscer désormais dans les affaires de l'Empire ; et les États mêmes qui désireraient son appui, n'oseraient plus le demander, de peur d'être écrasés avant de pouvoir être secourus *.

Ce tiers fut autrefois la Suède sous Gustave-Adolphe. La ligue catholique emportait la balance, il la fit pencher en faveur de la ligue protestante. Richelieu, Mazarin suivirent, et, par une conduite adroite et impartiale, rétablirent l'équilibre entre les deux religions. La paix de Westphalie posa des limites à l'ambition de la Suède, à celle de l'Autriche, et la France devint ce tiers dépositaire de la balance.

Ses malheurs et ceux de la Suède, au commencement de ce siècle, firent naître à la Russie le projet hardi de se mettre à la place qu'elles avaient occupée ; Pierre-le-Grand ne le perdit jamais de vue. Les mariages de sa nièce avec un duc de Mecklenbourg, et de sa fille

* MM. de Vergennes et Durand ont déjà annoncé qu'il existait un traité entre les deux impératrices et le roi de Prusse, dans lequel la cour de Vienne était excitée à ne plus reconnaître l'entremise de la France dans les affaires de l'Empire, et à susciter sous main quelque affaire de ce genre, pour pouvoir manifester cette déclaration.

avec un duc de Holstein, n'eurent point d'autre objet que de lui fournir un prétexte de s'immiscer dans les affaires d'Allemagne. On sait même toutes les tentatives qu'il fit pour acquérir par échange ou à force d'argent quelque territoire dans l'Empire.

Depuis la mort du czar, ce projet, quoique moins suivi, ne fut jamais abandonné; les Schouwaloff en avaient flatté l'impératrice Élisabeth vers la fin de la dernière guerre. Ce fut pour s'approcher de l'Allemagne qu'ils lui persuadèrent enfin de garder la Prusse, malgré ses déclarations précédentes; et, lorsqu'il fut question du congrès d'Augsbourg, les instructions de M. Czernischeff portaient expressément cette clause : « Que la Russie serait garante du
» nouveau système qui résulterait, dans l'Em-
» pire, des conquêtes faites et à faire sur le
» roi de Prusse et sur ses alliés; que le traité
» conclu en conséquence serait une loi de l'Em-
» pire comme la paix de Westphalie; et que,
» si la France s'opposait aux arrangemens pris
» ou à prendre là-dessus avec la cour de Vienne,
» elle serait exclue de la garantie. »

Quelque disposition que cette cour eût pu laisser entrevoir là-dessus à celle de Pétersbourg, elle n'avait jamais compté de se prêter à ses désirs par l'admission d'un troisième garant, qui deviendrait le plus formidable. Aussi le congrès d'Augsbourg ne fut-il pour le ministère autrichien qu'une parade politique à laquelle il crut devoir se prêter, bien sûr d'en prévenir la réalité.

Fidèle à son système, il a su depuis écarter la Russie des affaires de l'Empire; et dans le partage de la Pologne, il s'est arrangé de manière à lui fermer tout accès vers l'Allemagne.

La France, en conservant ses titres et ses droits dans l'Empire, en avait suspendu l'exercice par sa déférence et même sa subordination aux vues, aux désirs de la cour de Vienne : cet exercice lui est devenu plus difficile, et même à peu près impossible, par l'union des deux puissances rivales, entre lesquelles la France avait pu et dû tenir la balance.

L'Allemagne reste donc livrée sans défense à la discrétion de ces deux puissances réunies dans son sein; tout pouvoir étranger en est exclu.

Le corps germanique, considéré en général, n'existe donc plus que sous le bon plaisir de ces deux potentats, et n'a plus de rapport direct avec la France. Elle a donc perdu cette branche de sa puissance fédérative. Elle ne doit pas pour cela y renoncer; c'est un point trop capital pour sa considération, sa dignité, sa prééminence. Nous parlerons ailleurs des moyens de la recouvrer *.

~~~~~~

« Voici le morceau de l'ouvrage de Favier, où il dé-
» veloppe avec le plus de force et avec le moins d'am-
» biguité son opposition au système de 1756. Mais,
» pressé par la force des choses et par la justesse de sa
» logique, il avoue ** qu'on ne peut condamner ce sys-
» tème en n'en considérant que la lettre, mais qu'il faut
» en saisir et en blâmer l'esprit. Sur ce point nous som-
» mes d'accord, s'il entend par là cet esprit de faiblesse
» qui mettait la France hors d'état de rien diriger et de
» s'opposer à rien, dans la crainte de la guerre.
» La cour de Vienne voulait reprendre la Silésie; la
» Prusse et la Russie convoitaient la Pologne; Frédé-
» ric-le-Grand, dans toutes ses communications avec
» Joseph II, lui disait toujours: *Prenez et laissez-moi*
» *prendre*; et la France montrait une telle détermi-
» nation de les laisser faire, que tous les princes de
» l'Empire ne devaient plus, en effet, compter sur son
» appui. Ce fut ce qui causa la honte des dernières an-
» nées du règne de Louis XV. Son successeur, quoi-
» que faible, montrant un peu moins d'indifférence,
» par les conseils de M. de Vergennes, on vit bientôt
» les Français recouvrer une partie de leur considéra-
» tion, qu'ils auraient retrouvée tout entière, si ce mi-
» nistre eût été aussi énergique qu'il était instruit; et

* Section III de ces conjectures.
** Page 82.

» je doute qu'on puisse se rappeler aucune époque où
» la monarchie française ait été plus considérée qu'elle
» ne le fut depuis 1783 jusqu'en 1787, c'est-à-dire de-
» puis la paix qui termina la guerre d'Amérique jus-
» qu'à la révolution de Hollande. Cependant alors l'al-
» liance de 1756 subsistait encore; mais si l'on s'en
» servait pour agir glorieusement contre l'Angleterre,
» sans craindre de diversion, on n'en abusait plus pour
» suivre les caprices de l'Autriche; on s'entendait se-
» crètement avec la Prusse pour réprimer son ambi-
» tion; et, quoiqu'on préférât encore trop souvent la
» conciliation à la fermeté, on faisait cependant en-
» tendre suffisamment aux puissances germaniques
» qu'on s'opposerait à tout agrandissement ultérieur,
» et qu'on se déclarerait contre celle qui troublerait la
» tranquillité générale. M. de Vergennes mourut. Le
» gouvernement français se montra de nouveau plus
» faible qu'il ne l'avait jamais été, et ce siècle devint
» celui des révolutions. » (SÉCUR.)

DE LA SAXE.

On peut dire que cette puissance a toujours été ou contre la France ou à charge à la France.

Le premier cas est arrivé plus souvent. Le second est arrivé deux fois.

La première elle s'était unie avec nous presque par force : elle nous quitta par inclination, après nous avoir engagés au fond de la Bohême, sur la foi périlleuse de son alliance.

La deuxième, ce fut la personnalité d'un ministre contre le roi de Prusse, qui entraîna son maître dans des engagemens indirects avec la Russie et la cour de Vienne. La Saxe en devint la victime. L'Autriche et la Russie surent nous engager à partager avec elles le fardeau de sa vengeance et de sa délivrance. Ainsi, à proprement parler, la Saxe ne fut pas pour nous; ses engagemens mêmes avaient été contractés originairement contre nos alliances et notre système d'alors; mais enfin nous fûmes pour elle. Il nous en coûta cher; elle n'y gagna rien.

Depuis cette époque, nous n'avons eu avec la cour de Dresde que de faibles liaisons. Le désir héréditaire du titre royal l'aurait peut-être déterminée à seconder nos vues dans les affaires de Pologne; mais il ne paraît pas que nous en ayons eu de bien décidées, ni même de suivies. Circonscrite d'ailleurs par la puissance prussienne, la Saxe ne pouvait guère tenter aucune démarche, ni la France l'appuyer que de concert avec le roi de Prusse, et ce concert n'a pas existé.

Du côté de la cour de Vienne, il est au moins très douteux que la maison de Saxe ait eu dans les affaires de Pologne des espérances plus fondées. Il ne paraît pas même que cette cour eût penché pour l'électeur. Un prince cadet aurait pu lui convenir davantage; mais, quelques démonstrations qu'elle ait pu faire à cet égard, on peut assurer qu'elles n'ont jamais été sincères. Elle n'a rien voulu en Pologne que pour elle-même; et quand elle a feint de vouloir autre chose, qu'elle l'a proposé à de certaines conditions, elle savait bien qu'elle ne serait pas prise au mot. Elle ne cherchait qu'un prétexte pour faire bande à part, déclarer ses engagemens et remplir enfin son projet réel.

La maison de Saxe n'a donc plus rien à espérer de la France pour ses intérêts en Pologne. L'électeur en a été pour quelques intrigues sourdes et beaucoup d'argent, dont la sortie a augmenté le délabrement de ses finances et l'épuisement de ses États. Cette maison n'a plus à faire valoir dans l'Empire d'autres prétentions que celles sur la succession de Clèves, qui, depuis deux cents ans bientôt, n'ont pas été seulement écoutées *.

Elle est donc réduite à exister désormais dans une double dépendance : celle du roi de Prusse, qui est sa partie adverse à l'égard de ces mêmes prétentions, et dont les États, entourant et coupant les siens de tous côtés, la forcent à le ménager sans cesse; et celle de la cour de Vienne, dont la protection lui est si nécessaire auprès de ce nouvel allié. Pour la France, elle ne peut plus ni lui rien promettre ni rien attendre d'elle, tant que la même union, le même concert subsisteront entre ces deux puissances **.

* On en parlera cependant, lorsque, dans la section III de cet ouvrage, on traitera des nouvelles combinaisons : on y dira aussi un mot des droits éventuels de l'électrice douairière sur les allodiaux et le mobilier de la maison de Bavière à son extinction.
** Il faut observer que l'opinion établie ici sur le peu d'utilité dont la Saxe pouvait être à la France, est fondée sur l'intelligence qui subsiste entre les cours de Vienne et de Berlin; car, dans des circonstances différentes, la Saxe pourrait et devrait servir d'un poids à mettre dans le côté de la balance que la France voudrait faire pencher; et sa position topographique, ainsi que les ressources immenses de son sol, méritent qu'on ait pour elle des ménagemens de prévoyance qui peuvent devenir bien placés.

« Depuis la guerre de sept ans, la conduite de l'élec-
» teur de Saxe ne craint aucune censure. Il est impos-
» sible, dans une position plus délicate et dans des
» circonstances plus critiques, de se conduire avec plus
» de sagesse et d'habileté. Il a su conserver à la fois sa
» dignité et son repos, et mériter l'estime de ses voi-
» sins et l'amour de ses sujets : ses relations avec la
» France ont été ce qu'elles devaient être depuis l'ac-
» croissement de la puissance prussienne. » (Ségur.)

DE LA BAVIÈRE.

Les liens du sang, ceux de l'honneur, de l'intérêt et de la reconnaissance ont tenu long-temps attachée à la France cette maison autrefois si nombreuse et aujourd'hui prête à s'éteindre.

Ces mêmes liens avaient été quelquefois relâchés, et l'on peut dire qu'à l'époque du traité de Fuessen (1745), ils furent absolument rompus.

La Bavière avait eu deux fois, dans notre alliance, le même sort qu'à eu depuis la Saxe, dans celle où nous avions été entraînés par la cour de Vienne.

Les malheurs de ces deux États avaient eu aussi les mêmes causes : une administration intérieure avide, inepte, infidèle, indigente et prodigue; un état militaire mal constitué, mal régi, plus mal commandé; des ministres sans talens, sans courage et sans probité; des princes faibles ou incapables. Il n'est pas surprenant que tous deux aient succombé.

Cependant la Bavière s'en est toujours prise de ses calamités à l'alliance de la France; ce fut

le prétexte qu'un ministère gagné par la cour
de Vienne prit pour excuser sa défection.

Depuis cette époque, la même cour a conservé dans le cabinet de Munich une influence prépondérante. Elle avait ménagé le mariage de l'empereur avec la princesse de Bavière comme un moyen de recueillir un jour le fruit de tant d'intrigues; et, s'il en était resté des enfans, il est très apparent que la maison palatine aurait eu bien de la peine à se mettre en possession de la Bavière.

Au défaut de ce moyen, le droit de convenance, qui paraît s'établir pour base unique du droit public, pourrait bien suffire à l'Autriche, d'accord avec la Prusse, pour s'emparer de la Bavière à la mort de l'électeur. Le principe nouveau de maintenir l'équilibre aux dépens de qui il appartiendra, doit dicter cette usurpation. La puissance prussienne est à la veille d'un nouvel agrandissement, par la réversion des deux margraviats de Bareith et d'Anspach à la branche aînée de la maison de Brandebourg*. Alors, en

---

* On se sert ici d'une expression impropre, parce qu'elle est usitée. Ces deux États, qui n'en font plus qu'un, étaient ainsi appelés, parce qu'ils étaient possédés par des margraves ou puînés de Brandebourg. C'était proprement le bourgraviat ou châtellenie de Nuremberg, le patrimoine de Frédéric de Hohenzollern, lorsqu'en 1417 il acheta, de l'empereur Sigismond, l'électorat de Brandebourg. Ce bourgraviat fut partagé depuis entre deux ca-

partant du même principe, la cour de Vienne serait obligée de balancer cet agrandissement par un autre à son profit. Il n'en serait point d'autres plus à sa bienséance que l'acquisition de la Bavière; son droit sur ce duché serait aussi clair que ses prétentions sur les royaumes imaginaires de Gallicie et de Ludomérie *.

La Bavière aurait donc tout à craindre à l'extinction de sa maison électorale, si la ligue copartageante subsistait encore à cette époque; et pourquoi ne subsisterait-elle plus avec des moyens si faciles et des principes si commodes? Tant que les trois copartageans trouveront de quoi partager, il n'y a pas d'apparence qu'ils s'en lassent sitôt; et si, pour arrêter les progrès de ces partages, on n'emploie point d'autres armes que celles de la raison et de la justice, la Bavière est menacée de devenir province sous une domination qui ne promet pas d'être douce.

Mais que peut-elle opposer au projet? que pourrait-elle, dans le temps, opposer à l'exécution? C'est ce qu'il n'est pas aisé de prévoir. On

---

dets, avec la clause ordinaire de réversion; et, de droit, elle aura lieu au décès, sans enfans, du margrave régnant. Si le cas arrivait du vivant du roi de Prusse, ce serait sa première acquisition incontestable.

* C'est le nom que la cour de Vienne donne à la partie de la Pologne qu'elle s'est appropriée.

ne doit donc pas toujours compter sur le chapitre des accidens.

Nous avons déjà observé (article V, *de la Russie*) que ce calcul vague et fautif n'est pas fait pour servir de base, même à un plan momentané, moins encore à un système en grand, qui doit embrasser toute l'étendue de l'Europe.

Ce n'est pourtant qu'un pareil système militaire et politique qui peut préparer les moyens de venir à temps au secours de la Bavière, et d'en assurer la possession aux héritiers légitimes. Ce sera aussi le sujet de quelques conjectures dans la troisième section.

A partir de l'état présent, on peut dire de la Bavière que, dans cette position, elle est nulle pour la France, et la France avec toute sa puissance, comme nulle pour la Bavière. On doit ajouter que cette nullité réciproque subsistera toujours, tant que durera le nouveau système établi dans l'Empire par la ligue copartageante:

DE LA MAISON PALATINE.

Il n'en est pas de même de la maison palatine à l'égard de la France. Il ne paraît pas que, jusqu'à présent, celle-ci ait eu aucun sujet de mécontentement de la branche électorale actuellement régnante. Les liens qui la tiennent attachée à la France et doivent intéresser en sa faveur cette couronne, sont l'utilité réciproque et surtout le voisinage. Cette circonstance met toujours le voisin puissant à portée de soutenir, de secourir le plus faible, ou de le contenir, même de le punir, s'il osait mépriser son appui. Tous ces motifs sont bien puissans; il en est de plus forts encore pour la branche appelée à la succession.

Le chef en est personnellement attaché au roi par tous les sentimens qu'inspirent la bonté, l'amitié, la société de ce monarque. Il éprouve sans cesse, pour tout ce qui lui appartient, de nouvelles marques de bienfaisance : voilà pour le présent. Mais, si l'on porte ses vues dans l'avenir, on trouvera encore d'autres raisons pour la branche de Deux-Ponts, de ménager la

France, et pour celle-ci, de cultiver et d'arroser cette branche naissante.

Il n'est point de plan sans défaut, point de système sans inconvéniens. Celui qui semblait affermi pour jamais après la paix d'Aix-la-Chapelle, fut en partie l'ouvrage du hasard, parce qu'il résulta du concours et du choc de plusieurs événemens qui n'avaient pas été prévus ou assez combinés d'avance. Ce système avait donc un inconvénient qu'il n'avait pas été possible d'éviter.

L'équilibre dans l'Empire était bien établi, mais la puissance opposée à la maison d'Autriche n'était ni assez dépendante ni assez voisine de la France : c'est ce que nous développerons ailleurs (section III de ces conjectures), lorsqu'il sera question de former un nouveau système de puissance fédérative.

Celui qu'on avait broché à la hâte, après la mort de Charles VI, destinait la maison de Bavière à jouer en Allemagne le rôle qu'a rempli depuis celle de Brandebourg. Les fautes et les malheurs accumulés dans cette guerre, la mort de Charles VII, la défection de son fils, les succès du roi de Prusse, tout concourut à renverser ce premier système, et à établir celui qui subsistait après la paix d'Aix-la-Chapelle.

La maison de Bavière semblait d'ailleurs devoir être encore long-temps partagée en deux branches; et alors la réunion, peut-être si prochaine, des deux électorats, ne paraissait pas même vraisemblable.

Depuis le traité de Fuessen, la cour de Vienne conserva, comme on l'a déjà remarqué, toute son influence sur celle de Munich; et dès-lors, la branche palatine, plus voisine et plus dépendante de la France, se trouva presque isolée de celle de Bavière.

Dans cette position, ces deux maisons ne faisant point (comme elles l'auraient pu et dû) cause et masse communes, elles ne pouvaient plus remplir l'objet qui aurait rendu leur alliance utile et leurs intérêts précieux à la France.

Le cas arrivant de la réunion des deux électorats dans la branche de Deux-Ponts, il en naîtra un nouvel ordre de choses. Cette masse réunie fera un poids considérable dans la balance de l'Empire. La France sera toujours à portée de la placer, à son gré, dans l'un ou l'autre des deux bassins; et si les possessions du nouvel électeur étaient attaquées en conséquence, il trouverait, dans la puissance et dans le voisinage de la France, un appui redoutable, qui bientôt lui en procurerait d'autres dans le corps germanique.

Mais, pour cela, il faut prévoir et prévenir

de loin les obstacles certains qui ne tarderaient pas à s'élever contre cette puissance naissante. Sa position topographique, si commode pour la tenir dans notre dépendance et pour la secourir contre toute agression, l'a rendue suspecte d'avance; et il est fort à craindre que la ligue copartageante n'ait déjà pris ou ne prenne incessamment des mesures pour la démembrer comme la Pologne.

De la part du roi de Prusse, au défaut des raisons, les prétextes ne manqueront pas. La succession de Berg et de Juliers lui en fournira de reste*. La cour de Vienne pourrait bien s'en passer : elle paraît s'y accoutumer; et ce ne serait pas alors avec des raisons, des persuasions, des insinuations, par de petits moyens, des intrigues avortées et des mesures vacillantes, qu'on pourrait arrêter ce torrent d'usurpations.

La situation de la maison palatine est donc et restera toujours précaire, tant que le double pouvoir, établi dans l'Empire par la ligue copartageante, subsistera sur le même pied. On dit plus : la situation de la France est et sera précaire à cet égard, tant que les choses resteront dans la même position, puisque sa gloire, sa

* C'est aussi une question à traiter dans la IIIe section de ces conjectures. On croit devoir y renvoyer cette discussion, pour ne pas trop couper le fil de cet article.

sûreté, sa tranquillité, tout serait également compromis, ou à abandonner alors la maison palatine, ou à la soutenir, sans y être préparée d'avance.

« L'EXISTENCE de la maison palatine et de la Bavière
» était autrefois uniquement due à la protection de la
» France : aujourd'hui la rivalité de la Prusse et de
» l'Autriche la rend plus solide. Notre influence existe
» toujours, mais elle est indispensablement partagée.
» Si les deux grandes puissances germaniques s'étaient
» accordées pour conquérir, l'union seule de la France
» et de la Russie aurait pu opposer une digue à ce tor-
» rent. Aujourd'hui tout est changé; et la France, en
» étendant ses limites, peut, par son propre poids,
» établir une nouvelle balance, et fonder un nouveau
» droit public. » (SÉGUR.)

« NOTA. Cette note était écrite il y a quelques années; mais à
» présent la triple alliance de la Russie, de l'Autriche et de la
» Prusse, annulle totalement notre influence, qui ne renaîtra
» qu'au moment où nous serons assez sages et assez habiles pour
» faire une contre-alliance avec tous les gouvernemens représen-
» tatifs, afin de servir de digue aux gouvernemens absolus. »

(SÉGUR.)

Nous avons dit un mot de quelques puissances du second ordre dans l'Empire : la Saxe, la Bavière, la maison palatine. On y peut ajouter la maison de Brunswick, surtout le roi d'Angleterre comme électeur d'Hanovre, la Hesse et le Wurtemberg.

DE LA MAISON DE BRUNSWICK.

LE ROI D'ANGLETERRE, ÉLECTEUR D'HANOVRE.

Les rapports et les liaisons de la maison de Brunswick avec la France, avaient subsisté autrefois avec plus d'intérêt et d'intimité.

Cette maison, entrée sous Ferdinand II dans la ligue protestante, était écrasée sous Ferdinand III. La Suède seule n'aurait pas pu la rétablir; peut-être même ne l'aurait-elle pas voulu. Les acquisitions qu'elle se ménageait dans le cercle de la Basse-Saxe, ne cadraient point avec les vues d'agrandissement, ou plutôt de rétablissement héréditaire de cette maison.

Ces vues lui étaient assez naturelles. Elle avait possédé jadis, non-seulement ce cercle, mais encore ceux de la Bavière et de la Haute-Saxe. Déchue de sa grandeur, et réduite au pays dont elle porte le nom, elle n'avait rien à espérer de la Suède, et tout à craindre de la cour impériale. Elle se retourna du côté de la France, et la protection de cette couronne la fit rétablir en entier par les traités de Westphalie. Elle obtint de plus quelques dédommagemens pécuniaires, et l'alternative de l'évêché d'Osnabruck.

Depuis cette époque, jusque bien avant dans le règne de Louis XIV, elle fut comptée, dans l'Empire, parmi les maisons alliées, protégées, auxiliaires et subsidiaires de la France.

La révocation de l'édit de Nantes, et la fermentation qu'elle excita dans toute l'Europe protestante, fournirent à Léopold une occasion dont il profita.

Le zèle de la religion, mais plus encore les subsides de l'Angleterre et de la Hollande, disposèrent bientôt tous les protestans d'Allemagne à entrer dans les vues de la ligue d'Augsbourg. De ce nombre furent les princes de la maison de Brunswick.

La branche d'Hanovre, surtout, eut des motifs de plus pour persister depuis dans l'alliance et la dépendance de la cour impériale.

La succession d'Angleterre lui était destinée, et l'Autriche la lui avait garantie.

Outre les deux expectatives dont elle était comme assurée, pour augmenter et arrondir ses possessions en Allemagne [*], elle désirait ardemment la dignité électorale. Léopold l'en avait flattée; elle en fut enfin revêtue. Mais

---

[*] Celle du duché de Saxe-Lawenbourg, dont elle obtint l'investiture éventuelle, et qui a eu lieu; celle de l'Oost-Frise par un pacte de famille, mais sur laquelle a prévalu une autre expectative accordée à la maison de Brandebourg.

cette dignité ne fut pas généralement reconnue, et, dans l'Empire même, il s'éleva beaucoup d'obstacles : la cour de Vienne prit sur elle de les surmonter, et ce fut un motif de plus qui lui dévoua sans réserve la maison d'Hanovre.

La branche aînée de Brunswick ne gagnait rien à tout cela. Elle souffrait même de l'élévation d'une branche cadette, qui allait, à double titre, prendre le pas sur elle; mais, entraînée par le torrent des circonstances et par le besoin de subsides, elle suivit, avec regret, le parti qu'elle avait embrassé.

Depuis cette époque, la maison de Brunswick n'a plus eu de rapports directs avec la France, que par ceux de l'Angleterre avec cette couronne.

La branche aînée, ou de Wolffenbuttel, s'était lassée depuis long-temps de la subordination où elle était réduite à l'égard de celle d'Hanovre. Pour s'y soustraire enfin, elle paraissait avoir tourné son attachement et ses espérances du côté de la maison de Brandebourg.

L'alliance du roi de Prusse, en 1756, avec l'électeur d'Hanovre, devint aussitôt, par les circonstances, une ligue forcée avec le roi d'Angleterre.

La branche de Wolffenbuttel y fut entraînée avec lui, et le mariage du prince héréditaire à enfin rapproché et renoué cette branche avec celle d'Hanovre.

Dans le cas, cependant, où il faudrait opter, la position topographique suffirait seule pour décider le choix de la première. Ses États sont sous la main du roi de Prusse; et ceux d'Hanovre (avec le même avantage local), loin de pouvoir garantir d'une invasion le duché de Wolffenbuttel, n'auraient aucun moyen de s'en défendre eux-mêmes.

Cette situation du roi d'Angleterre, en sa qualité d'électeur, ne semblerait pas propre à la rassurer sur les suites de la ligue copartageante. L'esprit de partage pourrait bien gagner du côté de la basse Saxe.

La cour de Vienne est restée mécontente de l'opposition qu'elle avait éprouvée de la part d'un roi-électeur, qu'elle regardait comme sa créature; et, s'il s'agissait d'acquérir quelque nouvelle possession à sa portée, elle ne disputerait pas au roi de Prusse le droit de faire aussi de son côté, sur l'Elbe ou sur le Weser, quelque acquisition équivalente.

Ce monarque en aurait toujours le moyen; et pour les prétextes, ce n'est pas une affaire : son génie fécond lui en fournirait en abondance.

D'abord on sait qu'il a toujours eu envie de s'approcher de Hambourg ou de Bremen, aussi bien que de Dantzick, et d'étendre ses côtes sur l'Océan comme sur la Baltique.

La possession de l'Oost-Frise, et les vastes projets qu'elle avait enfantés pour le commerce d'Embden, avaient mis le roi de Prusse en goût d'acquisitions maritimes. Celle des duchés de Bremen et de Werden le rendait le maître des embouchures du Weser et de l'Elbe. Hambourg alors et Bremen seraient à sa discrétion.

On pourrait y ajouter le comté d'Oldenbourg, par quelque arrangement avec le Danemarck et la Russie. La cour de Copenhague l'a offert plus d'une fois à celle de Pétersbourg, en équivalent du Sleswick.

Alors le roi de Prusse formerait sur l'Océan une lisière de côtes, depuis l'Elbe et le Weser jusqu'en Oost-Frise.

Il ne s'agirait pour cela que de se mettre aux lieu et place du roi de Danemarck, pour racheter par force, du roi d'Angleterre, les duchés de Bremen et de Werden, que George Ier avait atrocement acquis de la dépouille de Charles XII. (Pour quatre cent mille écus de Danemarck, à 4 liv. 10 s., en tout 1,800,000 liv.)

Rien de plus facile ; si, toujours d'accord avec la Russie (en lui procurant des avantages réciproques), le roi de Prusse employait pour cela, auprès du Danemarck, la cour de Pétersbourg; il en obtiendrait la cession d'un droit qui n'existe point, et que d'ailleurs cette médiocre puissance n'est pas en état d'exercer.

Dans ces circonstances, on ne conçoit pas trop quel peut être le plan du roi-électeur, ou de son ministère hanovrien, pour conserver l'intégrité de ses possessions en Allemagne.

Si on l'avait vu faire quelques démarches à ce sujet, ou se prêter à celles qui peut-être lui ont été proposées, on croirait qu'il s'est occupé à tracer au moins ce plan défensif; mais il ne paraît pas que cette alarme (si on l'a prise) ait produit l'effet qu'on en pouvait attendre. C'était de rapprocher de nous la cour de Londres, par l'intérêt d'Hanovre. Il avait produit cet effet, à diverses époques, sous George Ier, et forcé quelquefois les inclinations de George II*.

Mais les motifs qui dirigeaient la conduite de ces deux princes allemands n'existent plus pour George III. Purement Anglais, il a été élevé dans l'indifférence, et peut-être dans l'aversion nationale pour ce qu'on appelle en an-

---

* La quadruple alliance en 1718, le traité d'Hanovre en 1726, celui de Séville en 1729, enfin la convention de 1741. George II voyait alors ses États menacés par le roi de Prusse et par notre armée d'observation en Westphalie. Quelque répugnance qu'il eût à se prêter aux vues de la France pour l'élection de Charles VII, il fut forcé de consentir à la suspension du suffrage de Bohême, et de donner le sien à l'électeur de Bavière.

glais *continental connections*, où les intérêts du continent. L'intérêt d'Hanovre avait toujours été le vrai principe de ces connexions, de ces liaisons (si coûteuses pour l'Angleterre) avec les puissances du continent.

On ne peut point aimer ce qu'on ne connaît pas. L'orgueil des Anglais, et leurs préventions contre tout ce qui n'est point l'Angleterre, avaient encore exagéré à ce jeune prince la stérilité, la misère apparente des bruyères d'Hanovre, mises en opposition avec les riches plaines de l'Angleterre. Il faut bien qu'on lui ait donné de ce pays les idées les plus rebutantes, puisqu'il n'a jamais eu la curiosité, si naturelle, d'aller une fois voir son héritage. Peut-être aussi ses ministres mêmes ont craint qu'il ne s'accoutumât à être le maître, et ce n'était qu'à Herren-Haussen qu'il aurait pu en prendre l'habitude.

Ces préjugés d'enfance peuvent bien le laisser dans l'indifférence sur le sort d'un peuple qu'il n'a jamais vu; mais l'esprit de propriété, réveillé, sans doute, par le ministère hanovrien, l'aurait alarmé sur la possession, s'il n'avait été rassuré par quelques motifs apparens.

Ils ne pouvaient avoir d'autres fondemens que l'union intime des trois puissances copartageantes. Le ministère anglais aura donc représenté, de son côté, à George III, que la Russie était trop intéressée à conserver son amitié, pour souffrir qu'aucun de ses alliés osât toucher à ses possessions électorales. Ce même ministère en aura obtenu les assurances les plus formelles de la cour de Pétersbourg; et celle-ci se sera chargée de lui en procurer de pareilles, de la part des deux autres copartageans. Il est même très apparent que toutes ces déclarations auront déjà été délivrées en forme à la cour de Londres.

Il n'y aurait peut-être pas, dans ces actes publics ou secrets, de quoi rassurer un ministère moins fier ou moins indifférent sur cet objet. Le roi de Prusse forme encore aujourd'hui des prétentions d'argent à la charge de l'Angleterre; et, quoi qu'il puisse avoir promis ou déclaré, il aurait toujours son recours sur son débiteur en Allemagne, dès qu'il trouverait l'occasion de pouvoir l'exercer. Cette occasion pourrait naître d'un changement dans le système de la Russie à l'égard de l'Angleterre, et ce changement peut arriver par des événemens fort naturels*.

---

* Comme, par exemple, l'avénement du grand-duc au trône. Ce prince, bientôt marié avec une belle-sœur du prince royal de Prusse, pourrait être un jour entraîné, plus avant encore que sa mère, dans les intérêts de la cour de Berlin.

Alors il faudrait bien, par honneur, que l'Angleterre soutînt son roi, dépouillé pour elle de ses États d'Allemagne; et, malgré toute sa répugnance à s'engager dans le continent, elle serait forcée d'y faire la guerre avec désavantage.

Mais ce ne serait pas, pour la France, l'effet le plus à craindre de la ligue copartageante; au contraire, il en résulterait de nouvelles combinaisons; et ce résultat pourrait amener aussi un nouvel ordre de choses, dans lequel la France trouverait alors plus d'un moyen de reprendre sa place. Ce sera le sujet de quelques conjectures dans la suite de cet ouvrage. (Troisième section.)

Concluons à présent que la maison de Brunswick et le roi d'Angleterre, en sa qualité d'électeur d'Hanovre, sont également détachés, isolés de la France;

Que le dernier n'a plus, à l'égard de cette couronne, les mêmes motifs propres et personnels qui en avaient rapproché ses deux prédécesseurs, et que les motifs politiques ne peuvent nous le ramener que par des circonstances forcées;

Que, pour en profiter, si le cas arrivait, il faudrait du moins y être préparé, et qu'enfin cette préparation ne peut résulter que d'un nouveau système militaire et politique.

DE LA HESSE.

On ne remontera point ici jusqu'à l'origine des liaisons de la maison de Hesse avec la France ; elles avaient commencé sous François Ier, et continué sous son successeur.

Les guerres de religion les avaient formées; elles les rompirent et les renouèrent. Dans celle de trente ans, la fameuse landgravine de Cassel, Amélie de Hanau, se trouva réunie avec la France. Elle obtint, par sa protection, dans les traités de Westphalie, le rétablissement en entier de sa maison, des agrandissemens de territoire * et des sommes considérables, à titre d'indemnités.

Le même zèle de religion, après la révocation de l'édit de Nantes, les mêmes intrigues de Léopold, et les mêmes motifs d'ambition particulière qui avaient détaché de la France la maison de Brunswick, produisirent le même effet sur celle de Hesse.

---

* La sécularisation à son profit de l'abbaye de Hirsfeld et de plusieurs autres grands bénéfices, en souveraineté.

Le même désir de la dignité électorale, qui avait animé autrefois la première, et qui l'avait assujettie à la cour de Vienne, domina depuis la seconde, et la retint long-temps dans la même dépendance.

La couronne de Suède, mise sur la tête du landgrave Frédéric, n'avait point passé aux princes collatéraux. Il leur paraissait dur de rester dans un ordre subalterne, et de voir au-dessus d'eux tant de nouveaux rois *, qui s'étaient élevés dans le sein de l'Empire.

Au défaut d'une couronne, le bonnet électoral aurait dédommagé l'ambition des landgraves : ils avaient amassé pour cela des trésors immenses; et si Charles VII eût vécu plus long-temps ou régné plus tranquille, la maison de Hesse allait obtenir, de la maison de Bavière, ce que lui avait fait attendre si long-temps celle d'Autriche.

L'élection de François Ier ramena aussitôt le landgrave Guillaume à son premier attachement; et, sans la guerre qui survint en 1756, il aurait enfin recueilli le fruit d'une si longue attente. Entraîné alors, par le torrent des affaires, dans la ligue opposée aux vues de la

---

* D'Angleterre, de Pologne, de Prusse, de Suède, et le duc de Holstein, appelé à la succession du trône de Russie.

cour de Vienne; il s'en attira le ressentiment. La France exerça sur lui les vengeances de l'Autriche : il mourut fugitif et dépouillé de ses États.

Son fils, le landgrave régnant, n'a point perdu de vue l'objet favori d'une ambition héréditaire. Il a paru long-temps rester attaché, malgré lui, au roi de Prusse, et ménager toujours en même temps la cour de Vienne; mais l'union de ces deux puissances semblerait lui promettre enfin, par leur concours, le succès désiré.

Il est cependant fort à craindre, pour le landgrave, que ces deux cours ne se pressent pas de le satisfaire.

Devenu catholique, il en est resté en froideur avec toute sa famille, ainsi qu'avec les cours de Londres et de Copenhague, auxquelles il tient de plus près par les liens du sang. Il en est résulté un manque d'harmonie dans les démarches de sa famille et de ses proches, qui doit au moins servir de prétexte pour en retarder l'effet.

D'ailleurs, en différant toujours de lui accorder la faveur désirée, on est d'autant plus sûr de le tenir désormais dans une dépendance égale des puissances dominantes.

Enfin la création d'un dixième électorat serait susceptible de quelques inconvéniens, et l'on aura toujours l'excuse d'attendre que ceux de Bavière et Palatin n'en fassent plus qu'un. Alors on pourrait contenter la maison de Hesse : on n'augmenterait point le nombre des électeurs; il resterait impair; et l'Empire ne serait point exposé, tôt ou tard, à une scission.

Tel est vraisemblablement le système des deux puissances réunies. La France n'a point assez de raisons de compter sur le landgrave régnant, ni sur sa famille, pour avancer, par des intrigues ou des sollicitations, le moment désiré. Elle aurait bien mal pris le sien, si, par l'envoi d'un ministre auprès de ce prince, elle s'était flattée de lui faire valoir son appui et son influence, soit à la cour de Vienne, soit dans le corps germanique. Si même, à cet égard, elle avait pu lui faire illusion, on ne conçoit pas quel parti elle prétendrait en tirer.

Ce prince, on le répète, est presque abandonné, isolé de l'Empire et de sa famille. Il n'a ni crédit ni considération : son goût serait d'avoir sur pied un grand nombre de troupes, et son calcul, de les faire soudoyer par quelque grande puissance. Si la France était d'humeur à en faire les frais, il recevrait l'argent, il promettrait les troupes; et, au besoin, il les fournirait, s'il pouvait ou s'il voulait ; car, en supposant, de sa part, un peu de mauvaise foi, il lui serait facile de s'en dispenser. Au moment de l'exécution, ces mêmes troupes pourraient bien devenir tout d'un coup prisonnières du roi de Prusse, comme à la rupture de la convention de Closter-Severn, et servir contre nous dans les armées copartageantes.

Quelle est donc l'utilité dont la Hesse aujourd'hui pourrait être à la France ?

Quel avantage pourrait-elle recueillir de son alliance, à moins que ce ne fût pour la tromper ? Aucun.

Si la France était en mesure avec tous les États et princes du Rhin et des cercles antérieurs, si elle bordait ce fleuve avec une armée, et qu'elle en eût une autre assez avancée entre le Rhin et la Moselle, l'accession de la Hesse à son parti ne serait point à mépriser, et pourrait donner du poids à ses opérations politiques ou militaires. Mais, dans l'état présent, que lui fait un landgrave de plus ou de moins ? Elle ne pourrait ni le secourir à temps s'il se sacrifiait pour elle, ni le punir s'il lui manquait.

Résumons donc, et disons que la Hesse est pour la France dans le même cas que les autres États de l'Empire au-delà du Rhin, c'est-à-dire contenue et subjuguée par les deux puissances prépondérantes, et hors d'état de la servir quand elle en aurait la volonté. Ajoutons qu'aussi, dans l'état présent, elle est encore moins dans le cas de la craindre.

DU WURTEMBERG.

Cette puissance subalterne n'a joué qu'un rôle court et peu brillant dans les affaires de l'Empire.

Elle n'aurait même pas pu s'en charger sans des subsides extraordinaires. Les suites nécessaires d'une administration détestable, depuis cinquante ans, lui avaient fait perdre tout le fruit qu'elle aurait pu recueillir de ses avantages naturels.

Sa proximité de la France et les enclaves que la maison de Wurtemberg possède dans sa domination, la tiennent, à plusieurs égards, dans la dépendance de cette couronne. La France pourrait donc tirer en temps et lieu quelque avantage de son alliance. Le duc de Wurtemberg est, après l'électeur Palatin, le prince de l'Empire le plus considérable de ceux à qui la France peut toujours, ou donner la main s'il lui reste attaché, ou présenter la certitude d'un châtiment prompt s'il l'abandonnait.

Mais, dans l'état où il s'est réduit, il est nul pour la France, et la France n'a aucun motif de ne l'être pas pour lui. Il faut donc le compter pour rien dans les affaires de l'Empire, relativement à la France.

RÉCAPITULATION

DE L'ARTICLE VIII.

D'après cet exposé de la situation actuelle du corps germanique et des principaux États dont il est composé, concluons :

1° Que la France, depuis 1756, n'a point fait dans l'Empire un pas qui ne tendît à y affaiblir son influence aussi naturelle que légitime ;

2° Que, par sa négligence, son inaction, sa subordination aux vues, aux désirs de la cour de Vienne, elle a laissé suspendre, dans l'Empire, l'exercice de tous ses droits de garantie, de protection et d'arbitrage ;

3° Que, dans l'état présent, c'est-à-dire depuis la ligue copartageante, il lui serait très difficile, pour ne pas dire impossible, de reprendre l'exercice de ces droits si précieux pour elle, si embarrassans pour la cour de Vienne, et si utiles au corps germanique ;

4° Que, par conséquent, il n'existe plus de l'Empire à la France le recours du plus faible, ni de la France à l'Empire le secours du plus fort, ni le concours de tous les deux, ce qui forme le lien de la puissance fédérative;

5° Que, relativement à l'Empire, la France a donc perdu cette branche essentielle de sa puissance, d'où étaient dérivés, en grande partie, son crédit, sa considération, sa dignité, sa prééminence;

6° Qu'enfin, pour se mettre en état de recouvrer ces avantages si glorieux, si solides (même pour conserver et affermir la paix avec l'Empire et sa propre tranquillité), il ne faut pas moins que de grandes vues et des moyens proportionnés, mais surtout préparés et combinés de loin, une refonte générale du système actuel, tant politique que militaire.

A l'égard du choix des moyens à prendre, des ressources à mettre à profit, et de la méthode à suivre dans l'exécution de cette refonte, c'est ce qu'on traitera dans la troisième section.

Reprenons à présent le fil de celle-ci, en suivant sur la carte de l'Europe la route que nous y avons tracée.

« De tout ce que l'auteur vient de dire de l'électeur
» d'Hanovre et du landgrave de Hesse, on pourrait fort
» bien tirer une conclusion contraire à son but; car il

« résulte de ces faits historiques que ces princes sont
» isolés naturellement de la France, non depuis l'al-
» liance de 1756, mais depuis l'accroissement de la
» Prusse, qui, par sa position, doit exercer sur eux la
» plus puissante influence. Le seul moyen de la parta-
» ger est celui qu'on a pris, c'est-à-dire de prouver,
» par des victoires et de fortes armées, que la France
» est un ennemi formidable, un allié utile, un arbitre
» respectable. » (SÉGUR.)

ARTICLE IX.

DE LA HOLLANDE,

ou

DES ÉTATS-GÉNÉRAUX DES PROVINCES-UNIES.

Il faut se rappeler ici ce qui a déjà été dit de la Hollande * (article III de cette section), à l'occasion des nouvelles acquisitions du roi de Prusse sur la Baltique.

Ce fut toujours par son intérêt maritime et commercial que cette république eut des rapports directs avec les puissances du Nord, et souvent la plus grande influence dans cette partie de l'Europe.

Elle en faisait alors presque tout le commerce, et celui-ci était la base et l'aliment de sa puissance maritime, et la source de ses richesses. Elle tirait, elle tire encore du Nord les

---

* On se conforme ici à l'usage établi de désigner par le nom seul de la *Hollande*, les états-généraux des Provinces-Unies. Cette expression impropre a prévalu, parce qu'elle est plus courte, comme celle de l'*Angleterre*, pour désigner les trois royaumes de la *Grande-Bretagne*.

matières premières de sa navigation dans les quatre parties du monde.

Ce même intérêt l'a plus d'une fois engagée, comme garante, ou auxiliaire, ou médiatrice armée, dans des guerres du Nord, dont elle s'est toujours tirée avec honneur et avec le seul avantage qu'elle désirait; c'était de maintenir l'équilibre et une indépendance réciproque entre ces puissances septentrionales.

C'était aussi le moyen le plus sûr, comme le plus honorable, de conserver, avec son crédit et sa considération, un ascendant utile dans les affaires du Nord.

De là dérivait, pour la république, la liberté la plus entière et la plus favorisée dans le commerce de toutes les mers voisines du pôle, depuis Archangel jusqu'au fond du golfe de Finlande.

D'après ce principe sage et ferme, la Hollande sauva le Danemarck aux abois, sous Frédéric III, et réprima l'ambition turbulente de Charles-Gustave. Cette diversion maritime releva la Pologne prête à succomber, garantit Dantzick du même sort qu'il éprouve aujourd'hui, et amena les circonstances qui nécessitèrent la paix d'Oliva.

Lorsque ensuite le Danemarck voulut attaquer la Suède et la maison de Holstein-Gottorp, la

Hollande sut arrêter, par les mêmes moyens, l'esprit d'usurpation, et rétablit l'équilibre du Nord par le traité de Travendahl.

Mais c'étaient alors les beaux jours de la république. Détournée depuis, par la guerre de succession, du seul et véritable objet de sa politique, elle perdit peu à peu toute son influence dans le nord, et n'en acquit point du tout dans le midi de l'Europe.

Ce fut le fruit, et des intrigues de la maison d'Autriche, qui, alors ennemie et rivale de la France, voulait l'écraser, et de l'adresse des Anglais, qui voyaient à regret la Hollande leur disputer encore l'empire des mers.

La cour de Vienne réussit à diriger tous les efforts de la république contre la France seule, en persuadant à deux bourgeois * qu'ils étaient les arbitres et les distributeurs des couronnes, les vengeurs de l'Empire, les libérateurs de l'Europe; et, sans un concours imprévu d'événemens fortuits, cette chimère d'orgueil allait se réaliser. La France se voyait réduite, d'un côté, sur le pied de la paix des Pyrénées; de l'autre, on lui laissait à peine ce qu'elle avait

---

* Le pensionnaire Heinsius et le greffier Fagel; le premier surtout, homme très médiocre, avait beaucoup de vanité et d'animosité contre la France. Marlborough et le prince Eugène lui tournèrent la tête.

acquis par les traités de Westphalie; elle ne l'aurait pas conservé long-temps. L'Espagne, arrachée à Philippe V, allait réunir sur la tête de Charles VI toutes les couronnes de Charles-Quint; ces prétendus libérateurs forgeaient des fers à l'Europe entière; ils ne réussirent qu'à écraser de dettes cette superbe république. Elle paya bien cher le traité de barrière de 1709; elle fut, à son tour, payée d'ingratitude par la cour de Vienne, et réduite à celui de 1715, que cette cour a depuis foulé aux pieds.

L'Angleterre, en se chargeant des deux tiers des dépenses de mer, et rejetant sur la Hollande la même proportion de celles de terre, parvint à diminuer d'autant les forces maritimes de cette république, pendant qu'elle augmentait les siennes en raison réciproque; et, depuis cette époque, sa décadence d'un côté, l'accroissement de l'autre, ont passé de beaucoup les bornes de cette première progression. Les flottes hollandaises ont disparu; les Tromp, les Ruyter, les Everssen ne se sont pas reproduits, et l'Angleterre seule a couvert de ses escadres toutes les mers connues : elle en cherche encore de nouvelles pour y établir sa domination.

Ainsi, de tous côtés, la Hollande perdit alors la plus grande partie de sa puissance et de sa considération ; l'une et l'autre, depuis, sont toujours allées en déclinant. Cette république, autrefois le foyer des guerres, le centre des négociations, attend désormais, en tremblant, son sort de celui de l'Europe; sa sûreté, son existence dépendent à l'avenir du choc ou du concours des grandes puissances, parmi lesquelles on a cessé de la compter; et le congrès perpétuel des ministres étrangers, qui, du village de la Haye, ébranlait et pacifiait l'Europe, n'est plus aujourd'hui qu'une assemblée de nouvellistes.

Tel est et sera toujours le sort d'un État quelconque, qui, méconnaissant les vrais principes de sa grandeur, de sa puissance, se laissera entraîner à des intérêts, à des systèmes qui leur seraient ou étrangers ou même diamétralement opposés. Il aurait travaillé, il se serait épuisé pour élever, sur ses propres ruines, l'édifice d'une autre puissance. Il croirait, comme la Hollande, se refaire, se rétablir par l'inaction, par l'inertie, par la réduction de ses forces de terre et de mer, par une fausse économie, qui suspendrait l'usage de tous ses moyens, et ferait même soupçonner qu'il ne lui en reste plus.

Que résulterait-il de ce repos trompeur et presque léthargique? Un réveil douloureux et peut-être funeste. La puissance même que cet État aurait élevée à ses propres dépens, en agirait avec lui comme la cour de Vienne ne tarda point de le faire avec la Hollande, dès qu'elle cessa de la craindre ou d'en avoir besoin. Il aurait compté sur la reconnaissance, sur l'appui de cette puissance voisine et alliée, et dont il se serait flatté de s'être fait une barrière; il en éprouverait la même ingratitude : écarté une fois de son système politique, il ne pourrait plus le reprendre que par des efforts pénibles et coûteux, pour créer de nouveau un système militaire et maritime. Il en serait détourné, comme la Hollande, par la crainte d'une dépense qui lui paraîtrait toujours au-dessus de ses moyens, et dont l'éclat pourrait attirer plus tôt sur lui l'orage dont il serait menacé. Il ne le verrait que dans une perspective fort éloignée; il nourrirait l'espoir de le conjurer par des mesures faibles, qu'il appellerait pacifiques; il perdrait par degrés ses alliances, son influence, son crédit, sa considération, sa dignité même et sa prééminence, comme la Hollande. Aussi, d'actif, de prépondérant qu'il aurait été dans les affaires de l'Europe, il y deviendrait purement passif, ou ne rentrerait dans la sphère d'activité qu'entraîné, malgré lui, par le choc des autres puissances et la rapidité de leur attraction. En suivant le torrent, il n'aurait rien à espérer; en y résistant, il aurait tout à craindre.

La Hollande l'a éprouvé. Telle est aujourd'hui sa situation; telle on l'a toujours vue depuis la paix d'Utrecht. C'est ainsi qu'elle fut obligée d'entrer, malgré elle, dans la quadruple alliance en 1718, dans la guerre de 1741, et que, pendant celle de 1756, elle a toujours tremblé d'y être entraînée d'un côté ou de l'autre. Si, par les bénéfices de la navigation et du commerce, elle a recueilli quelque fruit de sa neutralité, combien n'a-t-elle pas souffert d'avanies et de déprédations de la part des Anglais, essuyé de menaces, d'affronts, de violations de territoire de la part des alliés! Et cependant la France lui reprochait hautement, et avec raison, sa partialité pour les uns et les autres.

En effet, le gouvernement connivait avec eux par crainte, et la cour stathoudérienne les favorisait par inclination.

Qu'en est-il résulté, après la paix, pour la république? Le mépris des puissances engagées dans la guerre, le ressentiment des unes, l'audace des autres à former sur elle des prétentions, à les annoncer avec hauteur, et l'indifférence de tout le reste.

C'est encore ici qu'il faut rappeler l'endroit déjà cité *, de ces conjectures. On y avait indiqué ce qu'on vient de développer, et ce qui en est résulté pour la Hollande; c'est qu'elle a peur de tout, souffre tout, se plaint de tout, et ne se garantit de rien. On avait annoncé aussi qu'en parlant de ce gouvernement, vicieux dans son principe, et vicié dans ses conséquences, on discuterait la seule sorte d'intérêt qu'il peut prendre aujourd'hui aux affaires du Nord; et l'on a promis de dire pourquoi la Hollande serait et devrait être quelquefois plaignante, mais toujours passive dans les différends qui peuvent résulter des nouvelles propriétés que le roi de Prusse s'est acquises sur la Baltique.

Le gouvernement de Hollande était, en effet, vicieux dans son principe, par les inconvéniens de l'union et de l'égalité parfaite entre sept provinces, toutes souveraines, mais inégales en puissance. Les intérêts particuliers de chacune sont même souvent en opposition entr'elles, ou avec l'intérêt général de la république. Enfin leur consentement unanime est également requis dans toutes les résolutions de l'État; ce qui est en partie équivalent au *liberum veto* de l'anarchie polonaise.

* Section II, art. III, de la Prusse.

C'était donc une union sans lien, si les circonstances n'en avaient formé un, dès l'origine de la république, par le crédit et l'influence d'un gouverneur révolté, qui devint, disait-on, le serviteur du peuple, après avoir été celui du prince*; mais ce serviteur allait être le maître, lorsque Guillaume Ier fut assassiné. Trois provinces l'avaient déjà nommé leur souverain; il n'aurait pas tardé à soumettre les autres.

Si ses successeurs se sont contentés d'un titre plus modeste, ils ont réellement acquis un plus grand pouvoir dans la république que n'en ont quelques rois dans les monarchies mixtes ou limitées **, et c'est ce pouvoir même qui a vicié

---

* C'est sous ce point de vue que quelques républicains fanatiques, ou visionnaires, se plaisent encore à considérer le stathouder; il n'était, en effet, membre de la souveraineté qu'en Zélande, comme marquis de Tervecer et de Flessingue, et en cette qualité premier et seul noble de la province, où il représentait un ordre entier de l'État; mais, depuis le rétablissement du stathoudérat, en 1747, il jouit en Hollande de la même prérogative, ayant été reconnu membre et chef du corps des nobles de cette province prépondérante, ce qui lui a donné droit de suffrage et de présidence dans ce corps et dans celui des *committeer de Raaden*, ou commissaires-députés. Lorsque les états de Hollande ne sont point actuellement assemblés, ces commissaires, toujours séans à la Haye, y exercent, par *interim*, la souveraineté de la province. Le prince stathouder n'est donc plus un simple gouverneur ou officier de l'État; mais il fait partie intégrante et principale de l'État même.

** M. le baron Huybert de Gruyningen l'a prouvé dans son *Parallèle du pouvoir d'un roi d'Angleterre avec celui d'un stathouder des Provinces-Unies*.

dans ses conséquences un gouvernement déjà vicieux dans ses principes.

La raison en est simple : le besoin d'un chef, d'un lien de l'union, toujours allégué en faveur du stathoudérat, a fait regarder le rétablissement et l'agrandissement de cette dignité, comme un correctif au vice originel de la constitution; mais de ce correctif il est résulté un autre vice plus dangereux encore, c'est l'établissement de deux pouvoirs séparés et opposés au fond, quoique liés et conciliés dans la forme. Ce lien de l'union est toujours un obstacle à son activité, lorsque les intérêts ou les inclinations de la cour stathoudérienne se trouvent en opposition avec les intérêts ou les vues de l'État, et surtout de la province de Hollande. Nous chercherons bientôt ce qu'il en doit résulter, rélativement aux affaires du Nord; mais commençons par apprécier le degré d'intérêt que la république doit prendre à cette crise de l'Europe.

On sait, nous l'avons déjà dit, combien le commerce du Nord a toujours été précieux pour la Hollande. Outre les munitions et les marchandises navales, elle en tire surtout l'immense quantité de grains dont elle a établi chez elle la commission et l'entrepôt. C'est ainsi qu'un petit pays stérile et marécageux est devenu le grenier de l'Europe. C'est l'aliment de sa navigation, la pépinière de ses matelots; enfin, après la décadence de sa marine militaire, c'est le soutien principal de sa marine marchande.

L'exportation des grains qu'elle tire du Nord se faisait surtout par les deux ports de Dantzick et de Riga. Là viennent aboutir ceux de Pologne, de Livonie et d'une partie de la Russie.

Le port de Riga est souvent fermé pour cette branche d'exportation. L'esprit du monopole, dirigé autrefois en Russie au profit des particuliers, est tourné aujourd'hui au bénéfice de la couronne; et on ne tire plus guère de blé de Livonie que par des concessions particulières, soit pour un gouvernement étranger, et c'est le cas avec la Suède, soit pour des négocians anglais ou autres, qui en paient la permission aux finances de l'impératrice.

Dantzick était le seul port où cette exportation fût en tout temps libre et illimitée. L'importation de toutes les autres denrées et marchandises de l'univers y était également permise, et les Hollandais, par leur commerce d'économie, recueillaient la plus grosse part du bénéfice immense de cette importation. Elle se répandait dans toute la Pologne et la Lithuanie. La solde des objets importés faisait, avec le prix des grains et des autres objets exportés, une balance sûre, toujours à l'avantage du commerce de la Hollande.

Tel était encore son état florissant pour le commerce, lorsque le partage de la Pologne est venu changer tout d'un coup la face du Nord, écraser Dantzick, gêner, asservir le commerce de l'étranger avec la Pologne, et le menacer d'une destruction totale.

Les prétentions du roi de Prusse sur le port de Dantzick, les droits exorbitans qu'il exige en conséquence, ceux qu'il se réserve la liberté d'imposer sur le cours entier de la basse Vistule, ses menaces, tantôt d'en changer l'embouchure, tantôt d'en détourner le cours, ou d'en rejeter le débouché dans l'Oder par des canaux projetés et déjà commencés ; les monopoles établis en même temps dans les deux Prusses, des sels, de la cire et de plusieurs autres productions de la Pologne, annoncent des projets avides et peut-être précipités, mal combinés pour les finances mêmes de ce monarque; mais toujours destructifs pour le commerce des étrangers, et surtout des Hollandais, dans une partie aussi considérable de la Baltique.

Les Anglais, sans doute, auront beaucoup moins à craindre pour le leur ; et leur sécurité, leur tranquillité à cet égard semble l'annoncer. Au milieu de l'agitation et de la consternation générales, les liaisons intimes de la cour de Londres avec celle de Pétersbourg, les bons offices qu'elle est en droit d'en attendre auprès du roi de Prusse, les raisons secrètes que ce monarque peut avoir, dans ses projets profonds et ténébreux, de ménager encore l'Angleterre, tout peut et doit faire espérer au pavillon anglais des exceptions à la règle, des distinctions et des faveurs particulières; mais surtout la terreur qu'inspire l'Angleterre répond à son commerce d'une prospérité constante, du moins tant qu'on ne prendra point en Europe d'autres mesures pour arrêter les progrès de son despotisme maritime.

Autrefois, la même terreur s'était répandue dans les quatre parties du monde, au seul nom de la Hollande, lorsqu'elle partageait avec l'Angleterre l'empire des mers; mais aujourd'hui cette puissance ne peut plus être appelée maritime qu'à raison de sa position topographique et de la multitude de ses navires marchands; ce qui lui est resté de marine militaire suffit à peine pour contenir les Barbaresques, et ils la respectent si peu, que ses armes ont toujours besoin d'être secondées par des présens. La France, toute déchue qu'elle est à cet égard, l'Espagne, la Russie, le Danemarck, peut-être la Suède même, sont aujourd'hui plus redoutables sur mer comme sur terre.

Loin donc d'inspirer la terreur, c'est la Hollande qui l'éprouve, et c'est surtout le roi de Prusse qui la tient sans relâche affectée de ce sentiment. Par le voisinage de ce monarque en Oost-Frise et sur le Bas-Rhin, la république est, pour ainsi dire, bloquée; et son état de guerre est si disproportionné au nombre de ses places, à l'étendue de sa barrière et à la longueur de ses frontières, qu'elle tremble toujours de se voir prise au dépourvu dans quelque point de cette circonférence.

Mais des trois puissances qu'elle craint le plus, la France, l'Autriche et la Prusse, la première n'inspire plus cette frayeur que par une suite du préjugé et de l'habitude; la seconde paraît contente de fouler aux pieds impunément le traité de barrière, et de ne rien payer de tout ce qu'elle doit à la Hollande : du moins jusqu'à présent elle ne lui demande rien; la troisième, au contraire, lui demande sans cesse, et forme à sa charge des prétentions toujours renaissantes.

En effet, le roi de Prusse ne se contente pas de réclamer de son chef des droits réels ou fabuleux; il protége, il exerce, il sollicite toutes sortes de prétentions particulières et individuelles, à la charge, soit de la république, soit de la compagnie des Indes, soit des sujets hollandais. Il traite, il transige, il achète même des procès des particuliers. Enfin il n'est aucun moyen de tourmenter l'État ou les sujets, et d'en tirer de l'argent, qu'il ne mette en œuvre avec une activité infatigable.

Dans cette position, on voit déjà combien il serait difficile d'exciter la Hollande à prendre un parti vigoureux, relativement aux affaires du Nord; on peut même ajouter que des démarches à cet effet seraient pour le moins imprudentes. Les prérogatives du prince stathouder, et l'influence qu'il a, de droit et de fait, dans toutes les délibérations de l'État, ne permettraient point qu'aucune de ces démarches fût un secret pour lui, ni qu'elle réussît sans son aveu. C'est ici qu'il faut revenir à ce qui a été dit plus haut des inconvéniens du stathoudérat, dans tous les cas où les intérêts, les inclinations de la cour stathoudérienne se trouvent en opposition avec les intérêts ou les vues de l'État, et surtout de la province de Hollande.

Dans tous ces cas possibles, celui dont il s'agit est le plus critique et le plus embarrassant pour cette province; c'est dans son sein, c'est dans ses ports, dans ses magasins, qu'est l'entrepôt du commerce du Nord, et surtout de celui des grains qu'elle tirait de la Pologne; elle est donc la plus intéressée, et à peu près la seule, aux événemens qui menacent et qui affectent déjà cette branche de commerce.

Mais, quoique la Hollande soit toujours la partie prépondérante de l'union*, son influence dans les délibérations est plus négative que positive; c'est-à-dire qu'elle est toujours assurée d'empêcher ce qu'elle rejette, mais non pas d'entraîner les autres provinces dans ce qu'elle propose.

C'est ainsi que le lien de l'union devient trop souvent un obstacle au bien de l'État, lorsque la cour stathoudérienne adopte des principes ou des intérêts différens de ceux de la Hollande; alors ce lien se relâche à volonté, et l'opposition du stathouder, ou même son indifférence, sa neutralité apparente, rompt en effet l'union, en laissant subsister ou même en fomentant la division entre les provinces **. C'est ce qui ne

---

* Elle contribue, comme on sait, à peu près de moitié dans le total des charges publiques; et cette proportion, étant le résultat et la représentation de sa puissance réelle, lui donne sur chacune des autres provinces un avantage calculé.

** Rien n'est plus facile et ne semble plus naturel; car toutes les puissances ont entr'elles des intérêts à démêler, et des différends, dont quelques-uns sont interminables. Par exemple, la Zélande, qui, après la Hollande, prendrait le plus vif intérêt au commerce du Nord, et surtout à la traite des grains, est absolument aliénée de cette province par les suites de l'affaire d'*Essequibo* :

manquerait pas d'arriver, si la Hollande proposait, dans l'assemblée des états-généraux, de prendre des mesures vigoureuses contre les vexations et les monopoles du roi de Prusse; elle serait vraisemblablement seule de son avis. Les provinces de terre insisteraient à l'ordinaire sur une augmentation de troupes, et n'offriraient de consentir qu'à cette condition à une augmentation de vaisseaux; l'objet de la dépense tout à la fois d'une flotte et d'une armée ne manquerait pas d'effrayer, et les choses en resteraient aussi à l'ordinaire toujours sur le même pied.

D'ailleurs, les intérêts et les inclinations de la cour stathoudérienne sont ici manifestement contraires aux vues, aux intérêts de l'État et de la Hollande en particulier; mais cette province, quoique bien persuadée qu'on la sacrifie, n'a plus de moyens de se dérober au sacrifice.

<small>c'est une colonie dans le continent de l'Amérique méridionale; dont la Zélande s'était arrogé le monopole depuis son établissement. Après des discussions et des altercations qui ont duré plus d'un siècle, *le lien, l'arbitre de l'union* (la cour stathoudérienne) a porté au dernier période l'animosité de la Zélande contre la Hollande, en donnant gain de cause à celle-ci. En conséquence, le commerce d'Essequibo est devenu libre et ouvert à tous les sujets des sept provinces, c'est-à-dire, dans le fait, à ceux de la Hollande; et la Zélande, déjà écrasée, a perdu cette ressource exclusive; elle en est restée inconciliable avec la Hollande, qu'auparavant elle secondait toujours dans les états-généraux. Cette scission est précisément ce que désirait la cour stathoudérienne.</small>

Il lui restait encore quelques membres, dont les principes honnêtes, le caractère ferme, l'expérience et la réputation balançaient quelquefois l'influence du parti de la cour. Ils avaient vu et prévu le rétablissement du stathoudérat : ils n'avaient pu l'empêcher ; mais ils tenaient toujours à l'ancien gouvernement, et le nouveau était forcé de les ménager. La ville d'Amsterdam s'était ralliée à ce parti ; on pouvait l'appeler celui de la république ; il avait tenu ferme pour la neutralité, pendant la dernière guerre, malgré tous les efforts de la princesse gouvernante, du duc Louis de Brunswick et de l'ambassadeur d'Angleterre *.

Ce parti n'existe plus : le pensionnaire Stein en a été le dernier ; son successeur, M. Bleeswick, est la créature, l'agent du duc Louis, qui est l'âme et le mobile de la cour stathoudérienne : mais ce mobile reçoit et suit constamment une autre impulsion, c'est celle de la cour de Berlin ; elle lui est communiquée par mademoiselle de Dankelman.**

* Le chevalier Yorck, le plus célèbre des ambassadeurs, parce qu'il en est le doyen, et le plus considéré en Hollande, parce que sa nation y est la plus redoutée et la plus endettée.

** Dame d'honneur de la princesse d'Orange, qui l'a élevée, et à qui le roi de Prusse l'a confiée, en mariant celle-ci au prince stathouder. C'est une vieille fille de beaucoup d'esprit, élevée dans l'intrigue et les affaires : son père, ministre d'État, avait été em-

D'après cet exposé, on doit bien s'attendre qu'il y aura, de la part des négocians, et peut-être même de la ville d'Amsterdam, beaucoup de réclamations et de mémoires présentés à l'assemblée de Hollande, pour invoquer l'intercession, l'appui des états-généraux auprès du roi de Prusse, et le redressement de leurs griefs. Il est même apparent que leurs hautes puissances ne refuseront point à la province de Hollande les démarches ministérielles dont elles seront formellement requises. Mais tout aura été auparavant pesé, mesuré, concerté entre le duc, le pensionnaire et le greffier * : si la dépêche

---

ployé dans les plus importantes négociations, et elle ne l'avait point quitté. Elle a un pouvoir absolu sur l'esprit de la princesse, et s'est acquis beaucoup d'ascendant sur celui du prince : le duc la craint et la ménage extrêmement ; il est avec elle aux petits soins, et ne propose rien à son pupille sans l'en avoir prévenue et obtenu son approbation. De son côté, elle concerte avec lui toutes les démarches qu'elle est obligée de faire en conséquence de ses instructions de Berlin ; elle est proprement le ministre secret du roi de Prusse et l'organe de ses volontés. Le voyage de la princesse à Berlin paraît être une suite de ce système de domination, si heureusement établi ; les affaires présentes exigeaient trop de détails, d'explications et d'éclaircissemens, pour pouvoir les traiter à fond dans une correspondance. Il est apparent que ce monarque a désiré d'avoir la princesse, et surtout mademoiselle de Dankelman, pour concerter à loisir les mesures à prendre en Hollande, et la conduite qu'elle devra prescrire au duc, relativement aux mêmes affaires.

* M. Fagel, à qui son fils a été adjoint en survivance. Ce vieux et bas courtisan est proprement le ministre des affaires étrangères ;

ministérielle, le mémoire et les autres pièces publiques adressées à M. Verelst doivent être rédigées en termes un peu forts ou vivement plaintifs, la *lettre secrète* aura lieu de les adoucir, et ce ministre de Hollande à Berlin n'aura garde de manquer à aucun ménagement *.

Le roi de Prusse répondra, ou ne répondra point; il ira son train : nouvelles plaintes, nouvelles dépêches et nouveaux mémoires; il n'en sera ni plus ni moins : c'est ainsi qu'on traite avec la Hollande **.

il appartient aux états-généraux, comme le pensionnaire à ceux de Hollande. Lorsque ces deux ministres étaient d'accord, avant le rétablissement du stathoudérat, ils gouvernaient les affaires; depuis, ils ont dû se soumettre à l'influence de ceux qui ont gouverné la cour : c'est aujourd'hui le duc; il disposait déjà du greffier; il trouvait quelquefois de la résistance dans le pensionnaire Stein, homme sage, intègre, ferme et incorruptible. Le duc savait alors se replier à propos; mais il travaillait sans relâche à le faire exclure de la première nomination qui se fait tous les cinq ans, pour y placer M. Bleeswick, pensionnaire de Delft : il y en avait quinze que M. Stein était toujours continué dans sa place; il le fut encore la dernière fois : mais une apoplexie en a délivré le duc. Peu de temps après, M. Bleeswick lui a succédé.

* Il n'a plus de ressource ni d'existence que dans son poste; c'est un assez bon homme, fort au-dessous du médiocre, courtisan du roi de Prusse, qui l'a décoré du titre de comte. Il n'en est pas plus considéré à Berlin, ni dans sa patrie; mais cela n'est pas nécessaire pour conserver son emploi, non plus que la capacité, dont en général les ambassadeurs et ministres de Hollande sont toujours dispensés : au reste, il n'en est que mieux au gré du roi de Prusse.

** C'est ainsi qu'on traitait à la cour de Londres les plaintes de

Si la France a toujours eu pour cette république plus d'égards, de ménagemens qu'aucune autre des grandes puissances, elle n'en a pas inspiré à la nation plus d'attachement pour nous, ni plus de reconnaissance au gouvernement; les vieux préjugés y subsistent encore, et la cour stathoudérienne les cultive soigneusement. L'influence anglaise a long-temps dominé dans cette nouvelle cour; l'influence prussienne y domine à son tour, sans que la première y ait été détruite.

L'intérêt du commerce nous attacherait en-

---

la Hollande, sur les déprédations des Anglais, pendant la dernière guerre. La ville d'Amsterdam y fit envoyer exprès un ambassadeur (M. Borel). L'amirauté anglaise, pour abréger sa mission, déclara de bonne prise toutes les cargaisons réclamées. C'est ainsi qu'on avait prévenu des plaintes encore plus fondées, lorsqu'au commencement de la même guerre, les Anglais, sans aucune provocation, avaient attaqué et pris dans le Gange l'escadre hollandaise, les troupes qu'elle avait mises à terre et le comptoir d'Oogly. Le chevalier Yorck présenta aux états un mémoire fulminant, pour demander satisfaction des hostilités commises au Bengale par la compagnie hollandaise contre celle d'Angleterre. Le conseil de Batavia comptait si peu sur l'appui de la république, qu'il se hâta de conclure un accommodement honteux, pour ravoir ses vaisseaux, ses troupes et son comptoir. Par cette convention, les Hollandais s'assujettirent à ne plus envoyer dans le Gange ni troupes ni vaisseaux armés en guerre, et à ne tenir dans leur comptoir d'Oogly qu'une garnison de cent cinquante hommes. Cet accommodement, dont la nouvelle vint en Europe presque aussitôt que celle de l'insulte, survint fort à propos pour tirer d'embarras le gouvernement de Hollande.

core, en général, la province de Hollande et la ville d'Amsterdam; mais cet intérêt même pliera toujours sous le joug de la crainte qu'inspire l'Angleterre. La peur qu'on a du roi de Prusse affecte davantage les provinces de terre; et ce motif, exagéré par la cour même, se joint au plus grand pouvoir qu'elle a dans ces provinces, pour les retenir, à l'égard de cette puissance, dans un état purement passif.

Ainsi, de tous côtés, la république a des entraves qui la réduisent à l'inertie, et rendraient inutiles toutes les démarches qu'on aurait pu tenter pour la remettre en activité.

On a déjà dit que ces tentatives seraient au moins imprudentes, et cela n'est pas douteux, puisque la cour stathoudérienne s'en ferait un mérite auprès des puissances copartageantes. Au moins est-il bien sûr que le duc n'y manquerait pas à Berlin, où il fait sa cour, et à Vienne, où il tâche de la faire encore. Ses empressemens y doivent être désormais d'autant mieux accueillis, que, dans les affaires présentes, la Prusse et l'Autriche font cause commune.

Du tableau qu'on vient de tracer, et du gouvernement, et de la Hollande, et de sa situation actuelle relativement aux autres puissances, il résulte :

1° Que la position respective de cette république, à l'égard de la France, est celle d'un État purement mercantile, et qu'elle ne tient plus à cette puissance que par les avantages du commerce;

Mais que ce même intérêt ne l'empêchera point de plier sous le joug de l'Angleterre, toutes les fois qu'elle verra son commerce menacé, par cette même puissance, d'une destruction aussi prompte qu'inévitable *.

2° Que la crainte de la France **, fondée sur les vieux préjugés, peut bien subsister en Hollande encore dans l'esprit du peuple, assez pour

---

* Outre ce motif de crainte, il en est un qui touche de plus près les principaux membres de l'État et les différentes régences particulières : c'est la dette immense que l'Angleterre a contractée en Hollande; elle était, en 1765, de 400 millions de florins (plus de 800 millions tournois). Dans cette somme est comprise, en grande partie, la fortune de tous ces individus et de leurs familles, et ceux qui n'ont point assez d'intérêt dans le commerce pour craindre par cette raison la guerre avec l'Angleterre, trembleraient alors qu'elle ne fît une banqueroute nationale. Ils ne craignent pas que ce malheur arrive, tant qu'elle est en paix; ils sont donc forcés, par cet intérêt personnel et domestique, à la ménager, à tout souffrir, plutôt que de rompre avec elle, même à faire des vœux pour sa tranquillité et sa prospérité. Il arrive donc ici, d'État à État, tout le contraire de ce qui se passe entre particuliers; c'est que le débiteur tourmente le créancier, et que celui-ci est dans sa dépendance.

** « La guerre d'Amérique a prouvé, depuis, que Favier s'est trompé dans ses prédictions. La Hollande, malgré le stathouder, s'est alliée à la France, et a combattu l'Angleterre. » (SÉGUR.)

y nourrir la haine nationale, mais non pas pour en imposer au gouvernement;

3° Que, dans l'état actuel des affaires, cette crainte serait balancée par la frayeur qu'inspirent deux autres puissances voisines et réunies, la cour de Vienne et le roi de Prusse;

4° Que cette frayeur même serait, dans tous les cas, un motif de sécurité pour la Hollande contre le ressentiment de la France, tant que ces deux puissances resteront unies. La raison, c'est qu'alors elle serait assurée de leur protection; et c'est le cas de tout État faible : il ne trouve sa sûreté que dans la jalousie et la division entre les plus forts;

5° Que la cour stathoudérienne n'est plus animée de cette haine vive et active contre la France, qui avait caractérisé l'administration de Guillaume III; mais qu'elle n'a et ne peut avoir, jusqu'à présent, aucun motif, aucun intérêt de rechercher son amitié*;

---

* « Il faut ici faire une distinction nécessaire : la
» France n'étant plus conquérante, les états-généraux
» devaient la regarder comme leur alliée naturelle;
» mais le stathouder, dont la puissance n'est née que
» de la crainte de la France, et de la nécessité d'avoir
» une armée de terre formidable, devait préférer l'al-
» liance de l'Angleterre, et regarder les Français com-
» me les ennemis de son pouvoir. » (Ségur.)

6°. Que l'ambition de se mêler de toutes les affaires de l'Europe, d'en diriger les négociations, d'en fixer le centre à la Haye, et d'en faire le temple de la paix ou le foyer de la guerre, n'est plus, comme autrefois, le mobile de la cour stathoudérienne ni de la république; que le duc Loùis ne s'occupe qu'à gouverner paisiblement, sous le nom de stathouder, et sous les auspices du roi de Prusse, en ménageant toujours l'Angleterre et la cour de Vienne; que le prince n'a lui-même d'autre ambition que de jouir en paix de la représentation royale, dont, au titre près, il réunit tous les attributs[*];

Qu'enfin la république, subjuguée par la cour, intimidée par les puissances voisines, craignant pour son commerce, mais encore plus pour sa sûreté et sa tranquillité, sans énergie, sans patriotisme, désarmée par mer et à peu près par

---

[*] Ce prince a été fort mal élevé; la faiblesse de son tempérament, et les maladies qu'il a eues dans son enfance, ont servi de prétexte à ceux qui avaient, sans doute, d'autres raisons pour en faire un enfant gâté. Il partage son temps entre des amusemens puérils et des spectacles militaires; le goût de ceux-ci lui est venu par imitation. Le duc avait commencé de le lui faire naître, pour l'occuper de quelque chose et le détourner des affaires; le roi de Prusse l'a achevé. Ce prince est devenu, comme tant d'autres, le singe de ce monarque; il a chargé, outré l'imitation jusqu'au ridicule; et à son habillement, à sa coiffure, à son allure, on le prendrait plutôt pour un charlatan que pour un militaire. On ne peut pas dire qu'il soit sans esprit, sans talens; au

terre, n'a conservé tout au plus que la *force d'inertie*; qu'elle est réduite à un état purement passif;

7° Que, de cet état, il n'y aurait qu'un pas à une activité forcée, si les deux puissances voisines, toujours d'accord entr'elles, ou peut-être avec l'Angleterre, avaient un jour quelque intérêt à entraîner la Hollande dans une guerre contre la France;

Que cela ne pourrait que trop arriver, dans le cas surtout de la succession de Juliers, lorsque la France voudrait s'opposer trop tard à cette opération du système copartageant;

8° Qu'enfin, si la France n'a pour le présent rien à redouter de la Hollande, elle n'en a aussi, dans l'état actuel, rien à espérer, mais beaucoup peut-être à redouter pour l'avenir dans certains cas possibles.

---

contraire, il a montré toujours beaucoup de facilité à apprendre tout ce qu'on a voulu lui enseigner, comme la géométrie et les langues. Outre le hollandais, il parle le français, l'anglais et l'allemand; il a quelque teinture de la musique et des beaux-arts, mais point d'énergie ni de caractère, peu de jugement et de réflexion, nulle application suivie et soutenue. Au reste, ce prince, quoique familier jusqu'à l'indécence et la polissonnerie, avec ses entours ordinaires, est assez fier et vain de l'étiquette presque royale dans laquelle il a été élevé. D'ailleurs, il n'a ni figure, ni grâce, ni dignité, ni maintien; son air est timide, embarrassé avec les étrangers, haut avec les hommes, impoli avec les femmes.

Donc, à l'égard de cette république, la France a aussi perdu la plus grande partie de sa considération, de son influence et de sa prépondérance dans la balance de l'Europe.

Donc il est nécessaire, il peut même être très instant de prévenir tout l'avantage que les deux puissances voisines de la Hollande pourraient prendre tôt ou tard de cette diminution de notre ascendant, et de la supériorité du leur.

Donc, enfin, le désir même de conserver la paix et la tranquillité publique, exige que l'on prenne à temps des mesures et des précautions pour empêcher que la Hollande ne soit entraînée, même par force, dans les desseins de ces deux puissances contre la France, ou ses alliés, ou ses protégés.

Mais tout cela, on ne peut trop le répéter, dépend de la formation d'un nouveau système politique et militaire. On examinera, dans la section suivante, quels peuvent être les moyens de rétablir et de perfectionner le premier, relativement à la Hollande.

« La force des préventions sur les esprits est telle,
» que souvent les hommes du plus grand talent, en
» développant de grandes vérités, ne sentent pas l'ap-
« plication qu'on en peut faire contre leur propre sys-

» tème. Favier, en traçant fidèlement et rapidement
» le tableau de la politique passée et présente des Pro-
» vinces-Unies, et en expliquant avec clarté quelques-
» unes des causes de la décadence de cette république,
» prouve très bien que la Hollande a perdu son in-
» fluence, son énergie et son éclat, en abandonnant la
» mer pour la terre, en continuant, depuis la mort de
» Louis XIV, à craindre la France qui n'avait plus de
» vues hostiles contr'elle, en grossissant, sans utilité,
» ses forces de terre, en négligeant sa marine, en aug-
» mentant le pouvoir du stathouder, et en se rendant
» honteusement dépendante de l'Angleterre, dont le
» but est d'anéantir sa puissance navale.

» Tout ce qu'il dit à cet égard est vrai ; mais la con-
» clusion qu'on en doit tirer, c'est que rien n'est plus
» dangereux en politique que la constance dans un sys-
» tème, lorsque les causes qui l'ont fait naître n'exis-
» tent plus. Et ce reproche est précisément celui que je
» fais au comte de Broglie et à Favier, qui veulent tou-
» jours que la France suive le même système qu'elle
» avait adopté avant le traité de Westphalie, lorsque
» la Prusse et la Russie n'avaient aucune influence,
» lorsque l'Angleterre était encore isolée du continent,
» et lorsque la France et la Suède étaient les seules di-
» gues qu'on pût opposer à la puissance autrichienne
» et à la puissance espagnole, qui menaçaient d'écraser
» l'Europe sous leur poids. Mais, pour ne parler ici
» que de la Hollande, on voit, par tous les faits que
» rapporte Favier, à quel point l'orgueil britannique
» et l'ambition prussienne opprimaient les Provinces-
» Unies, et leur devaient paraître à craindre : cepen-
» dant il persiste toujours à joindre à ces dangers les

» dangers imaginaires qu'il croit voir pour eux dans
» les vues de la cour de Vienne, malgré son éloigne-
» ment, et la facilité que le voisinage du Brabant don-
» nait à la France pour les protéger contre les Autri-
» chiens. C'est véritablement le cachet de la passion ;
» Favier ne voit partout que l'Autriche à craindre ; c'est
» un fantôme qui l'oppresse et trouble son jugement.

» Le véritable intérêt de la Hollande, et le seul moyen
» pour elle de retrouver une partie de son ancienne
» splendeur, était de supprimer les prérogatives abusi-
» ves d'un stathouder qui voulait détruire son énergie
» et sa liberté, de diminuer ses forces de terre, qui,
» depuis la mort de Louis XIV, n'avaient d'autre uti-
» lité que d'augmenter la puissance de la cour stathou-
» dérienne, d'employer toutes ses ressources pour ren-
» dre à sa marine son activité et son éclat, et de s'unir
» intimement avec la France et l'Espagne, pour em-
» pêcher les Anglais de dominer les mers. Par ce moyen,
» la Hollande aurait repris, dans le Nord, une force qui
» aurait protégé son commerce, et elle n'avait rien à
» craindre de la Prusse, qui évitera toujours de join-
» dre la France à ses ennemis, ni de l'Autriche, qui
» aurait vu le Brabant envahi par les Français, si, con-
» tre toute apparence, elle avait attaqué les états-gé-
» néraux. Réciproquement, la politique de la France
» devait être de soutenir le parti républicain contre le
» stathoudérat, de garantir les états-généraux de tout
» danger du côté de la terre, de s'allier avec eux, et
» de les aider puissamment à ressusciter leur marine,
» pour balancer celle de l'Angleterre. Ce système fut
» depuis adopté par M. de Vergennes : il réussit au
» gré de ses espérances, et son succès eût été suivi de

» glorieux effets, si la mort de ce ministre n'eût pas
» amené des changemens qu'on doit se rappeler avec
» amertume, et si une honteuse faiblesse, qui causa
» tous les malheurs du gouvernement français, ne se
» fût pas manifestée par l'abandon des patriotes hol-
» landais qu'on livra sans secours au despotisme du
» stathouder, aux armes des Prussiens et à la vengeance
» des Anglais. » (SÉGUR.)

ARTICLE X.

DE L'ANGLETERRE.

Jamais ce sujet n'a été si triste ni si épineux à traiter.

Dans les beaux jours de Louis XIV, la France profita de l'animosité nationale, de la jalousie du commerce entre les Anglais et les Hollandais, pour tenir la balance entre les deux puissances maritimes. Pendant la guerre, terminée par le traité de Breda en 1667, elle avait pris parti pour la Hollande contre l'Angleterre, et cette jonction avait fait pencher la balance en faveur de la première.

Lorsque ensuite l'ingratitude des Hollandais eut entraîné l'Angleterre dans la triple alliance en 1668, et qu'après avoir rempli par là leur objet dans le premier traité d'Aix-la-Chapelle, ils manquèrent de nouveau à cette puissance, la France s'unit avec elle, et, en 1672, elles fondirent, de concert, sur les Hollandais, par mer et par terre.

Cette union ne dura guère : les intrigues des *whigs*, des Espagnols et du prince d'Orange, en rompirent le nœud, et firent faire à l'Angleterre sa paix séparée, dès l'année suivante.

Depuis cette époque, les deux rois restèrent amis, alliés, jusqu'à la mort de Charles II *; mais, dans les deux nations, les germes de la haine commencèrent à fermenter. Jacques II lui-même en aurait hâté l'explosion, s'il avait régné plus long-temps, et cela serait arrivé par l'effet de cette rivalité navale. Même après sa chute, réfugié en France, transporté, soutenu par elle en Irlande, il conservait à cet égard l'enthousiasme d'un matelot anglais, et il lui en échappa souvent des saillies indiscrètes **.

* On sait par quels moyens cette liaison fut entretenue; l'indolence et la vénalité de ce prince furent, sans doute, précieuses pour la France; elle ne pouvait pas les payer trop cher, et cependant le prix n'en fut pas énorme; elle en profita pour s'élever et se soutenir au point de l'égalité maritime avec l'Angleterre. Charles II n'en fut pas plus tranquille ni plus puissant dans l'intérieur : l'Angleterre, déchirée par les factions; la cour, le ministère, divisés par les cabales, le laissèrent peu jouir des douceurs de la paix. Il lui en coûta sa gloire; et ce roi bon, aimable, plein d'esprit et de talens, n'est plus connu, dans les fastes de sa nation, que par le titre odieux de *pensionnaire de la France*.

** On trouve là-dessus des anecdotes singulières dans les *Mémoires* de Dalrymple, ouvrage nouveau et pas encore traduit; mais rédigé d'après des pièces originales et authentiques. Leur vérité incontestable a justifié ce qu'en avait déjà dit M. Hume, et le souvenir de ces sentimens patriotiques a beaucoup adouci la haine qu'on avait si long-temps et si soigneusement entretenue dans les esprits contre la mémoire de Jacques II. Ce prince, lorsqu'il était grand-amiral d'Angleterre, avait remporté des victoires sur les Hollandais.

On peut donc le dire, nous voici arrivés à l'anniversaire d'un siècle de haine implacable entre les deux nations. Depuis cette paix séparée, en 1673, elles n'ont point cessé d'être en guerre ouverte, ou, en temps de paix, de nourrir les jalousies, les défiances, les craintes réciproques, qui ont ramené quatre fois * de nouvelles hostilités.

Le combat de la Hogue, en 1691, rompit l'égalité maritime qui avait subsisté jusqu'alors entre les deux puissances rivales. La France déclina, mais elle continua de lutter, et souvent avec succès, contre l'Angleterre. Dans la guerre de la succession, elle reparut formidable, et balança, jusqu'en 1706, les forces unies de cette nation et de la Hollande. Trop de malheurs suivirent; mais, en dominant sur les mers, ces flottes combinées ne purent garantir le commerce anglais et hollandais des incursions de nos corsaires, qui soutinrent encore notre marine accablée, et de l'école desquels sortirent les Duguay-Trouin, les Cassart, et tant d'autres, dignes successeurs des Bart et des Duquesne **.

* En 1688, 1702, 1743, 1755.
** La France était alors engagée à peu près contre toute l'Europe dans une guerre de terre en Flandre, en Allemagne, en Espagne et en Italie. Qu'aurait-ce donc été, si elle n'avait eu affaire qu'à l'Angleterre seule et sans alliés, comme celle-ci l'était depuis au commencement de la dernière guerre ?

L'esprit de la marine n'était donc pas encore perdu en France après la paix d'Utrecht. Le ministère qui suivit, sous le nouveau règne, aurait pu, sans doute, montrer plus d'attention à soutenir et cultiver cette branche importante de la puissance militaire, et vraisemblablement le succès de ses négociations pacifiques n'en aurait été que plus assuré. On pensa autrement, ou, pour mieux dire, on n'y pensa point *. La paresse, l'indolence ouvrirent la porte au désordre, à la fraude, à l'indiscipline, à la dissipation et au brigandage. La faveur et les passe-droits enfantèrent les cabales et fomentèrent le mécontentement. Le patriotisme, le désintéressement, le véritable honneur des d'Estrées, des Tourville, firent place à l'orgueil exclusif d'une noblesse oisive, ignorante et énervée, à l'esprit personnel, au calcul mercantile. Le mérite perdit ses droits; le zèle, l'instruction, l'application, l'expérience devinrent inutiles et souvent nuisibles aux sujets les plus distingués; et les services sans l'intrigue, sans la bassesse, sans

---

* C'est peut-être le seul reproche qu'on ait eu à faire au ministère de M. le cardinal de Fleury. Il a trop craint que l'entretien d'une marine respectable ne réveillât la jalousie des Anglais; et, pour jouir personnellement d'une tranquillité qui n'eût peut-être pas été troublée par une conduite plus noble et plus éclairée, il a préparé bien des embarras à ses successeurs.

l'appui des entours, furent enfin comptés pour rien.*.

Ce fut dans cet état qu'en 1744 l'Angleterre trouva la marine française. Il en résulta tout ce qui devait en arriver; après tant de victoires, de conquêtes en Europe, où la nation, le roi en personne avaient acquis tant de gloire, on rendit les Pays-Bas pour sauver l'Inde et l'Amérique, pour recouvrer le Cap-Breton, pour avoir la paix et du pain **.

Le début de la guerre qui suivit cette paix, fit voir ce qu'on pouvait et ce qu'on pourra toujours attendre sur mer, comme sur terre, de la nation française, malgré ces vices capitaux invétérés, enracinés dans la marine et l'administration; le premier combat fut gagné. Mahon

---

*. Il n'y a rien d'exagéré dans ce tableau, qui est aussi très ressemblant au temps présent, les nouveaux arrangemens de la marine n'ayant fait qu'y augmenter le désordre et la confusion.

** Pondichéry n'était pas pris, parce qu'il avait été défendu: le Cap-Breton n'avait pas eu le même bonheur. La disette était en partie artificielle, comme il arrive presque toujours; mais elle produisit la nécessité de recevoir de prompts secours par mer. Les Anglais, qui les arrêtaient, nous les apportèrent, et s'y enrichirent à nos dépens; mais enfin ce furent alors les seuls prétextes plausibles qu'on pût alléguer, pour justifier la négligence et la précipitation des préliminaires d'Aix-la-Chapelle. Malheureusement on ne corrigea, dans le traité définitif, aucun de ces défauts, quoiqu'on eût tout le temps de le faire à loisir, et cette faute capitale amena la guerre suivante.

ne fut point secouru; l'esprit du corps semblait renaître; la confiance, l'audace éclataient sur tous les visages : on ne demandait qu'à combattre pour triompher encore. D'un autre côté, la nation anglaise s'abandonnait à la désolation, à la consternation, au découragement. Elle tremblait déjà pour ses foyers *. La marine anglaise était avilie, et le peuple furieux rejetait sur elle tous les malheurs qu'il se figurait d'avance.

Il est toujours facile de rejeter sur les chefs la honte d'un mauvais succès, et toute nation se laisse persuader volontiers qu'elle ne peut pas être vaincue, à moins d'être trahie. Il restait cette ressource au gouvernement : il en profita; Bing fut immolé : sacrifice injuste et cruel, mais le plus utile ** qu'ait jamais ordonné l'oracle de la politique.

Mais tandis que le peuple, guéri de la peur par l'atrocité, jouissait d'avance d'un spectacle dont il suivait évidemment les apprêts, le mi-

* On n'entendit qu'alarmes et faux avis de descentes et d'invasions. Une terreur panique enfantait et grossissait les objets; les Anglais eux-mêmes l'avouent par cette expression familière, qu'alors on aurait mis toute l'Angleterre sous un chapeau; et en effet, si dans cette crise dix mille hommes y avaient mis pied à terre, ils n'y auraient trouvé aucune résistance.

**. « Ces mots doivent exciter l'indignation de tout
» lecteur honnête, surtout s'il réfléchit qu'ils ont été
» lus par Robespierre et ses complices, et ont peut-être

nistre anglais commençait à respirer ; il voyait la marche du nôtre, et en conséquence les armées françaises, cessant de menacer les côtes d'Angleterre, laissaient les nôtres dégarnies, pour aller chercher l'Océan et les Anglais aux embouchures de l'Elbe et du Weser. Alors, en prenant le timon des affaires, M. Pitt prononça prophétiquement que l'Angleterre était sauvée, et la France perdue. La nation applaudit, et en accepta l'augure. L'événement l'a justifié ; et ce ministre fortuné, en rappelant sa prophétie après le succès, a dit au parlement ce mot fameux : « Que l'Amérique avait été conquise en » Allemagne. »

Tirons le rideau sur toute la suite des événemens de cette guerre maritime, et plus encore sur la négociation du traité qui l'a terminée. On vit alors trop clairement qu'un seul et même intérêt avait influé dans la paix comme

» fait tomber bien des têtes sur l'échafaud. Loin d'a-
» dopter cette politique barbare, je soutiens que ce
» qui est injuste et cruel n'est jamais utile.
» Bing excita la pitié de ses compatriotes : il n'a-
» vait point trahi son pays ; mais les lois anglaises, très
» sévères, exigent une défense plus opiniâtre avant de
» céder à l'ennemi. Ainsi le châtiment exemplaire de
» Bing fut rigoureux, et non injuste et cruel ; car alors
» son effet eût été de révolter l'armée, au lieu de rani-
» mer son courage. » (SÉGUR.)

dans la guerre, et que celui de la France n'y était jamais entré qu'en sous-ordre.

On crut sans doute, ou l'on feignit de croire, qu'à l'avenir cette couronne pourrait en imposer à l'Angleterre, par les alliances réunies de l'Espagne et de la cour de Vienne. Le ministère d'alors en fit une maxime. Elle lui réussit, par l'appui qu'il sut trop peut-être se ménager personnellement de la part de ces deux cours. Il fit servir la première d'instrument à ses vues, à ses intrigues, à ses intérêts particuliers, pour entraîner la France, malgré elle, dans une guerre, toutes les fois que ce ministère ne croirait plus avoir d'autre ressource pour se maintenir : triste expédient, et pour le moins très répréhensible !

Qu'en est-il arrivé ? l'Angleterre nous en a-t-elle ménagés davantage ? et n'a-t-on pas, au contraire, attiré à la France, à l'Espagne même, de nouveaux désagrémens, par un enchaînement trivial de petites tracasseries soi-disant politiques ? En a-t-on montré plus de vigueur, lorsqu'à la nouvelle d'une flotte russe destinée pour l'Archipel, tout invitait, tout obligeait même à lui fermer, de gré ou de force, l'entrée de la Méditerranée *?

---

* M. le duc de Choiseul a montré à M. de Fuentes, et à quelques autres ministres, un Mémoire qu'il avait lu au conseil, pour

Pourquoi, dans un temps où l'on était en paix avec l'Angleterre, n'aurait-on pas pu l'engager à concerter avec nous une convention de neutralité pour la Méditerranée, afin d'y assurer la liberté du commerce des deux nations, et la tranquillité publique ? ou, si on l'avait tenté inutilement, pourquoi ne pas montrer alors une fermeté juste et placée, en déclarant que la France s'opposerait seule à l'entreprise des Russes, dans une partie qui la touchait de trop près pour pouvoir y souffrir aucun trouble ou innovation ? Et si l'Angleterre avait pris le parti de la Russie, et se fût déterminée à la guerre, ce qui est au moins fort douteux, ce motif de rupture avec elle n'aurait-il pas été plus noble, plus décent que celui qu'on s'était ménagé depuis dans la chétive affaire du port Egmond ? Ou voulait-on attendre que les Turcs fussent écrasés, pour les secourir trop tard,

prouver la nécessité de couler à fond la flotte russe à son passage dans la Méditerranée, et a dit que tous les autres ministres, même M. le duc de Praslin, avaient été d'un avis opposé. Si cela est, il est bien fâcheux que son avis, ordinairement si prépondérant, ne l'ait pas emporté dans cette occasion, plutôt que dans l'entreprise de Corse, qui d'abord a trouvé tant d'opposition de la part de l'Angleterre; mais il est apparent que cette opposition n'était que simulée, et que le ministère anglais, mieux instruit que le nôtre, savait bien que cette entreprise nous coûterait beaucoup de millions, et que cette conquête ne nous serait d'aucune utilité.

avec plus de difficulté et de désavantage *?

Depuis deux ans au moins, il semble qu'on aurait pu et dû espérer quelque amendement dans notre système, relativement à l'Angleterre. A-t-on vu plus d'habileté, de fermeté, de dignité, de tenue dans notre conduite? C'est ce qu'il n'est peut-être permis d'examiner ni de pénétrer; mais ne peut-on pas en juger du moins par les faits publics et notoires?

On a vu d'abord la France flattée de quelques attentions de la part du ministère anglais **, bercée de la proposition vague d'un traité de commerce ***; ensuite on l'a crue occupée de la négociation d'une triple alliance avec l'Angleterre et l'Espagne, en opposition à la ligue copartageante. Le bruit en a couru, même à Londres, où il a excité la plus grande fermentation. Qu'en est-il résulté pour nous? La dé-

* La destruction de la flotte russe aurait relevé le courage et la réputation de notre marine, aurait vraisemblablement changé tout le sort de la guerre entre les Russes et la Porte. Cet événement nous aurait ramené la confiance, et assuré la reconnaissance des Turcs; il aurait fait sentir à la cour de Vienne le poids de notre influence et l'utilité de notre alliance; et il est apparent que cela aurait prévenu toute la révolution du Nord.

** Telle fut l'espèce de satisfaction qu'on nous donna, l'année dernière, à Londres, des voies de fait exercées contre quelques pêcheurs de morue.

*** On serait bien loin d'en désapprouver le projet, s'il pouvait être réalisé avec la réciprocité et la bonne foi requises.

marche légère et l'éclat indiscret d'un armement qui n'a pas eu lieu, la nomination d'un général qui n'est point parti, la mortification de se voir arrêtés tout à coup par une opposition formelle de la part de l'Angleterre *, l'humiliation de souffrir, en rade de Toulon, une frégate anglaise d'observation pour veiller au désarmement, enfin d'être réduits à l'alternative, ou de ne pas faire sortir les trois vaisseaux de ligne destinés pour le Ponent, ou de les envoyer honteusement armés en flûte ** ? Est-ce là tout le fruit de cette union, de cette harmonie si vantée avec l'Angleterre, la suite de ces attentions, de ces déférences, de ces prévenances, de ces petits soins auxquels on voulait faire croire que la cour de Londres en était avec la nôtre? et le dénouement de la pièce n'a-t-il pas enfin démasqué les petits artifices qu'on avait employés pour soutenir cette illusion? Ne doit-elle pas être dissipée?

* C'est ce qui est arrivé au moment de l'ordre donné publiquement d'armer une escadre de quatorze vaisseaux à Toulon, et de la nomination aussi publique de M. le comte d'Estaing pour la commander, et de tous les capitaines de vaisseaux à ses ordres. Il n'y a pas de bons Français à qui le cœur n'ait saigné de cet événement.

** Plusieurs lettres de Toulon ont annoncé ces faits déplorables : s'ils sont vrais, il est apparent que le roi les ignore; car il n'est pas possible qu'il eût permis qu'on reçût aussi servilement l'ordre de l'Angleterre, et qu'on donnât un pareil exemple de honte et de faiblesse à l'Europe.

Mais laissons tomber le voile sacré qui dérobe à des yeux profanes ces redoutables mystères; et, avant d'apprécier la position respective de l'Angleterre à l'égard de la France, jetons, en passant, un coup d'œil sur celle de la cour de Londres avec les autres puissances de l'Europe.

On ne répétera point ici tout ce qui a déjà été dit à ce sujet dans les articles du Nord *, dans ceux de la Porte et de la Hollande. Partout nous y verrions encore la terreur du pavillon anglais, ou subjuguer, ou contenir toutes ces puissances. Voyons à présent quelle est la position de l'Angleterre relativement à la cour de Vienne.

Cette puissance n'est pas faite pour lui en imposer : elle n'est point maritime; deux ports en Europe sont tout son avoir **; elle ne possède rien dans les autres parties du monde; et toutes les fois qu'il s'élève une guerre de mer et de colonies, il est démontré que la cour de Vienne y est sans intérêt comme sans utilité.

---

* De la Suède, du Danemarck, de la Prusse, de la Russie.
** On ne compte ici que pour un, Trieste et Fiume, dans le fond du golfe Adriatique, Ostende et Nieuport, qui, pour être si près de l'Angleterre, ne lui en imposent pas davantage : nous l'avons éprouvé pendant la dernière guerre. De quoi nous a servi le dépôt qu'on nous en fit alors? nous l'avons gardé pour la cour de Vienne; elle en a eu deux ou trois bataillons de plus à faire marcher contre le roi de Prusse.

Mais la jalousie naturelle des Anglais contre la France ne leur avait jamais permis de voir d'un œil indifférent les divers rapports que les vieux et nouveaux systèmes ont fait éclore entre cette cour et celle de Vienne.

Ce n'est pas que l'alarme et le ressentiment du peuple de Londres contre l'impératrice-reine, lors de la nouvelle alliance, eussent passé jusqu'au ministère, ni même aux gens instruits et éclairés *. Cette partie de la nation vit avec

---

* « Il faut ici faire une distinction nécessaire. Le
» ministère anglais voyait certainement avec plaisir
» Louis XV employer tous ses efforts à une guerre con-
» tinentale qui affaiblissait ses moyens maritimes : ainsi
» ce n'était point l'alliance de 1756, mais l'abus de cette
» alliance qui lui plaisait. L'avantage des liens formés
» avec la cour de Vienne, devait être pour la France
» ce qu'il a été depuis, la certitude de n'être pas atta-
» quée par terre, et la possibilité de tourner ses forces
» du côté de la mer sans crainte de diversion, et par
» le faible sacrifice de vingt-quatre mille hommes, dans
» le cas où l'Autriche serait attaquée. La passion de la
» cour de France contre celle de Prusse fit totalement
» perdre de vue cet important objet. En tout, dans cet
» ouvrage, on cherche à tort, dans les choses, les cau-
» ses qu'on ne trouve que dans les caractères. Il n'en
» est pas moins de toute vérité que, dans tous les
» temps, le ministère anglais a recherché l'alliance de
» l'Autriche, et a travaillé à nous brouiller avec elle. »

(SÉGUR.)

joie, un embarras, une charge de moins dans ce que le vulgaire appelait une défection, une trahison de leur ancienne alliée. On se rappela ce qui était arrivé dans la guerre précédente, la nécessité où l'Angleterre se serait trouvée encore dans celle-ci, de défendre les Pays-Bas à forces inégales, d'y consumer ses forces et ses trésors, pour les perdre un peu plus lentement, et de sacrifier enfin à la paix des conquêtes maritimes pour en obtenir la restitution.

On sut donc très bon gré à nos négociations de l'avoir délivrée d'une alliance qui lui avait toujours été si onéreuse. Le peuple même revint bientôt de son erreur et de sa terreur. L'expérience et le succès ne tardèrent point à le rassurer sur notre alliance.

Depuis la paix, on le répète, elle n'en a pas imposé davantage à l'Angleterre; et, si cette alliance subsistait encore avec une égale cordialité, une chaleur, une activité réciproque à s'entr'aider, à se sacrifier l'un pour l'autre, l'orgueil anglais n'en serait pas plus affecté, ni la nation plus alarmée. Elle compte pour rien toute puissance qui n'est pas maritime, et le mépris accompagne toujours, dans l'idiome anglais, l'épithète d'*inland country*, pays enfermé dans les terres.

Soit donc que notre alliance avec la cour de

Vienne subsiste, ou plutôt se renoue, par les procédés que nous sommes en droit d'en attendre et d'en exiger; soit que le nœud, déjà si relâché, se trouve enfin rompu par le fait même de cette cour, on peut assurer que l'Angleterre le verra avec une égale indifférence, pourvu que les Pays-Bas ne soient point attaqués. Elle ne se soucie pas plus du reste des États autrichiens que de la grande Tartarie.

L'Angleterre ne tient donc à la cour de Vienne que par les Pays-Bas. La jalousie nationale ne verrait pas tranquillement qu'ils fussent en proie à la France; mais il faut avouer que la nécessité de les défendre est et sera toujours le plus grand, peut-être le seul embarras que l'Angleterre ait à craindre dans le continent. Aussi doit-on être bien persuadé que, pour se l'épargner, elle tenterait auparavant tous les moyens de conciliation, et que la cour de Vienne ne l'entraînerait ni facilement, ni promptement, dans une guerre contre la France, pour ce seul sujet. On est trop convaincu, à Londres, que la nation serait encore obligée d'en faire tous les frais, sans en tirer aucun avantage; qu'elle serait même privée, par cette diversion, de ceux qu'elle aurait pu remporter dans une guerre purement maritime, et qu'à la paix il lui en coûterait encore des sacrifices.

Enfin l'alliance de cette cour est un fardeau dont l'Angleterre a trop senti le poids. Elle l'a secoué, et le voit avec plaisir retomber sur nos épaules. Tant qu'il y restera, elle sera toujours dégagée de ce qu'elle évite le plus, les connexions continentales.

Le Portugal, l'Espagne, l'Italie, lui présentent d'autres objets beaucoup plus importans, relativement au seul intérêt réel, national, celui de la marine et du commerce.

Nous n'anticiperons point ici sur les détails qu'exige à ce sujet l'article suivant (du Portugal). Nous observerons seulement qu'au milieu des démêlés continuels entre le commerce anglais et l'administration portugaise, la hauteur et la supériorité de l'Angleterre se font toujours sentir; qu'elle jouit provisionnellement des avantages qu'on lui dispute; que le besoin et la terreur sont, à l'égard du Portugal, les deux grands ressorts de sa prépondérance : si le jeu en est quelquefois embarrassé, ils ne se rompent ni ne se relâchent, et la plus légère condescendance de la part du ministère anglais, leur rend aussitôt toute leur action. Dans l'état présent, l'Angleterre n'a donc rien à craindre du Portugal. Dans l'avenir, celui-ci peut toujours être dans le cas d'espérer et de désirer de la part de cette puissance : il est donc réduit à la ménager, et même exclusivement.

L'Espagne, plus indépendante et appuyée de notre alliance, ne lui offre pas, à beaucoup près, une perspective aussi tranquille, aussi riante ; mais le caractère du peuple anglais (l'esprit de rapine) lui fait plus désirer que craindre une rupture avec cette couronne; et le ministère est plus occupé à réprimer qu'à exciter, dans la nation, l'ardeur du butin qui l'anime sans cesse contre l'Espagne. Les troupes, la marine et les armateurs réclament sans cesse une proie aisée. C'est ainsi qu'ils regardent et les flottes des Indes * et les riches côtes de l'Amérique espagnole. Les événemens d'une seule campagne n'ont point démenti cette audace, fondée sur deux siècles de succès **. Ainsi les forces de l'Espagne, toujours exagérées par l'hyperbole nationale, n'en imposent guère plus aux Anglais que celles du Portugal. C'est la paix qui les enrichit avec l'une, en faisant passer dans leurs mains tout l'or du Brésil. La

---

* On se sert encore ici d'une dénomination vicieuse, mais consacrée par l'usage, l'Amérique espagnole n'ayant rien de commun avec le fleuve Indus, qui a donné son nom à ses riches contrées de l'Asie.

** M. Pitt l'avait bien prévu; il insistait depuis long-temps pour faire déclarer la guerre à l'Espagne : il disait familièrement qu'on « n'en mettrait pas plus grand pot au feu, et qu'on en ferait » bien meilleure chère. »

guerre contre l'autre les enrichirait davantage, au gré de leur cupidité; elle y ferait tomber l'or du Potosi. C'est leur façon de voir; et malheureusement on n'a point de faits à citer pour détruire cette prévention.

De tous les États d'Italie, Gênes et la Toscane sont les plus commerçans, et par conséquent les plus exposés aux insultes de la marine anglaise; et si l'on excepte le pape et le roi de Sardaigne, ils sont le moins en état de s'en défendre. Aussi les plus grands respects des Génois, l'accueil le plus flatteur de la cour grand-ducale, sont-ils acquis, de droit, aux officiers, aux voyageurs de cette nation. Naples la ménage; Rome la craint et la caresse; elle est fêtée à Venise, dominante à Turin : elle donne la loi partout où il y a des mers et des côtes.

De tous côtés, donc, la position respective de l'Angleterre, à l'égard des puissances de l'Europe, paraît assurée, respectable aux unes, redoutable aux autres; telle enfin qu'a été et que devrait encore être celle de la France. Mais, d'après tous les faits publics ou connus, quelle est à présent la position de l'Angleterre à l'égard de cette couronne?

Il est triste de l'avouer; c'est celle de l'ancienne Rome relativement à Carthage, entre la seconde et la troisième guerre punique.

La puissance victorieuse se fit alors un principe cruel, inique sans doute, mais excusé peut-être par la raison d'État : ce fut de ne plus consulter ni la justice ni le droit des gens, dans tous les démêlés qui pourraient s'élever entr'elle et la puissance vaincue; de n'admettre qu'une loi, qu'une règle invariable, c'est-à-dire la maxime atroce que ce n'était pas assez d'avoir abaissé Carthage, qu'il fallait la détruire. *Delenda Carthago*, s'écriait sans cesse le plus juste des Romains; Caton le censeur. En partant de ce principe, il ne fut plus possible aux malheureux Carthaginois de laisser entrevoir seulement le désir de rétablir leur marine. Il leur fut même défendu de l'entretenir; et de simples réparations étaient aussitôt suspendues que remarquées par les Romains : c'étaient, disaient-ils, des préparatifs d'armemens redoutables. On plia d'abord, et long-temps l'orgueil des vainqueurs augmenta toujours avec l'abaissement des vaincus. Les plaintes des uns n'obtenaient des autres que des menaces, des vexations renaissantes et redoublées. Tout périssait; et cependant Carthage ne pouvait subsister sans commerce, ni le protéger sans marine. Elle voulut, trop tard, tenter quelques efforts pour rétablir la sienne. Ce prétexte, malheureusement, fut avidement saisi : aussitôt un autre Scipion, une flotte, une armée romaine, viennent fondre sur les côtes d'Afrique ; toutes les places maritimes sont enlevées ; Carthage est assiégée ; elle est prise et détruite.

L'Angleterre, sans doute, n'espère pas de prendre et de brûler Paris, de détruire la monarchie française. Sa puissance de terre est aussi inférieure à la nôtre que Rome, à cet égard, était supérieure à Carthage ; mais ses forces de mer ont pris sur les nôtres le même ascendant, pendant et depuis la dernière guerre. Elle a plus que jamais adopté le même principe, de ne pas nous laisser relever, de veiller sans cesse sur nos ports, sur nos chantiers, sur nos arsenaux, de guetter nos projets, nos préparatifs, nos moindres mouvemens, et de les arrêter tout court, par des insinuations hautaines ou des démonstrations menaçantes.

Elle ne nous a pas, il est vrai, imposé littéralement des lois aussi dures que les Romains en avaient prescrit aux Carthaginois par le traité de paix qui termina la seconde guerre punique. Celui de Paris n'a pas réduit et fixé le nombre des vaisseaux qu'il nous serait permis de conserver et d'entretenir ; nous n'avons pas été obligés de livrer ou de brûler les autres : on ne traite pas aujourd'hui avec une puissance formidable sur le continent, comme on traitait jadis avec des républiques marchandes, qui n'avaient qu'une petite île *, ou des lisières de côtes ** : mais l'Angleterre n'en est que plus injuste à l'égard de la France, en voulant lui interdire un droit, une liberté dont elle ne s'est point départie. Elle n'a pas même, dans la forme, un prétexte pour justifier la contrainte où elle prétend nous assujettir. Aussi a-t-elle, au fond, bien plus de raisons, pour son intérêt et sa propre conservation, d'en user ainsi à notre égard, que Rome à celui de Carthage.

Supérieure en toute autre chose, la France ne le cède, même en fait de marine, qu'à l'Angleterre seule. Si celle-ci lui laissait le loisir de rétablir la sienne, il n'y aurait bientôt plus d'égalité. Les avantages naturels de la France, ses moyens, ses ressources du sol, de la population, de l'industrie, du numéraire, l'enthousiasme patriotique dont la nation est susceptible, pour peu qu'elle soit encouragée, tout cela, mis en œuvre avec intelligence, manié avec ordre, développé avec énergie, formerait

---

* C'était le cas des Rhodiens, autrefois les maîtres des mers du Levant, à qui les Romains imposèrent d'abord les mêmes lois, et qu'ils soumirent ensuite à leur domination.

** Les Carthaginois n'avaient, à proprement parler, presque plus de territoire; les Romains leur avaient déjà enlevé l'Espagne, la Sicile et les autres îles de la Méditerranée.

un poids, une masse, dont l'impulsion, bien dirigée, renverserait enfin le colosse de la puissance anglaise.

Le parlement, le ministère n'est pas ébloui, comme le peuple, d'un enchaînement de prospérités passagères, de l'étendue immense des colonies, des conquêtes en Amérique, ni de la multiplication des millions sterling en papier dans la circulation intérieure. L'administration éclairée laisse subsister, dans l'esprit du peuple, la confiance aveugle, la présomption brutale. Elle sait que, pour lui, il n'y a point de milieu entre l'ivresse et l'abattement; elle montre, en public, la plus grande fierté, la sécurité la plus profonde : mais, dans le silence du cabinet, elle apprécie à froid la fortune idéale, les ressources factices et les moyens forcés qui soutiennent encore l'édifice de cette puissance. Elle sent la disproportion, la disjonction des pièces dont il est composé, leur tendance naturelle à l'écroulement, à la dissolution; les mouvemens convulsifs de l'Irlande fatiguée du joug; le danger prochain et inévitable d'une scission entre les colonies et la métropole; l'immensité de la dette nationale, l'écoulement continuel des espèces et des matières d'or et d'argent, pour faire face aux traites étrangères; le péril imminent d'une banqueroute, et cependant la nécessité d'augmenter cette dette, par l'impossibilité de créer de nouveaux impôts, et peut-être celle de trouver encore des fonds, si le cas arrivait d'une nouvelle guerre contre la France, mieux préparée, mieux administrée; « et, puisqu'il faudrait l'avoir tôt ou tard, il » vaudrait mieux la commencer tout à l'heure » avec avantage, que de l'attendre avec fai- » blesse, et la soutenir avec forces inégales. »

C'est ainsi que raisonne le comité secret *, et il ne raisonne pas mal. D'après ce principe, il n'est occupé que d'entretenir la marine anglaise sur un pied respectable, de tenir la nôtre

---

* Ce comité est composé de trois ministres prépondérans : mylord Rochefort dirige les affaires étrangères; Sandwich, la marine, qui seule peut donner du poids aux négociations; et mylord North, les finances au soutien de la marine. On n'a point avec eux les moyens que la France a employés si heureusement, sous Louis XIV, auprès des ministres de Charles II. Tout est bien changé depuis ce temps-là; à présent, il y va de leur tête; ils sont incorruptibles; des traitemens immenses les mettent d'ailleurs à l'abri de la tentation. Charles II était corrompu le premier. George III n'a peut-être aucun des talens de ce prince, de ses qualités brillantes et séduisantes; mais aussi est-il exempt de ses faiblesses et de ses passions; c'étaient elles qui l'entraînaient à tolérer la corruption dont il donnait l'exemple. Mylord Rochefort est homme de plaisir, mais encore plus homme d'honneur. Mylord Sandwich, tout décrié qu'il est du côté des mœurs, a justifié la confiance d'un roi dévot et régulier, et gagné même celle du public par l'excellente administration qu'il a établie dans la marine. Mylord North n'est pas non plus, à beaucoup près, un anachorète; mais les talens qu'il a développés au parle-

dans l'inertie, dans l'avilissement, dans un état de dégradation insensible, et, s'il le faut, d'être toujours prêt à en achever la destruction, plutôt que d'en souffrir le rétablissement. Il ne s'agit pas ici de détruire la France, mais de prévenir, d'empêcher que l'Angleterre soit détruite *.

D'après cet exposé, il résulte que, si l'Angleterre a adopté contre la France le principe des Romains à l'égard des Carthaginois, elle en a eu encore des motifs bien plus pressans. Rome, il est vrai, avait vu Annibal à ses portes, et ce souvenir seul suffisait à tout citoyen pour le faire opiner à la destruction de Car-

ment et dans la trésorerie, lui ont fait la plus grande réputation dans un pays où l'on ne demande compte à un homme en place que de sa vie publique, c'est-à-dire de sa besogne. Ces trois ministres sont unis ; le roi se repose sur eux du soin de maintenir son autorité et sa prérogative, et en effet, il est aussi absolu qu'aucun de ses prédécesseurs l'ait été depuis la révolution. Ainsi, tout promet à ce ministère une durée et une stabilité dont l'Angleterre offre peu d'exemples **.

* Ce ne sont pas absolument des conjectures ; on peut assurer, d'après des notions bien appréciées, que tel est le système du ministère actuel, et ce système mérite de sérieuses réflexions de notre part.

** « Il faut se défier des prédictions politiques ; le » sort se plaît souvent à les démentir ; et le mauvais » succès de la guerre américaine n'a pas tardé à ren- » verser ce ministère que Favier croyait si stable. »

(SÉGUR.)

thage. Londres n'a pas encore aperçu de si près une armée française, et, au contraire, les Anglais ont insulté impunément nos côtes et nos ports; ils en ont détruit un, fait trembler les autres, et conquis à peu près toutes nos colonies. Tant de succès, tant de motifs de confiance et d'audace, n'ont pu détruire un sentiment profond de leur faiblesse, aussitôt qu'ils seraient attaqués dans leurs propres foyers. La marine française, telle seulement qu'on la vit au commencement de la dernière guerre, ne leur paraissait que trop forte pour appuyer une descente dont le succès certain aurait décidé du sort de la guerre. L'erreur, l'ivresse, l'esprit de vertige qui semblaient présider alors à nos entreprises, firent manquer le seul moment d'exécuter celle-là; mais l'Angleterre en eut toute la peur, et l'impression en est restée.

C'est donc pour ne pas voir Annibal à ses portes, qu'elle veut et doit nous couper l'unique chemin qui peut nous y conduire, la mer, toujours fermée à toute nation qui, avec des ports et des côtes, n'a pas des flottes formidables. En un mot, c'est la crainte qui rend aujourd'hui l'Angleterre si haute, si fière, si injuste même à l'égard de la France : mais c'est une crainte réfléchie, calculée, et qui fait saisir au plus faible tous les avantages que lui laisse la négligence ou l'impéritie du plus fort ; qui lui fait bien choisir ses armes, les manier avec adresse, et serrer la mesure, pour ne pas donner à son ennemi le temps de se reconnaître. Ce n'est pas tout : bien loin de l'attaquer noblement et à découvert, il médite sans cesse quelque guet-apens contre cet ennemi trop redoutable, s'il était averti et préparé. Il le prend au dépourvu ; et, sans s'embarrasser des règles de l'honneur, il tombe sur lui plutôt en assassin qu'en brave. Tel a été le cas de l'Angleterre avec la France, au commencement de la dernière guerre *.

Dans cette position, il serait difficile d'indiquer des moyens prompts et sûrs pour la France, de se soustraire à l'ascendant qu'elle a laissé prendre sur sa marine à celle d'Angleterre. Il faudrait, pour cela, connaître bien à fond l'état réel, et non pas idéal, des vaisseaux de guerre et navires marchands français en état de servir ** ; des chantiers, magasins, vivres,

---

* Telle a toujours été la méthode de cette nation, qui prétend être généreuse et équitable. L'histoire en offre tant d'exemples, qu'il suffira d'en citer deux, l'attaque de la flotte hollandaise et de Smyrne en 1672 ; et celle de la flotte espagnole sur les côtes de Sicile en 1718. Ces deux actes d'hostilité n'avaient été précédés d'aucune déclaration de guerre, non plus que la prise du *Lis* et de *l'Alcide*, et celle de deux cents navires français marchands au commencement de la dernière guerre.

** Le roi a cet état, tel qu'il était en 1765. On craint que ce

arsenaux, fonderies, corderies, classes de matelots, soldats de marine, troupes et fortifications; des colonies, etc., etc., etc.; celui des fonds qui y sont destinés pour le service courant, et de ceux qu'on pourrait ou voudrait fournir pour l'extraordinaire. Ce sont les élémens de tout calcul, de toute combinaison politique, relativement à l'Angleterre.

On essaiera cependant de présenter quelques idées sur la formation d'un nouveau système politique et militaire : ce sera l'objet de la section troisième. Il sera précédé d'un point de vue sur les nouvelles combinaisons qui peuvent résulter des différens rapports des puissances de l'Europe entr'elles, ainsi qu'avec la France; et dans ce grand tableau, l'Angleterre, considérée sous ces divers rapports, formera un des groupes les plus intéressans. Ce sera un coup d'œil sur l'avenir, qui peut-être nous dédommagera de la sécheresse et de la tristesse que le présent a répandues sur cet article. Hâtons-nous de le terminer par quelques réflexions aussi vraies qu'elles doivent être consolantes.

C'est que l'Angleterre elle-même reconnaît et redoute la supériorité réelle de la France, et

---

tableau ne fût plus défavorable aujourd'hui; car il ne faut pas se dissimuler que notre marine et nos colonies n'ont jamais été si déplorablement administrées qu'elles le sont depuis deux ans.

que celle-ci, pour en avoir manqué l'usage, ne s'est pas interdit la faculté de le reprendre.

Que si trop de mollesse, de faiblesse et d'abaissement d'un côté, ont nourri de l'autre l'orgueil, l'audace et l'arrogance, une conduite sage et mesurée, mais ferme et soutenue, loin d'attirer l'orage, serait infiniment plus propre à le conjurer*; et qu'enfin, par la formation d'un système politique et militaire, on peut se remettre en état de se relever, et de soutenir, sur mer comme sur terre, la dignité de la couronne et sa prééminence.

~~~~~~~~

« Si la chaleur et même l'exagération sont permises
» à la plume grave d'un publiciste, c'est lorsqu'il est
» animé par le vif ressentiment des malheurs et de la
» honte de sa patrie.
» Lorsque Favier écrivait, en 1773, il avait vu la
» France humiliée céder le Canada aux Anglais; il
» avait vu l'orgueilleuse Angleterre triomphante sur
» les débris de notre marine écrasée; il avait vu des
» commissaires anglais présider aux démolitions de
» Dunkerque et au désarmement de l'escadre de Tou-
» lon. Ce souvenir doit faire frémir tout Français; et il

* C'est ce qu'il est bien important de ne jamais perdre de vue; une fois persuadé de cette vérité fondamentale, on ne saurait balancer à adopter un système opposé à celui qu'on suit depuis trop long-temps, et qui, s'il dure, finira, plus tôt qu'on ne croit, par amener les plus grands malheurs.

» est difficile, en voyant ce tableau, de ne pas par-
» tager l'indignation du peintre et les craintes du pro-
» phète. Cependant, lorsque la réflexion a calmé cette
» émotion très naturelle, on doit convenir que Favier
» a manqué de justesse et de justice dans plusieurs de
» ses observations.

» Il a parfaitement raison dans tout ce qu'il dit de la
» faiblesse et de la négligence du gouvernement fran-
» çais, qui abandonna trop long-temps la marine, et
» s'attira, par cette incurie, les revers les plus désas-
» treux; mais il attaque trop généralement le corps
» respectable des officiers de la marine, qui, dans diffé-
» rens combats, soutinrent avec intrépidité l'honneur
» du pavillon français, et ne cédèrent jamais qu'à des
» forces supérieures, après une résistance opiniâtre
» qui leur valut les éloges de leurs ennemis. Il aurait
» dû, pour la gloire nationale, répéter ce qui est vrai :
» c'est qu'à forces égales, jamais les Anglais n'ont battu
» les Français sur mer.

» Les reproches qu'il fait au duc de Choiseul sont
» évidemment injustes. Ce ministre, trouvant nos ar-
» mées battues et nos finances épuisées, ne pouvait pas
» ressusciter en un instant une puissance écrasée; il fut
» donc obligé de signer une paix désavantageuse et de
» paraître ménager l'Angleterre, pour se donner les
» moyens de punir ensuite son orgueil; il fallait panser
» nos plaies pour être en état de combattre, souffrir
» l'insolence britannique jusqu'au moment où on se-
» rait en force pour la réprimer, recréer une marine
» avant de songer à disputer l'empire des mers, et se
» ménager un appui pour que cette marine renaissante
» pût résister à des rivaux si formidables. C'est ce que

» firent MM. de Choiseul et de Praslin : ils dévorèrent
» en silence des outrages dont l'avenir seul devait nous
» venger. Ils réunirent les forces navales de l'Espagne
» aux nôtres, par un traité signé sur nos ruines par la
» générosité espagnole ; ils feignirent d'oublier les su-
» jets de plainte que pouvait nous donner la conduite
» de l'Autriche, afin de conserver la paix continentale,
» et ils profitèrent de ce calme pour reconstruire des
» vaisseaux et garnir nos ports de munitions navales.
» Leur disgrâce les empêcha de jouir de leur succès ;
» mais nous recueillîmes depuis le fruit de leurs tra-
» vaux. Louis XVI monta sur le trône ; la guerre s'al-
» luma : le pavillon français, soutenu par l'Espagne et
» par la Hollande, reparut avec gloire sur l'Océan, et
» la perte de treize provinces nous vengea de l'Angle-
» terre, rendit à la cour de Versailles sa considération,
» et démentit la prophétie sinistre de Favier, qui, re-
» trouvant Rome dans Londres, nous annonçait le triste
» sort de Rhodes et de Carthage.

» Ce que dit Favier de la politique anglaise est
» prouvé par l'expérience ; la crainte rend le ministère
» anglais implacable. Il sait qu'avec la paix sur le con-
» tinent, un gouvernement sage, actif et ferme, don-
» nerait à la France une supériorité que lui assigne la
» nature, et ferait descendre l'Angleterre au deuxième
» rang. Qu'en faut-il conclure ? que l'intérêt de l'An-
» gleterre est de nous susciter des guerres de terre qui
» épuisent nos finances, et que le nôtre est de les évi-
» ter sans faiblesse par des alliances utiles. » (SÉGUR.)

ARTICLE XI.

DU PORTUGAL.

La révolution de 1640, en établissant la maison de Bragance sur le trône de Portugal, lia nécessairement cette couronne avec la France, qui donna aux autres l'exemple de la reconnaître.

La France était alors en guerre contre les deux branches de la maison d'Autriche, et cet événement semblait lui assurer pour long-temps une puissante diversion aux forces de l'Espagne; mais les Portugais, autrefois si fameux, et par leurs victoires sur les Castillans, et par leurs conquêtes dans l'Inde, s'étaient abâtardis sous un joug étranger. A l'époque de cette révolution, le Portugal n'était pas plus militaire que les États du pape.

Dans cet état, l'Espagne se flatta de reconquérir aisément ce royaume, aussitôt qu'elle serait débarrassée de la France; elle continua donc de diriger ses grands efforts contre cette puissance. Elle n'en fit que de bien faibles contre le Portugal; et pendant vingt ans, la guerre d'acclamation *, tant célébrée dans leur histoire, ne fut au vrai qu'une guerre de milice et de paysans ramassés, sous les ordres d'autant de généraux que de provinces frontières. Ces pelotons, que des deux parts on appelait armées, faisaient des courses, des pillages, ou se disputaient quelques bicoques prises et reprises.

Après la paix des Pyrénées, cette guerre devint plus sérieuse. L'Espagne, occupée de ce seul objet, y porta toutes ses forces. La France craignit que le Portugal ne succombât; et, en effet, ce malheur était inévitable, si tantôt la présomption et l'impéritie, tantôt l'indolence et la pusillanimité des généraux espagnols n'eussent balancé la faiblesse et l'impuissance réelle du Portugal.

Louis XIV désira de secourir cette couronne sans contrevenir formellement au traité de paix avec l'Espagne; M. de Turenne se chargea de ce soin. Il proposa au roi le comte de Schomberg **; et ce général, sous la direction de ce

---

* *A guerra d'acclamaçao* : c'est ainsi qu'ils appellent cette guerre, parce qu'elle commença aussitôt que le duc de Bragance, Jean IV, eut été proclamé roi.

** Depuis maréchal de France, retiré ensuite de son service, après la révocation de l'édit de Nantes, et passé à celui de Guillaume III, qui le fit duc et le combla de biens et d'honneurs; il commanda sous ce prince jusqu'à la bataille de Boyne, où il fut

grand homme, alla servir le Portugal avec un corps de troupes et une élite d'officiers, la plupart étrangers, sans l'aveu de la France, mais soudoyés par elle.

Il ne fallut pas moins que le zèle, la patience et la modération du comte de Schomberg, pour digérer tous les dégoûts et les désagrémens qu'il eut à essuyer, en risquant tous les jours sa vie pour servir et sauver les Portugais malgré eux. Les grands et les *fidalgos*, tous, jusqu'aux derniers officiers, se croyaient en droit de commander par préférence à un général étranger. Rien n'égalait leur vanité et leurs prétentions, que leur ignorance et quelquefois leur lâcheté, quoiqu'on raconte encore de leurs hauts-faits de ce temps-là *. Il surmonta une partie des obstacles, et eut la principale part aux succès du Portugal contre l'Espagne, qui amenèrent la paix en 1667 **. Encore ne s'y serait-elle pas faite, si le conseil de Madrid n'y avait été forcé par la nécessité de secourir les Pays-Bas, atta-

tuée. La perte de ce grand général ne fut pas une des moindres que fit alors la France.

* Il y a une académie d'histoire portugaise, qui n'est qu'une école de mensonges pompeux et d'hyperboles ampoulées; c'est le génie de la nation et de la langue.

** A son retour en France, le comte de Schomberg rendit justice aux Portugais. Une grande partie sont juifs d'origine, beaucoup le sont encore de religion intérieurement, et il y en avait

qués et presque conquis par Louis XIV. Ainsi la maison de Bragance dut réellement à ce monarque la reconnaissance de son titre par l'Espagne, et le rang qu'elle occupe aujourd'hui en Europe.

Dans le cours de cette longue guerre, le Portugal avait recherché l'appui de toutes les puissances ennemies de l'Espagne. L'Angleterre fut de ce nombre, et Cromwell avait habilement saisi cette occasion de faire avec le Portugal le traité de commerce le plus avantageux. Le mariage de Charles II avec l'infante affermit et assura tous ces avantages à l'Angleterre. A peine alors commençait-on en France à se douter du commerce. Le sage Colbert était encore occupé à créer l'industrie qui en est la base et l'aliment. La France n'était pas à portée d'entrer en concurrence.

Ces liens d'intérêt n'auraient peut-être pas dû attacher beaucoup le Portugal à l'Angleterre; elle y gagnait seule. Ce fut cependant

---

alors bien davantage. D'un autre côté, il régnait, parmi le peuple des vieux chrétiens, une folle tradition que don Sébastien n'était pas mort, et qu'il reviendrait se faire reconnaître. (Ce jeune roi avait disparu, environ cent ans auparavant, dans une bataille en Afrique.) Louis XIV fit au comte de Schomberg des questions sur le Portugal : « Que voulez-vous, répondit-il, que
» je dise à votre majesté d'une nation dont la moitié attend le
» roi don Sébastien, et l'autre le Messie ? »

la première cause de l'éloignement dont le Portugal ne tarda point à donner des marques à la France.

Le mariage de don Pèdre II avec la princesse de Neubourg *, tourna aussi la cour de Lisbonne du côté de la maison d'Autriche; et l'avénement de Philippe V au trône d'Espagne, acheva de livrer également le Portugal aux deux cours unies de Vienne et de Londres.

Cette grande révolution fit trembler les Portugais. Ils ne voulurent voir dans le nouveau roi catholique que l'héritier de Philippe II, prêt à rentrer dans un royaume détaché de sa succession, et appuyé pour cela de toute la puissance de Louis XIV. Ils croyaient au fantôme de la monarchie universelle, et leur ignorance ajoutait encore à leurs frayeurs. Ils s'en rapportaient là-dessus aux libelles absurdes dont la Hollande inondait l'Europe, et qui leur présentaient les chaînes de la France et de l'Espagne, comme inévitables pour toute la chrétienté. La cour de Lisbonne croyait encore

---

* Sœur de l'impératrice Éléonore, épouse de Léopold, de la seconde femme du roi d'Espagne, Charles II, et de plusieurs autres princesses, mariées dans des maisons ennemies de la France. La cour de Vienne, toujours adroite à se prévaloir des liens du sang et de l'affinité, gouvernait ces princesses, et dictait par elles ses volontés à ces différentes cours.

davantage aux insinuations, aux promesses, aux assurances de celles de Vienne et de Londres, qui lui offraient leur appui; mais tout cela n'était pas prêt. Elle reconnut donc Philippe V, et entra aussitôt dans la grande alliance pour le renverser du trône.

Ce ne fut qu'en 1703 qu'elle osa lever le masque. Cette déclaration avait été suivie d'un troisième traité de commerce de la même année avec l'Angleterre; celle-ci y conserva tous ses avantages; elle y en acquit même de nouveaux, et qui achevaient de mettre le Portugal dans sa dépendance. Elle lui fit beaucoup valoir un secours (dont elle n'aurait pas eu besoin, si elle n'avait pas voulu servir d'instrument aux cours alliées) et quelques faveurs pour l'entrée des vins de son crû, à l'exclusion des vins de France.

Depuis cette époque jusqu'à celle de la dernière guerre, le même éloignement pour cette couronne, la même influence de l'Angleterre et de l'Autriche avaient toujours subsisté à la cour de Lisbonne *.

Celle de Vienne parut alors détachée de celle

* Cette influence s'était même étendue, sous Ferdinand VI, jusqu'à celle de Madrid, par l'ascendant d'une reine portugaise, fille d'une archiduchesse, et qui avait conservé de son éducation un penchant décidé pour l'Angleterre.

de Londres; mais la prépondérance de celle-ci n'en fut que mieux établie; elle influa seule sur le Portugal.

Telles étaient les dispositions de la cour de Lisbonne, lorsqu'en 1761 celles de Versailles et de Madrid lui proposèrent de s'unir avec elles contre l'Angleterre. On n'avait pas apparemment espéré beaucoup de succès de cette proposition, puisqu'on l'accompagna de toutes les démonstrations les plus hostiles, et qu'elle fut suivie d'une autre aussi offensante dans la forme qu'elle était, dans le fond, déplacée et inacceptable : ce fut que le Portugal remît ses ports, ses places, ses troupes, sa marine, et lui-même à la discrétion des deux couronnes. Cette prétention inouïe * fut articulée dans une

---

* Celle du roi de Prusse au roi de Pologne, en 1756, serait peut-être le seul exemple qu'on eût pu trouver dans l'histoire, mais il la fit, étant déjà le maître de la Saxe, et le succès même le plus complet ne l'a pas justifiée; on avait pour cela fait la guerre au roi de Prusse. Si le ministère d'alors prétendait l'imiter, il aurait dû se ménager les mêmes avantages de la célérité et de la surprise; frapper avant de menacer, c'est-à-dire engager l'Espagne à envahir le Portugal, et, sans aucune déclaration préalable, la seconder ensuite, et pousser ses mêmes avantages aussi loin qu'ils pouvaient aller : on aurait du moins eu raison dans Lisbonne, comme le roi de Prusse à Dresde. Il serait à souhaiter qu'on ne pût s'écarter jamais de la plus étroite justice, mais, lorsque la nécessité en fait une loi, il n'y a qu'une excuse à n'être pas juste : c'est d'être adroit et heureux. Après cette déclaration, l'invasion n'était pas au fond plus légitime qu'auparavant : ou

espèce de cartel qu'on envoya au roi très fidèle.

Il le fut à son honneur, à sa dignité, à ses devoirs. Il profita du temps que lui donna la lenteur espagnole; il en avait besoin. Jamais peut-être il n'y a eu d'exemple d'un état militaire tel qu'était alors celui du Portugal. Il était au même point qu'après la révolution de 1640.

Cinquante années de paix avaient fait disparaître le peu de militaires qui avaient pu se former dans la guerre de succession *.

Les troupes peu nombreuses, mal payées, mal vêtues, mal armées, plus mal disciplinées, n'étaient qu'un ramas de la lie, de l'écume de la nation; les soldats demandaient l'aumône **.

l'Espagne y aurait consenti sans ce préambule, où elle aurait refusé. Dans le premier cas, il fallait agir; dans le second, il ne fallait pas menacer.

* Cette guerre est encore pour les Portugais un des sujets favoris de la jactance nationale. On trouve, dans leurs histoires, que ce sont eux qui ont fait proclamer l'archiduc dans Madrid, sous le nom de Carlos Tercero, qui en ont chassé deux fois le duc d'Anjou, qui ont pris les villes, gagné les batailles, enfin qui ont tout fait; il n'y est pas question des Anglais, des Allemands, mais de beaucoup de héros et de grands capitaines portugais d'alors, ignorés et inconnus même dans les gazettes.

** On ne le croira pas, il faut l'avoir vu; les soldats de garde au palais saluaient en génuflexions, à la mode du pays, les étrangers qu'ils voyaient passer pour aller à la cour, et recevaient dans un chapeau les libéralités qu'on voulait bien leur faire. Dans la ville et aux environs, ils guettaient le passage des voyageurs à leur arrivée, et venaient demander la charité sous des qualifications pieuses. En 1760, un Français, étant couché dans l'hô-

Les officiers, après avoir été la plupart valets des généraux et des colonels, les servaient encore à table en uniforme*. Les fortifications, l'artillerie, les arsenaux, les magasins, la marine même, tout était dans l'état le plus délabré. Enfin il semblait qu'il aurait fallu le faire exprès pour manquer la conquête du Portugal**.

On ne s'étendra pas sur les événemens de cette campagne; on n'aura que trop sujet d'en parler encore dans l'article suivant. Voyons seulement ce qui en est résulté pour le Portugal.

tellerie à Aldea Gallega, et se croyant bien enfermé, vit entrer dans sa chambre, par une autre porte, trois cavaliers, le sabre au côté, ayant un brigadier à leur tête, qui lui demandèrent très poliment de l'argent, afin de prier Dieu pour les âmes de ses pères. Il ne se fit pas prier. Ces messieurs furent très modestes, et se retirèrent en faisant force complimens et remercîmens pour une bagatelle.

* Le comte de la Lippe, témoin pour la première fois de cette infamie, en déclara si hautement son indignation, que dès-lors l'usage en fut aboli.

** C'est bien aussi la ressource de l'orgueil espagnol. Ce peuple s'est mis dans la tête, et le militaire le croit aussi ou en fait semblant, que la reine-mère était d'intelligence avec celle de Portugal, sa fille chérie, pour faire manquer cette expédition; que M. Wal était aussi d'accord avec la reine-mère, et qu'en un mot l'Espagne a été trahie. Les Portugais, de leur côté, prétendent qu'ils se seraient bien mieux défendus s'ils n'avaient point eu de secours, que les étrangers n'avaient fait que les embarrasser ou les trahir, que le gouverneur d'Almeida avait vendu la place. Enfin c'est, entre ces deux peuples, à qui sera le plus vain et le plus insensé.

On voulait sans doute de deux choses l'une : ou le conquérir pour en faire un ôtage précieux à l'Angleterre, et dont la restitution, de la part des deux couronnes, aurait entraîné de la sienne celle de ses propres conquêtes; ou attirer en Portugal toutes ses forces par une puissante diversion, et les détourner ainsi du point d'attaque qu'elle avait pu se proposer dans les possessions des deux couronnes en Europe et en Amérique.

Le premier objet fut manqué; on ne réussit guère mieux dans le second. L'Angleterre, il est vrai, secourut le Portugal; mais elle n'en prit pas moins la Martinique, la Havane et Belle-Ile, et la paix qu'il fallut conclure n'en fut que plus désavantageuse, pour avoir fait cette campagne de plus *.

En revanche, le Portugal a tout gagné à cette guerre, sans y faire aucune conquête. Il a connu ses forces, ses ressources qu'il ignorait. Il a développé un esprit militaire dont on ne le soupçonnait pas. La haine nationale a fait plus de soldats peut-être que l'honneur, la valeur;

* C'est ce qu'il serait aisé de prouver par le parallèle des conditions exigées par M. Pitt en 1761, et de celles que l'Angleterre nous prescrivit l'année suivante dans les préliminaires de Fontainebleau. On sait bien que cela fut présenté alors très différemment; mais les propositions et les traités sont imprimés, et la carte de l'Amérique est sous les yeux de tout le monde.

mais enfin ils se sont formés sous une discipline étrangère. Persuadés, par cette expérience, qu'ils pouvaient résister aux forces combinées de la France et de l'Espagne, les Portugais ont pris une haute opinion d'eux-mêmes; et c'est l'opinion qui fait les hommes. Le ministre qui gouverne ce royaume a saisi l'occasion de perfectionner par système un plan qu'il avait ébauché par nécessité. Il a attiré et fixé un grand nombre d'officiers étrangers, dont l'exemple a formé et formera sans cesse des officiers nationaux. Un pied de troupes réglées de trente mille hommes effectifs, peut aisément être porté jusqu'à quarante mille au premier coup de tambour; et vingt mille hommes de milice ont appris à manier les armes dont ils s'étaient déjà si bien servis pendant cette guerre, n'étant encore que des paysans indisciplinés*; des écoles d'artillerie et de génie sont établies et dirigées par des étrangers qui ne tarderont point à faire

---

* De l'aveu des Français qui ont servi dans cette campagne, ce sont les paysans portugais des provinces de Beira, de Tra-los-Montes, et d'Entre-Douro-et-Minho, qui ont fait le plus de mal aux Espagnols. Ces trois provinces montagneuses et septentrionales produisent une race d'hommes infiniment supérieure, par le courage et la force du corps, à celle des trois provinces méridionales. Le climat plus dur, les travaux de l'agriculture dans un sol moins fertile, la pauvreté même, tout contribue à leur donner cette supériorité sur les habitans de la capitale et des campagnes voisines.

des élèves. Les fortifications ont été réparées, augmentées; et dans les endroits faibles, on en a tracé de nouvelles. Un général allemand [*] préside en chef à tout ce système, et plusieurs autres, attirés de différens services, en dirigent sous lui toutes les parties. Enfin la marine même est sortie de l'état d'inertie et de dégradation où, depuis long-temps, elle était tombée; les Anglais en sont devenus les restaurateurs, les précepteurs; et les Portugais ne craignent plus, comme autrefois, d'apprendre quelque chose des hérétiques.

Tel a été l'effet de cette agression. Elle a réveillé le Portugal de sa léthargie, et l'a forcé à se mettre en état de défense. L'Angleterre y a gagné de son côté tout ce que son allié a acquis de force et d'énergie : par là, il peut désormais lui être plus utile, et lui deviendra toujours moins à charge.

Ce n'est pas que tous ces nouveaux établissemens soient déjà parvenus au point de la perfection. Le ministre avait eu et il aura encore des obstacles à surmonter. L'orgueil, la présomption, l'ignorance nationale, qui avaient

---

[*] Le comte de la Lippe Buckenbourg, devenu feld-maréchal de Portugal, est très bon homme de guerre, quoique fort extraordinaire. Il est à observer qu'il a beaucoup de prévention contre la France.

tant fatigué le comte de Schomberg, ont embarrassé quelquefois le maréchal de la Lippe, et même dégoûté le lord Tirawley, qui avait amené les secours d'Angleterre; mais les circonstances étaient bien différentes. Ce n'était plus, comme en 1660, une reine régente, un roi mineur, des favoris et des cabales qui divisaient la cour de Lisbonne, des grands qui, pour avoir secoué le joug étranger, n'en étaient que plus indociles à celui de l'autorité royale: c'était un pouvoir absolu exercé par un premier ministre, des grands détruits ou abaissés, une noblesse soumise, un peuple policé par l'autorité et contenu par la crainte, les forces mouvantes toutes réunies et ramassées vers un seul point, les résistances nulles, ou faibles, ou divisées, la volonté du maître ferme et décidée, et par conséquent le succès infaillible.

Il a été aussi complet que la multiplicité des objets, leur complication et la rapidité nécessaire des opérations avaient pu le permettre; ce n'est que par degrés, à force d'expérience et quelquefois de fautes, qu'on peut atteindre enfin au plus près de la perfection. C'est ce qui a dû arriver dans cette refonte, et l'État y a déjà beaucoup gagné dans une branche la plus essentielle du gouvernement, c'est-à-dire l'administration des finances. Ce nerf de la guerre était relâché; il a fallu assurer des fonds pour continuer et achever ce qu'on avait commencé. Les impôts n'auraient pas suffi, si, dans la forme de leur perception et de leur rentrée, on n'avait remédié aux vices capitaux qui y régnaient, là comme ailleurs, quoique avec beaucoup moins de rapine et de scandale. Le premier ministre a senti qu'une armée d'employés de plume dévorait la substance du peuple destinée à payer les troupes, armer, entretenir les flottes, soutenir la grandeur du prince, la splendeur de sa cour et les opérations de sa politique *.

L'esprit d'ordre, d'économie et de simplification a prévalu; plus de quinze mille *oydores*, *contadores*, *veedores*, *escrivaos* et autres employés inutiles, ont été supprimés en ce petit royaume ou dans ses vastes colonies **. Il en est resté trois ou quatre mille, et le service en est beaucoup mieux fait dans toutes ses parties ***.

---

* Cette seule opération du ministère de M. le comte d'Oyras suffirait pour le rendre célèbre. Que n'aurait-il pas fait, si des principes de désintéressement, d'humanité et d'amour du bien public eussent dirigé sa conduite?

** M. le comte d'Oyras, aujourd'hui marquis de Pombal, dit souvent en conversation, surtout aux étrangers, « que le Portu- » gal est une petite tête qui a un grand corps. » Il a raison : le Brésil seul a douze cents lieues de côtes.

*** L'esprit fiscal du gouvernement portugais, celui du ministre dur et avide personnellement, son goût décidé pour les monopoles, qui lui avait fait mettre en compagnie exclusive le com-

Le Portugal a donc gagné en tous sens à une invasion qui semblait devoir l'engloutir, et c'est de ce point que nous partirons pour examiner sa position respective à l'égard des autres puissances de l'Europe.

Il ne s'agit plus ici de celles du Nord, ni des autres États intéressés aux grands événemens de la guerre présente : tout cela est absolument étranger, indifférent au Portugal.

Il n'a plus d'autres rapports avec la cour de Vienne, que ceux qu'établissent entre les souverains les liens du sang et les bienséances; il est sur le même pied avec les cours d'Italie.

Il n'a pas même de correspondance avec la Porte, et n'entretient guère avec les rois du Nord que celles de pure étiquette. La Suède, le Danemarck, et surtout la Russie, pourraient l'intéresser davantage par le commerce immense de leurs productions qu'il est obligé d'en tirer pour ses bâtimens, pour ses arsenaux et pour ses chantiers*; mais ce commerce est entre les

---

merce du Maranham, de Fernambouc, et jusqu'à celui des vins de Porto, laisseraient encore beaucoup de choses à désirer dans son administration financière : on est bien loin d'en faire ici l'apologie : cela n'empêche pas de rendre justice à son zèle pour retrancher ou corriger une infinité d'abus, et l'on ne peut nier qu'il n'y ait réussi.

* On fait monter à 80 millions les bois, fers et autres matériaux que le port de Lisbonne seul a tirés du Nord dans les trois pre-

mains, ou des nations qui fournissent et importent directement, ou des Anglais et des Hollandais, qui le font par économie.

La Russie avait tenté d'en établir un direct et réciproque avec le Portugal. Il y avait eu pour cela quelques propositions faites en 1760, et une espèce de négociation tout-à-fait rompue en 1767. Les Anglais, qui la firent échouer alors, en ont apparemment dégoûté les deux cours, ou peut-être les égards forcés qu'elles paraissent avoir pour eux, ont-ils empêché de les renouer.

Ce n'est donc qu'avec deux puissances de l'ouest, l'Angleterre et la Hollande, qu'à proprement parler le Portugal a des liaisons suivies et des rapports directs fondés sur le commerce. Encore la dernière, depuis la paix d'Utrecht, n'y est-elle plus, comme partout ailleurs, considérée qu'en sous-ordre, et toujours placée en seconde ligne. L'Angleterre seule est le grand objet des attentions, des empressemens et des espérances, et quelquefois des craintes et des plaintes de la cour de Lisbonne.

C'est ici qu'il faut apprécier ces mécontentemens toujours exagérés qu'on s'est peut-être trop accoutumé à regarder comme des germes

---

mières années, après le tremblement de terre de 1755, sans tout ce qui concerne les arsenaux et la marine.

de rupture prochaine entre les deux cours *.

Les traités de commerce entre l'Angleterre et le Portugal ont été conclus dans des circonstances où la première était dans le cas de faire la loi : les deux premiers, pendant la guerre d'acclamation **, et le dernier en 1703, au commencement de la guerre de la succession ***.

C'est de celui-ci principalement que partent sans cesse les négocians anglais établis à Lisbonne, pour former des prétentions insoutenables. Elles ne tendraient pas à moins qu'à faire de la factorerie anglaise une espèce de république indépendante dans le sein du Portugal ; à s'exempter des réglemens de la police et de l'administration fiscale, des droits et des impôts de toute espèce qui ne se trouvent pas littéralement énoncés dans le traité, de la visite des

---

* On ne saurait donner trop d'attention aux détails relatifs aux liaisons de l'Angleterre avec le Portugal ; ils sont propres à détruire une foule de préjugés et d'erreurs, dont la plupart des gens, même en place, sont imbus.

** Alors les Portugais frappaient à toutes les portes pour obtenir des secours, ou au moins quelque appui indirect dans une double guerre au-dessus de leurs forces ; c'est-à-dire en Europe contre l'Espagne, et en Amérique contre les Hollandais, qui avaient déjà conquis une partie du Brésil, pendant que le Portugal était encore sujet de l'Espagne, et qui, loin de la vouloir restituer au nouveau roi don Juan IV, paraissaient bien décidés à s'emparer du reste.

*** On a dit plus haut combien cette circonstance fût favorable à l'Angleterre, et comment elle sut en profiter.

vaisseaux marchands, et des prohibitions d'exporter les espèces ou matières d'or et d'argent; enfin à exercer, exclusivement aux autres nations, aux Portugais même, le monopole du commerce de ce royaume, et des productions de ses colonies.

Les négocians dont est composée cette factorerie ne sont, à proprement parler, que des commissionnaires opulens et chers, qui travaillent pour leurs commettans d'Angleterre. C'est la cité de Londres qui fournit les fonds et retire les bénéfices, mais fort diminués par l'avidité, et souvent par les fraudes et les faillites de ces maisons anglaises. Le luxe et le faste qu'elles étalent, la profusion qui y règne en tout genre, la magnificence et la recherche de leurs *quintos**, insultent également à la médiocrité des autres négocians étrangers, à la frugalité portugaise, et plus encore à la détresse de leurs commettans et de leurs créanciers de Londres.

Il arrive de là qu'on se plaint sans cesse en Angleterre de la décadence du commerce avec le Portugal; non qu'il soit moins considérable

---

* Ce sont des maisons de campagne autour de Lisbonne, dont les Anglais ont les plus belles avec les jardins les plus délicieux; où ils donnent sans cesse des bals, des fêtes et toutes sortes de divertissemens.

(puisque la masse d'exportation et d'importation augmente, au lieu de diminuer), mais parce que le produit net en baisse tous les ans par la hausse des frais de commission, de provision et autres, pendant que le risque s'accroît à proportion de la difficulté de retirer des fonds, et de la fréquence des banqueroutes.

Quoique ces causes soient connues, il est plus commode pour les membres de la factorerie de rejeter tous les inconvéniens qui en résultent sur la dureté, la fiscalité, les vexations, les exactions de l'administration portugaise, et sur sa mauvaise foi dans l'interprétation et l'exécution de différentes clauses des traités de commerce *.

Ce sont autant de sujets de plainte toujours accueillis par les négocians de Londres, parce qu'en procurant à leurs commissionnaires et débiteurs de Lisbonne l'appui du gouvernement d'Angleterre, ils se flattent d'en être plus exactement payés et plus fidèlement servis. Là-dessus, grandes assemblées des *portugueses merchants* **, comités d'entr'eux pour dresser des

---

* On dit ces traités ; car, quand ces messieurs ne trouvent point dans celui de 1703 de quoi favoriser quelque prétention ou pallier quelque contravention, ils remontent à celui de Charles II ou même de Cromwell, pour y chercher quelques prétextes à leurs interprétations frauduleuses.

** C'est ainsi qu'on appelle les négocians qui font particulière-

pétitions, mémoires ou remontrances; députations pour les présenter en cérémonie au roi, aux secrétaires d'État, aux commissaires du commerce. Cela est ensuite imprimé, débité avec un extrait souvent infidèle des pièces et des procédures faites en Portugal; et si le gouvernement n'adopte point avec chaleur les prétentions des négocians, s'il ne se brouille point pour cela avec la cour de Lisbonne, les papiers publics sont aussitôt inondés de lettres et de libelles contre le ministère; quelque écrivain de l'opposition prend son texte de là pour remplir une ou deux de ses feuilles périodiques; il déclame contre l'ignorance, la négligence des ministres, ou leur faiblesse et leur pusillanimité; il les accuse de connivence avec le marquis de Pombal (qui n'est pas épargné, non plus que le roi son maître), souvent même d'être vendus aux cours étrangères, et enfin de trahir le commerce et la nation.

Mais le ministère ne s'en émeut pas : on est fait à cela; on va son train, et on laisse crier. Quelquefois cependant on fait répondre à ces

---

ment le commerce de ce royaume. En général, chaque maison en Angleterre s'attache à une certaine branche de commerce, et forme, avec les autres de la même partie, une espèce de corporation dont les assemblées se tiennent toujours dans une taverne attitrée.

libelles par un écrivain de la cour qui les réfute solidement, mais qui a toujours tort aux yeux du peuple. Si l'on juge que les plaintes soient fondées, on écrit au ministre d'Angleterre à Lisbonne; il agit en conséquence. On met l'affaire en négociation; elle traîne; mais, en attendant, cela contient le ministère portugais.

Il se radoucit; et, quand les griefs sont fondés, il est bien rare qu'on n'en obtienne point le redressement. Si, au contraire, on est convaincu de la mauvaise foi des plaignans, de leurs contraventions et de leurs chicanes, on les abandonne; ils sont réduits à composer avec le fisc. Le consul d'Angleterre intercède encore pour eux; et, quoi qu'ils en disent, on les traite avec indulgence.

On ne cesse pas pour cela de se plaindre : c'est le génie du commerce anglais; partout il opprime, et partout, s'il faut en croire ses déclamations, il est opprimé. L'esprit de rapine est, on le répète, le caractère de ce peuple; il le développe ouvertement en temps de guerre, et le déguise en temps de paix sous des prétentions exorbitantes dont l'objet est de frauder impunément les droits des souverains, d'obtenir partout la préférence sur leurs propres sujets, ou de les associer à ses contraventions, enfin de faire à main armée la contrebande dans les quatre parties du monde. Le ministère de Saint-James protége souvent chez l'étranger ces attentats qu'il réprimerait, qu'il punirait si sévèrement sur les côtes d'Angleterre; il sait que ce commerce, écrasé d'impôts au dedans, ne peut se soutenir au dehors que par des moyens forcés : mais, plus sensé que les négocians, il n'est pas toujours prêt à rompre avec toutes les cours pour l'intérêt particulier de quelques bourgeois de la cité. Il voit l'objet en grand; il sait que la popularité, si difficile à conserver, ne pourrait être acquise qu'aux dépens de la saine politique.

Ces tracasseries ne laissent pas de fomenter entre les deux cours de Londres et de Lisbonne un esprit de dissension qui éclate souvent par des altercations fort vives. Le ministère portugais porte à regret le joug que l'Angleterre lui a imposé; il fait de temps en temps quelques efforts pour le secouer; mais, de tous ces débats, il ne résultera de long-temps une rupture. Le besoin réciproque et l'intérêt commun sont des liens trop forts entre les deux nations. Lorsque ces différends sont portés à un certain point d'effervescence, les deux cours font de leur côté chacune quelques pas pour se rencontrer dans une conciliation; elle est, si l'on veut, momentanée, palliative, et ne peut être regardée que comme une espèce de trêve; mais la guerre qui recommence n'est qu'une guerre de plume. Cependant, on l'a dit ailleurs*, l'Angleterre jouit toujours même des droits qu'on lui dispute ; l'armée, la flotte, les places, les chantiers, les arsenaux, les écoles militaires du Portugal, tout est commandé ou dirigé par des Anglais, Écossais, Irlandais; tout prend peu à peu les mœurs, les usages, les modes d'Angleterre; les courtisans, les ministres eux-mêmes vivent avec le consul; les négocians, dans la liaison, la familiarité la plus intime, dans une société de plaisirs et de fêtes dont ceux-ci font presque toujours les frais; et l'orgueil portugais s'est enfin apprivoisé avec l'opulence anglaise.

Cet orgueil a de plus un motif bien fort de se concilier avec la hauteur d'une nation exigeante, mais avec laquelle on trouve des ressources. La factorerie anglaise est toujours en avance au moins de deux millions sterling avec la cour, la noblesse et les négocians portugais ; et le désir de retrouver sans cesse les mêmes facilités, lui sera toujours un garant des bons offices de ces débiteurs; elle en a dans toutes les branches de l'administration.

Dans cette position, il ne faut pas croire,

---

* Article précédent, *de l'Angleterre.*

d'après des libelles et des gazettes, ou même d'après quelques démarches d'éclat de la part des deux cours, qu'elles soient si près d'une rupture, et que d'autres nations (la nôtre par exemple) puissent de sitôt remplacer les Anglais dans le commerce du Portugal, ou en partager également le bénéfice avec eux. Pour n'être pas la dupe de ces vaines apparences, il faudrait, il est vrai, connaître à fond l'intérieur du ministère anglais et celui de la cour de Lisbonne; savoir que le premier prévient souvent celle-ci des demandes un peu fortes qu'il est obligé d'accorder à la clameur populaire; et que, de son côté, le ministère portugais a soin quelquefois d'adoucir, par des insinuations secrètes, la rigueur de ses procédures publiques; qu'enfin, lorsqu'il paraît écouter les propositions de quelque autre cour pour un traité de commerce, ou même aller au devant de celles qu'on pourrait lui faire, son objet n'est que d'alarmer celle de Londres, et de la rendre ainsi plus souple et plus conciliante sur les différends actuels, ce qui lui a souvent réussi.

On doit également apprécier, dans ces discussions, la force de l'habitude, la solidité d'une machine toute montée, et la difficulté de la détruire pour y en substituer une autre qui n'aurait de long-temps les mêmes avantages. Supposons que notre commerce parvînt à obtenir en Portugal les mêmes faveurs que celui des Anglais, à le balancer, à le détruire, paiera-t-il tout d'un coup les deux millions sterling dus à la factorerie, et sera-t-il en état de faire autant d'avances?

Mais comment lever le premier obstacle, le plus fort, le plus insurmontable, c'est-à-dire la position respective de l'Angleterre et du Portugal, dont l'un est toujours en état de protéger, et l'autre a sans cesse besoin de protection? La France, par exemple, voudrait-elle accorder hautement son appui au Portugal contre l'Espagne? ou le pourrait-elle contre l'Angleterre brouillée avec le Portugal? Mais ceci nous conduit au terme et à l'objet principal de cet article, c'est-à-dire à examiner quelle est la position respective du Portugal à l'égard de la France.

Indépendamment du *Pacte de famille*, les liens naturels et nécessaires entre la France et l'Espagne, et la situation de celle-ci relativement au Portugal, nous font une loi de commencer par elle, et d'apprécier premièrement les rapports qui subsistent entre ces deux puissances voisines. Nous partirons pour cela du point fixe de la dernière paix.

La courte guerre qui l'avait précédée a produit des effets dont nous avons déjà présenté le tableau; il en est résulté que la crainte, ce grand ressort de la politique dans tous les États faibles, relativement aux plus forts, ne peut plus agir sur la cour de Lisbonne, comme il le faisait avant cette guerre.

L'Espagne, par son voisinage, par sa supériorité en territoire, en population, par le nombre de ses troupes et la réputation militaire qu'elle avait conservée dans les deux guerres précédentes, en imposait naturellement au Portugal engourdi, abâtardi par une longue paix. Il croyait voir encore en Espagne des armées aguerries et disciplinées, une artillerie formidable, de bons ingénieurs, des généraux habiles et expérimentés, une marine instruite et exercée, des approvisionnemens faciles, abondans et bien distribués. Il n'avait rien de tout cela, il ne se doutait pas même qu'il pût l'avoir un jour; il tremblait au moindre mécontentement de la cour de Madrid, et alors son unique ressource était la protection assurée de l'Angleterre.

Mais cette protection ne pouvait opérer que par mer; et la longue lisière que fait le Portugal à l'ouest de l'Espagne, étant aussi étroite que mal défendue, semblait pénétrable, presque dans tous ses points, à une invasion subite. La cour alors n'aurait pas été en sûreté, même dans Lisbonne. Les forts qui défendent le Tage, les places maritimes, tout aurait été pris à revers et enlevé par les Espagnols; la flotte anglaise serait arrivée trop tard*.

Cette crainte, assurément très fondée si l'Espagne eût été ce qu'elle devait et paraissait être, tenait la cour de Lisbonne dans une espèce de sujétion à l'égard de celle de Madrid. Les liens de l'affinité, sous Philippe V et sous Ferdinand VI, firent, du côté de la terre, la sûreté du Portugal. Sous le premier, la reine était occupée du bonheur d'une fille chérie et du désir de lui donner de la considération dans sa cour et dans sa famille; elle entretint soigneusement la bonne intelligence. Sous le second, une infante du Portugal, maîtresse absolue des affaires, fit plier les intérêts de l'Espagne à ceux de sa maison**. Bien loin d'avoir

* Peut-on imaginer que la France ait déterminé l'Espagne à la guerre contre le Portugal, sans avoir su les moyens de l'attaquer et de lui donner la loi? Cet exemple, qui malheureusement n'est pas le seul, de projets légèrement conçus, et par conséquent avortés, doit faire sentir la nécessité de ne pas adopter de plan sans l'avoir bien médité.

** Ce fut ce pouvoir absolu qui fit conclure le fameux échange de la colonie du Saint-Sacrement, annulé depuis sous Charles III. Cette princesse ne s'occupait pas moins des intérêts de l'Angleterre; elle y était secondée par un habile ambassadeur: depuis la

quelque chose à craindre de la cour de Madrid pour sa sûreté et sa tranquillité, celle de Lisbonne y eut la plus grande influence.

Ces motifs de sécurité ne subsistaient plus vers la fin de la dernière guerre, et le Portugal se crut perdu, lorsque le feu s'en étendit jusqu'à ses frontières. L'événement l'a rassuré; peut-être a-t-il passé depuis à l'extrémité opposée; c'est-à-dire au mépris d'un ennemi dont il croit avoir reconnu toute la faiblesse *.

Cette crainte était cependant le seul motif qui pût influer dans la conduite du Portugal, relativement à l'Espagne. La haine nationale a rompu ce frein qui la retenait, et s'est envenimée par le ressentiment d'une agression injuste, par le souvenir du danger qu'a couru la partie attaquée, et des dommages qu'elle a soufferts dans sa frontière. Il paraît donc plus difficile que jamais de former, entre les deux cours, d'autres liaisons que celles d'étiquette et de bienséance. Enfin le pacte de famille a lié aussi nécessairement, aussi étroitement, le Portugal avec l'Angleterre contre l'Espagne, que celle-ci avec la France contre les deux autres.

paix de 1748, ce règne fut l'âge d'or des Portugais et des Anglais en Espagne.

*. « Le Portugal, disait le vieux lord Tirawley, qui connaissait
» bien cette nation et ne la flattait pas, n'a plus peur de l'Espa-
» gne, parce qu'elle lui a dit son secret. »

Mais quelle est donc actuellement la position respective du Portugal à l'égard de la France ? Nous venons de le dire en parlant de l'Espagne ; cette position est précisément la même relativement aux deux couronnes alliées, au mépris, à la haine près, dont le premier n'est pas encore notre partage, et ne devrait jamais le devenir.

Le commerce, dira-t-on, est le lien des nations ; il le sera toujours, et l'esprit de calcul, qui depuis long-temps dirige ou devrait diriger toutes les spéculations de la politique moderne, doit nous retourner du côté du Portugal, et rapprocher enfin de nous cette puissance. Il doit aussi la détacher de l'Angleterre, puisqu'il est prouvé que les traités de commerce qui subsistent entre les deux nations sont absolument au désavantage de la première.

En résumant ici l'objet de cet article, il faut réfuter, une fois pour toutes, ce raisonnement fondé beaucoup plus encore sur l'ignorance que sur la flatterie.

Deux motifs seulement peuvent engager un État à accorder la préférence, même l'égalité, au commerce d'un autre État quelconque : l'intérêt politique ou l'intérêt mercantile.

Sur le premier, on croit avoir tout dit ; on ajoutera seulement que le Portugal, même dans le nouveau degré d'énergie qu'il a acquis depuis dix ans, n'est pas encore en état de se soutenir seul et par lui-même.

Dans cette situation, et surtout dans sa position topographique, enfermé comme il l'est entre l'Espagne et l'Océan, il ne peut désirer et attendre des secours que d'une puissance maritime; il en existe une dont il a l'appui, et l'intérêt qu'elle prend à sa conservation est fondé sur les avantages du commerce. Pour se rapprocher de la France, il faudrait d'abord qu'il osât lui accorder les mêmes avantages, et, par conséquent, en priver l'Angleterre en tout ou en partie. Le voulût-il dans un premier mouvement, l'oserait-il après celui de la réflexion, et la France elle-même serait-elle en état d'en profiter? On connaît la hauteur anglaise, et le ton exclusif de cette nation en fait de commerce; elle conserverait celui du Portugal à main armée, malgré lui-même; et, pour l'en exclure ou le partager, il faudrait lui faire la guerre : il faudrait plus, et c'est de quoi nous sommes encore bien loin, il faudrait être sûr d'écraser l'Angleterre.

L'intérêt mercantile n'est pas moins décisif contre nous en faveur de cette puissance. L'objet de tout commerce est de vendre le plus qu'on peut pour faire pencher la balance de son côté, ou du moins pour en diminuer *le solde** : pour cela, il faut nécessairement traiter avec la nation qui peut le moins se passer de nos importations, et qui en consomme le plus.

C'est le cas de l'Angleterre avec le Portugal. Elle n'a ni vins, ni sels, ni fruits du Midi, et elle en consomme une quantité prodigieuse; cette consommation fait, du moins en partie, la balance du Portugal avec cette nation. Sans cet avantage et les faveurs particulières dont il jouit pour les deux premiers de ces trois articles, tout l'or du Brésil, ses diamans et ses autres productions seraient insuffisans pour payer la valeur des importations anglaises.

Ce ne pourrait jamais être le cas de la France avec le Portugal. Elle a des vins, des sels, des fruits, et de toutes sortes de denrées à revendre; et ses manufactures fourniraient autant, pour le moins, que celles d'Angleterre. Que lui vendrait le Portugal? rien, ou presque rien. Donc il ne pourrait la payer qu'en espèces ou matières : donc il ne lui resterait pas, au bout de vingt ans, un *cruzado* **, ou bien il ferait banqueroute.

Donc l'intérêt mercantile ne saurait jamais

---

* *Solde*, c'est-à-dire la somme qu'une partie redoit à l'autre, et qu'il faut payer en espèces ou lettres de change.

** Monnaie d'environ cinquante sous.

engager le Portugal à se rapprocher de la France, et à lui accorder pour son commerce la préférence, ou même l'égalité avec l'Angleterre.

Donc, ou on se trompe soi-même, ou on veut nous tromper, quand on parle sans cesse de traité de commerce avec le Portugal, et de renouer, par ce moyen, des liaisons étroites et solides avec cette couronne.

Nous avons déjà démontré que l'intérêt politique l'éloigne de nous encore davantage.

Donc, enfin, la position du Portugal, à l'égard de la France, est celle d'un État qui, pour le présent, ne craint rien de cette puissance, et qui, dans l'avenir, ne voit rien à en espérer.

Concluons que, dans cette position, on ne peut encore ni jeter des vues ni former des projets sur le Portugal; que la crainte pourrait un jour lui en imposer, ou le ramener à un certain point; que peut-être, dans un système mieux combiné, mieux dirigé, un avenir plus heureux en ferait naître quelque occasion; mais que cet avenir dépendra surtout de la supériorité, ou du moins de l'égalité maritime de la France avec l'Angleterre; et, puisqu'il faut le répéter, que ce système mieux combiné, mieux dirigé, ne peut être que la refonte totale du système actuel, s'il en existe un, ou, pour mieux dire, la création d'un nouveau systême de puissance militaire et de puissance fédérative.

« L'auteur, en retraçant avec rapidité les divers évé-
» nemens qu'a amenés la rivalité des cours de Madrid
» et de Lisbonne, a parfaitement peint la situation po-
» litique du Portugal, et tous ses raisonnemens sont
» sans réplique. La France, sans forces navales, ne peut
» rien changer à cet ordre de choses; car, si ses troupes
» conduisaient les Espagnols à Lisbonne, l'Angleterre,
» qui profite toujours des désastres de ses alliés, ne
» tarderait pas à s'emparer du Brésil. Mais ce qui doit
» arriver prochainement, c'est une ligue générale de
» toutes les nations maritimes contre une puissance plus
» ambitieuse que Louis XIV, et qui ne déguise point
» le désir insensé d'envahir le commerce du monde. »

(Ségur.)

ARTICLE XII.

DE L'ESPAGNE.

Il est des circonstances où le désir le plus sincère de conserver la paix ne suffit point pour se dispenser de faire la guerre, et où on ne peut pas attendre d'être attaqué directement, sans prendre des mesures défensives assez vigoureuses pour faire craindre à ses voisins ou à ses rivaux d'être eux-mêmes prévenus.

C'est dans des circonstances de ce genre que se trouve une puissance liée, engagée avec une autre par des antécédens, comme les traités, les alliances offensives ou défensives, les liens étroits du sang, l'unité de nom, et pour ainsi dire de gloire entre deux souverains, mais plus encore par des relations qu'on peut appeler physiques, comme la position locale, l'intérêt commun d'une défense réciproque, la certitude d'être accablé à son tour, si on laisse écraser son voisin ou son allié, en un mot la nécessité, cette loi impérieuse de la politique comme de la nature.

Telle est la position de la France à l'égard de

l'Espagne, et tous ces différens motifs concourent également à lui faire faire désormais cause commune avec cette puissance.

Il faut donc connaître l'Espagne, et bien apprécier son état actuel, pour pouvoir calculer le degré d'utilité dont elle pourrait être à la France dans la première guerre, ou du moins pour bien savoir d'avance jusqu'à quel point elle pourrait lui être à charge. Cette dernière connaissance ne serait pas un motif de l'abandonner dans aucun cas; mais elle servirait à former, à régler un plan d'opérations éventuelles, et surtout à ne point compter, pour leur exécution, sur des moyens qui n'existeraient pas, ou qui manqueraient au besoin; elle préparerait d'avance à s'en assurer par soi-même de plus réels, plus efficaces et mieux administrés; enfin elle empêcherait, ou de s'endormir, ou de s'engager trop légèrement sur la foi d'une nation romanesque et peu prévoyante.

Mais pour former un enchaînement d'idées, de faits et de conséquences qui nous conduisent au plus près qu'il sera possible de cette lumière que nous cherchons, il faut nécessairement remonter à l'origine des engagemens contractés avec l'Espagne dans les deux dernières guerres.

Elle avait été entraînée seule dans la première; et la cour de Londres, qui ne la désirait pas non plus, s'était laissé emporter par le torrent de l'opposition. Cette cour s'étant enfin déclarée pour celle de Vienne, la France n'eut plus à choisir, et le traité de Worms, en 1743, fut le signal de la rupture.

Le combat de Toulon, en 1744, valut à l'amiral espagnol * le titre pompeux de marquis de la Victoria. Quelle qu'eût été la conduite du commandant français et la manœuvre de son escadre, il en résulta dès-lors, entre notre marine et celle d'Espagne, du dégoût, de l'humeur, et même de l'animosité; ces deux corps ne servirent plus ensemble. Les Espagnols, fiers et contens d'eux-mêmes, ne voulurent pas compromettre leur gloire; on ne les vit presque plus en mer; les Français se montrèrent encore, et se firent prendre en détail. Après le traité d'Aix-la-Chapelle, tout était changé pour la France à la cour de Madrid. Celle-ci saisit le prétexte qu'on avait fait la paix sans elle, et qu'on l'avait forcée d'accéder à des conditions dont elle n'était pas satisfaite; mais, au vrai, l'influence

* Don Pedro Navarro, mort depuis peu d'années, commandant de la marine à Cadix. Deux officiers français, MM. de l'Age et d'Auteuil, firent cette fameuse défense du *Royal-Philippe*; l'amiral espagnol, blessé d'un éclat de bois au commencement de l'affaire, ne parut plus depuis; ce vaisseau rentra dans Toulon, et il n'y en eut point de pris. Voilà le vrai de cette histoire.

de la reine portugaise * avait déjà opéré ce changement.

L'Espagne ne paraissait donc pas disposée à se lier sitôt avec nous contre l'Angleterre; mais le marquis de la Ensenada prévit que le moment pouvait n'en pas être si éloigné : il travailla, en conséquence, à rétablir la marine, fit venir des constructeurs anglais, des géomètres français, forma des écoles, fortifia les ports, remplit les chantiers et arsenaux, et créa ou perfectionna tous les autres établissemens relatifs à ce grand objet.

La disgrâce de ce ministre ne les fit pas abandonner; on continua de travailler et de construire, et il faut avouer qu'à l'avénement de Charles III, la marine d'Espagne était au plus haut point de sa prospérité ; les fonds d'ailleurs ne manquaient point; le nouveau roi trouva, dans la seule trésorerie de Cadix, quinze millions de piastres fortes ** ; enfin tout concourait

---

* On en a parlé dans l'article précédent, *du Portugal*.

** *Pesos gordos*, à cinq livres pièce, 75 millions; la plus grande partie en barres et en lingots. M. d'Esquilaci ne les y laissa pas long-temps; il n'en restait, six mois après, que le tiers ou environ, c'est-à-dire cinq millions et demi; le surplus avait été voituré, partie à la monnaie de Séville, et partie, disait-on, à celle de Ségovie : mais, dans le vrai, il en passa beaucoup à Naples et ailleurs, partie de l'aveu du roi, partie de l'ordre secret de la reine, et partie enfin par l'escamotage du ministre, appuyé de mademoiselle de Castro-Pignano.

à rendre croyables les états fastueux que l'Espagne publia de ses forces de mer et de terre.

On ne la crut pourtant pas sur sa parole, et dès la même année 1760, on fut assez bien instruit pour rabattre au moins le tiers de ces calculs[*]. Ils étaient moins outrés sur l'état de la marine que sur celui des troupes. Cependant, d'une liste de soixante vaisseaux de ligne armés, équipés, avec les noms des officiers et le nombre des équipages, la vérité, c'est qu'il en existait, dans les trois départemens, une trentaine au plus en état de servir; car on ne compte pas ici les quinze vaisseaux de ligne pris depuis à la Havane par les Anglais, ni une dixaine d'autres répandus dans les Indes espagnoles : avec cette addition, l'Espagne aurait eu réellement cinquante-cinq ou soixante vaisseaux de ligne prêts à mettre en mer; encore y avait-il du rabais à faire sur les équipages qu'on supposait toujours complets, et qui, bien loin

[*] Et souvent beaucoup davantage ; on n'en citera qu'un exemple. La cour avait fait imprimer qu'il y avait dans les casernes de Burgos douze cents recrues ; c'était dans la ville même un article de foi. Un Français, qui connaissait le pays et qui parlait la langue, avait été envoyé en Espagne pour y apprécier bien des choses. Il pénétra dans des espèces de cachots, où ces malheureux étaient renfermés ; il les compta tous, et n'en trouva que cent soixante-dix, tous mendians et vagabonds, la plupart estropiés et infirmes.

de l'être, n'existaient qu'en idée dans une division, pendant qu'ils servaient dans une autre*.

Mais, ces petits moyens étant connus et appréciés, il semblait qu'on eût renoncé au projet d'engager inutilement l'Espagne dans une seconde guerre. Il ne paraît pas même qu'on s'y fût beaucoup attaché. Il n'aurait jamais réussi du vivant de la reine **. Sa mort en fit concevoir des espérances plus fondées. Des motifs personnels firent mettre plus de chaleur dans la négociation; il en résulta le pacte de famille.

Les circonstances dans lesquelles ce traité fut conclu, et l'éclat qu'on en fit, produisirent d'abord l'effet particulier qu'on en avait désiré.

---

* C'était, par exemple, le cas de l'escadre de Cadix en 1760 ; elle était composée de douze beaux et bons vaisseaux, auxquels il ne manquait rien, que la moitié des équipages. Pour remédier à cet inconvénient, ou plutôt pour le déguiser, on avait annoncé que cette escadre croiserait pendant six mois sur les côtes de Barbarie. Elle fut partagée en deux divisions, dont l'une ne sortait qu'après que l'autre était rentrée ; mais, avant de sortir, il fallait l'équiper, et pour cela on y versait les équipages de l'autre ; elle allait croiser à son tour, pendant que les vaisseaux rentrés restaient en parade au Puntal. Moyennant ce petit escamotage, les douze vaisseaux figurèrent toute la saison pour une escadre complète et toujours en croisière. Enfin cet étalage ne laissait pas d'en imposer de loin : c'était tout ce que prétendait la politique espagnole.

** La reine saxonne, selon la coutume des Espagnols de désigner les reines par le nom de leur nation ; celle-ci avait à notre égard le péché originel.

L'objet personnel était rempli; mais l'objet public fut manqué.

L'avis de M. Pitt de déclarer aussitôt la guerre à l'Espagne, fut justifié, même après sa démission, par la rupture inévitable entre l'Espagne et l'Angleterre. Mais que produisit-elle pour la France? un fardeau de plus dans la guerre, et un surcroit d'embarras dans la négociation *. Une augmentation dans les troupes, les plus grands préparatifs par mer et par terre, des approvisionnemens immenses, un corps de Français auxiliaires, tout semblait assurer le succès de l'expédition projetée contre le Portugal; mais

* « Favier, qui montre tant d'instruction, et une
» si grande netteté de jugement dans tous les cas où il
» rend compte des événemens historiques, et dans la
» peinture qu'il fait de la population, des mœurs d'un
» pays, et des causes qui constituent sa richesse ou sa
» pauvreté, sa force ou sa faiblesse, n'est plus le même
» dès qu'il parle du système politique du moment, et la
» passion alors fait disparaître sa raison. Il blâme ici
» l'alliance faite avec l'Espagne, parce que ce traité ne
» nous valut aucune victoire, et fut même pour l'An-
» gleterre l'occasion de nouvelles conquêtes. Mais il
» n'en est pas moins vrai que cette union nous fut très
» utile, et doit attirer de justes éloges au ministre fran-
» çais qui la forma. Notre marine était fort affaiblie;
» les escadres espagnoles, en la secourant et en attirant
» les forces britanniques, empêchèrent l'entier anéan-

les troupes, mal commandées, ne soutinrent pas la réputation qu'elles s'étaient acquise dans les deux guerres d'Italie; et l'on a remarqué que, depuis le duc d'Albe, tous les généraux espagnols ont été malheureux contre le Portugal. Les préparatifs ne servirent qu'à épuiser les finances. Les magasins mal placés, mal distribués, sans communication et sans débouchés, regorgeaient de provisions, dont la plus grande partie fut gâtée ou volée sous ce prétexte, pendant que l'armée était arrêtée à chaque pas par le défaut de subsistances *. On fit avec grand appareil le siége d'Almeida, place médiocre,

» tissement de nos moyens maritimes. Les Anglais,
» occupés à enlever des possessions aux Espagnols,
» n'attaquèrent plus les nôtres; leur dépense et leur
» dette augmentèrent; les revers essuyés par les Espa-
» gnols amortirent l'antique haine qui les animait
» contre nous, et leur inspirèrent contre la Grande-
» Bretagne un ressentiment durable. Depuis ce mo-
» ment, l'Espagne et la France firent cause commune,
» et trouvèrent le moyen de rendre leurs forces com-
» binées assez puissantes pour humilier, quelques
» années après, l'Angleterre. Ainsi le traité que désap-
» prouve Favier nous procurait une diversion impor-
» tante dans le moment, et des avantages incalculables
» pour l'avenir. » (Ségur.)

* On attaqua le taureau par les cornes, c'est-à-dire par la frontière des provinces de Tra-los-Montes et de Beira, pays stérile, montagneux, et rempli de chicanes.

quand même les fortifications en auraient été achevées. On se plaignit de la lenteur du premier général *. On le remplaça par un autre qui n'avança pas davantage **. A peine vit-on l'ennemi. Il n'était pas encore en état de se montrer. Les secours étrangers ne lui arrivaient que peu à peu. Quelques troupes légères et paysans armés chicanèrent si bien le terrain, qu'à l'époque des préliminaires, on avait fait en six mois environ vingt lieues.

Cependant la Havane était prise, et l'orgueil espagnol avait eu plus de part à cette perte que la valeur anglaise. Ceux qui y commandaient n'avaient voulu ni accepter les offres de M. de Blénac, ni profiter de ses conseils. Ils aimaient mieux perdre la place que d'en devoir le salut à un officier français ***.

* Le marquis de Sauria, âgé de quatre-vingts ans, et qui n'avait d'autre titre pour commander que sa caducité.

** M. le comte d'Aranda, qui avait voyagé et vu les camps du roi de Prusse; ce fut aussi son titre.

*** La Havane était dégarnie; quinze cents hommes de troupes, telles quelles, ne suffisaient pas pour la défendre; le seul moyen de la sauver était d'aller au devant des Anglais dans le canal de Bahama, qu'ils passaient la sonde à la main et en défilant; ou de les attendre au débouquement. Quinze vaisseaux espagnols et la petite escadre de M. de Blénac auraient arrêté l'ennemi, ou l'auraient battu dans une position où il ne pouvait pas se former en ligne, ni tirer aucun avantage de la supériorité de sa manœuvre. Cet avis fut rejeté, et la pusillanimité espagnole retint dans le port ces quinze vaisseaux pour servir de trophée à l'Angleterre.

Tandis qu'on la perdait, les Espagnols s'occupaient surtout à nous empêcher de céder la Mobile *, parce que cette cession nous aurait coupés de la Floride, et entouré cette province de colonies anglaises. Ils ne savaient pas que la Mobile était déjà cédée; et c'est, entre beaucoup d'autres, un exemple assez singulier des inconséquences de ce temps-là. Il ne se doutait pas non plus que la Havane serait prise, et que, pour la ravoir, ils seraient trop heureux de céder la Floride même.

La paix vint mettre un terme à tant de malheurs et de fautes. L'alliance de l'Espagne et cette campagne de plus nous coûtèrent, en sus des conditions de M. Pitt, deux des quatre îles neutres **, la Louisiane entière, et par conséquent notre expulsion totale du continent de l'Amérique ***.

* Partie de la Louisiane, ainsi appelée de la rivière de ce nom, et qui touchait à Pensacola dans la Floride espagnole.

** Ainsi appelées, parce que le droit en était contesté; car, de fait, les Français étaient établis dans toutes les quatre exclusivement. M. Pitt avait offert l'année précédente de nous en laisser deux en les tirant au sort : il est vrai que Sainte-Lucie nous resta; mais ce fut en échange de la Grenade et des Grenadilles, colonies déjà établies, et dont l'Angleterre a tiré le plus grand parti. On sait en revanche à quoi s'est réduit notre établissement de Sainte-Lucie.

*** Il est vrai que l'Angleterre voulut bien nous laisser, de la Louisiane, la Nouvelle-Orléans et la rive droite du Mississipi.

Après cette expérience, on croirait peut-être que l'Espagne, guérie de ses vieux préjugés, aurait reconnu ses erreurs et ses fautes dans toutes les branches de son administration; qu'elle aurait quitté les sentiers trompeurs de l'habitude, pour entrer enfin dans le droit chemin du raisonnement, du calcul, et de l'économie politique, déjà tracé depuis long-temps, et où d'autres nations avaient fait tant de progrès. Point du tout; il n'y a encore rien de réformé dans ce pays-là, que les capes croisées et les chapeaux rabattus*; et, à cela près, les Espa-

Mais que nous en est-il resté? Il a fallu sauver la gloire de l'Espagne et l'honneur de son ministère, en lui abandonnant ce débris de notre naufrage; elle avait perdu la Floride, nous avions tout perdu nous-mêmes. N'importe: on s'est cru obligé de dédommager, par ce sacrifice, la vanité territoriale de cette nation; elle a cent fois plus de terrain en Amérique qu'elle n'en saurait ni cultiver ni défendre. Cependant on a dû, non-seulement lui céder, mais lui livrer de force la Nouvelle-Orléans. Ces fidèles Français ont subi le joug espagnol; tirons le rideau sur cette tragédie : les nouveaux maîtres y ont gagné, à leur ordinaire, un désert de plus.

* La paresse, la gueuserie et la malpropreté, plus que le libertinage et l'air de bonne fortune, avaient, comme on sait, établi en Espagne l'usage d'aller dans les rues *tapados*, c'est-à-dire la cape croisée jusque sur le bas du visage, le chapeau rabattu en rond, et couvrant le haut, de manière qu'on pouvait à peine voir les yeux; et les plus *guapos*, c'est-à-dire les plus élégans à leur manière, étaient les moins reconnaissables : mais, si cet accoutrement cachait quelquefois un galant mystérieux et discret, si même par goût les grands seigneurs le préféraient à la parure, il faut avouer que, le plus souvent, il servait à couvrir des gue-

gnols sont restés au même point, c'est-à-dire deux cents ans en arrière des autres nations policées *.

La preuve la plus forte que chez eux l'administration même est incorrigible, c'est que, après cette guerre si courte et si malheureuse,

---

nilles et du linge sale, et voilà tout; car, on doit cette justice aux Espagnols, malgré la facilité que cet usage aurait pu donner pour des vols, des meurtres et des assassinats, on ne voyait pas de ces crimes plus fréquemment qu'ailleurs. Il est vrai que le mécontentement du peuple et sa haine pour M. d'Esquilaci s'exhalaient, à l'abri de ce déguisement, en propos séditieux. Ce ministre craignit que la chose n'allât plus loin; il fit donc défendre d'aller *tapados*. Des soldats furent chargés de faire observer cette défense, et s'en acquittèrent quelquefois durement; la fermentation augmenta, et les mesures qu'on avait prises pour l'arrêter hâtèrent l'explosion, qui peut-être même ne serait jamais arrivée. Le peuple, une fois soulevé, et se voyant le plus fort, s'avisa de former des prétentions et d'exiger des conditions auxquelles il n'avait pas songé. On connaîtrait bien peu les hommes et les peuples, si l'on s'amusait à chercher des causes beaucoup plus profondes de la révolte de Madrid : cette émeute presque fortuite étant une fois calmée, l'autorité a prévalu contre les *tapados*. Cette réforme et l'expulsion de M. d'Esquilaci ont été, au vrai, les deux seuls effets de cette grande convulsion.

* M. Wal était allé autrefois en Russie avec M. le duc de Piria : il y avait fait un long séjour, et il s'amusait quelquefois à faire un parallèle des Espagnols et des Russes; il trouvait en tout des ressemblances entre ces deux nations placées aux deux bouts de l'Europe. On ne voyait pas trop à laquelle des deux il voulait faire honneur; car, il faut l'avouer, les progrès de la Russie ont été beaucoup plus rapides, depuis le commencement de ce siècle, que ceux des Espagnols, depuis l'avénement de Philippe V, à la même époque.

tout, à peu près, resta comme il était auparavant. Il faut en excepter le militaire, dans lequel il y a eu beaucoup de changemens, et l'on ne peut nier qu'à cet égard tout n'ait été à peu près bouleversé. L'expérience, là comme ailleurs, fixera la juste valeur de ces innovations.

Le département de la marine fut laissé à don Julien Arriaga, honnête homme, il est vrai, et même dévot, mais absolument incapable.

Celui des finances resta à M. d'Esquilaci, qui continua de dévaster l'Espagne par son administration aussi inepte que fiscale*; et depuis son expulsion, un de ses premiers commis en est chargé, et suit la routine de son principal. On ne pouvait pas prendre de plus mauvais modèle. M. d'Esquilaci, sans théorie et même sans aucunes connaissances élémentaires, n'ayant ja-

---

* Ce ministre a eu la réputation que donnent toujours les grandes places et une longue faveur. S'il avait eu des talens, du génie, et qu'il eût compensé de grandes vexations par de grands moyens, on aurait pu lui pardonner son avidité, sa dureté, et même ses voleries énormes; mais, à dire vrai, il ne savait bien que ce dernier métier. Son premier avait été celui de munitionnaire en Italie; il voulut le faire ensuite en Espagne, lors de la guerre de Portugal. S'étant chargé de la partie des vivres et des magasins, il n'y montra que son incapacité. A l'égard des finances, il ne savait que doubler, tripler et quadrupler; il ne s'était jamais douté de ce principe si connu et si démontré par l'expérience, « qu'en fait d'impôts, deux et deux ne font pas quatre. »

mais rien vu hors de la sphère étroite des finances de Naples, suivit le sentier qu'il trouva frayé en Espagne; mais il renchérit sur l'absurdité de l'ancienne administration, en multipliant les impôts et les droits de toute espèce; et, comme la contravention augmente toujours avec les charges, il n'y trouva d'autre remède que de multiplier aussi les gardes, les commis et les employés de toute espèce. Il en a laissé en Espagne plus de cinquante mille, qui coûtent plus au roi que toute son armée. Après sa disgrâce, tout est resté sur le même pied. L'ancienne dénomination de royaumes ou principautés, qu'avaient eue autrefois toutes les provinces d'Espagne, servait depuis long-temps de prétextes aux douanes intérieures qui faisaient regarder chacune de ces provinces comme étrangères. Au lieu de réformer un abus si gênant et si destructif pour le commerce et l'industrie, M. d'Esquilaci augmenta les droits *, mit plus de rigueur dans la perception, et acheva d'étouffer le peu d'industrie et de circulation qui avait

* L'Espagne est, à cet égard, bien loin encore de la Russie. Ce gouvernement si nouveau n'avait pas attendu le règne plus éclairé de Catherine II, pour abolir toutes les douanes intérieures. Ce fut l'ouvrage de l'impératrice Élisabeth, et le produit des douanes extérieures, augmenté par cette facilité, a doublé celui des bureaux supprimés.

commencé à renaître sous M. de la Ensenada*.

Quant aux autres branches de l'économie politique, comme l'agriculture, la navigation et le commerce, qui sont les principales sources où la finance peut puiser avec proportion et modération, on ne voit pas que l'Espagne ait fait, depuis dix ans, beaucoup plus de progrès.

La première est restée toujours au même état,

---

* Ce n'était pas la faute de ce ministre, s'il n'avait pas fait davantage. Les obstacles qu'il trouva étaient et seront toujours insurmontables : c'est l'indolence du bourgeois, la fainéantise de l'ouvrier, la haine et la jalousie nationale contre les étrangers, et surtout les Français, de qui ce peuple vain aurait pu le plus apprendre; et c'est un des motifs qui doivent nous rassurer sur les projets toujours renaissans et toujours manqués de l'administration espagnole, pour nous enlever notre industrie. On n'en citera qu'un exemple : depuis 1749, il y avait à la manufacture royale de Valence, établie par M. de la Ensenada, un dessinateur de Lyon, que ce ministre y avait attiré à grands frais. Parmi ses engagemens, on y avait stipulé celui d'avoir toujours quatre élèves espagnols, et de les former gratuitement. En 1760, il ne s'en était pas présenté un seul, et la manufacture n'avait encore fabriqué que des étoffes unies. Celles de Talavera et de San-Fernando, établies par le même ministre, et dirigées aussi par des Français, sont restées dans le même état de langueur et d'inertie. C'est assurément un grand bonheur pour la France, que cette nation, qui a toutes les matières premières en abondance et de la meilleure qualité, soit moralement et peut-être physiquement incapable de les mettre en œuvre; mais, par là, elle manque aussi des grands moyens qui ont porté si haut les richesses et les ressources de la France et de l'Angleterre; et dans la première guerre, si elle était privée deux ou trois ans des retours des Indes, elle tomberait dans une indigence qui la rendrait bientôt à charge à la première de ces deux nations.

et peut-être lui serait-il plus difficile d'en sortir qu'on ne le croit communément. Il subsiste, au sujet de ce royaume, un vieux préjugé, que le sol est généralement très fertile, et que, s'il n'est pas beaucoup mieux cultivé, c'est par la faute de ses habitans. On imprime, on lit sans cesse que l'Espagne est une terre de promission; que la beauté du ciel, la douceur du climat en rendraient la culture facile et le produit certain; mais que l'indolence des propriétaires, la paresse des cultivateurs, la fainéantise enracinée, innée dans la nation, lui font perdre le fruit de tous ces avantages naturels. On s'est accoutumé à le dire, à le croire. On part de là, comme d'un principe établi et prouvé. Rien pourtant n'est au fond plus faux que cette assertion prise en général. On pourrait, au contraire, avancer, après avoir parcouru et traversé l'Espagne en tous sens, qu'un tiers au plus de ce pays est cultivé, qu'un autre tiers pourrait, à la rigueur, l'être avec du temps, des soins et de grandes dépenses, et que le reste est et sera toujours incultivable.

Cette beauté même du ciel, qui de loin flatte si agréablement l'imagination de ceux qui vivent sous un climat dur, humide et dans un air chargé de vapeurs, est précisément une des causes physiques et insurmontables de la stérilité d'une partie de l'Espagne. Elle y produit le même effet sur un sol aride et pierreux, que dans la Basse-Provence et dans quelques parties du Bas-Languedoc. Les pluies, qui, au défaut des sources, des rivières ou des canaux d'arrosement, pourraient seules féconder ces terres ingrates, y manquent régulièrement, ou n'y tombent qu'en orages et en torrens destructifs. Le peu de bonne terre qui pourrait y rester, est encore entraîné au fond des ravins creusés par la rapidité bizarre de leur cours. Ils tarissent au bout de vingt-quatre heures; le tuf, dépouillé de sa croûte légère, ne présente plus qu'une surface calcinée et blanchâtre, partagée en plusieurs mamelons, formés par les ravins : c'est ainsi que les environs mêmes de Madrid offrent de loin, à l'œil fatigué du voyageur, la perspective d'un désert sillonné par la foudre*.

On trouve, il est vrai, dans les deux Castilles, et dans la partie du royaume de Léon, appelée *Tierra-dos-Campos*, de vastes plaines, et peut-être les meilleurs pays de blé qu'il y eût au monde, si la pluie y tombait régulièrement chaque année, dans un printemps beau-

* L'Angleterre, les Pays-Bas et les provinces septentrionales de France, dans un climat dont on déplore sans cesse l'humidité, doivent précisément leur fertilité à ce prétendu défaut, ainsi que la belle verdure de leurs bois et de leurs superbes prairies.

coup plus chaud que nos étés de France; mais elle manque trop souvent. Alors tout est brûlé, et le laboureur, privé du fruit de ses travaux, se dégoûte de la culture, ou ne cultive plus que pour sa subsistance.

Mais, dans les plus belles récoltes, et qui surpassent même ses espérances, le cultivateur a mille autres obstacles à surmonter. La demande alors diminue sur les lieux, à proportion que l'abondance augmente. Il faudrait vendre au loin; mais, dans l'intérieur des terres, le manque de chemins pour le débouché des denrées empêche également l'acheteur de venir les chercher, et le vendeur de les porter à des marchés éloignés.

Dans les provinces plus voisines de la mer, le propriétaire est encore plus à plaindre. Il a toujours à soutenir la concurrence des blés étrangers, dont l'entrée est constamment permise*. Ces blés, de Barbarie, d'Angleterre ou du Nord, y sont voiturés, à peu de frais, dans tous les ports d'Espagne, par les Hollandais, Suédois, Danois, Hambourgeois, et surtout par les Anglais, qui en font le plus grand cabotage. Tel

---

* L'incertitude des récoltes et la difficulté des communications sont les motifs assez fondés de cette liberté invariable d'importation; mais l'effet n'en est pas moins décourageant pour l'agriculture nationale.

est le misérable état de l'intérieur, qu'on voit, à quinze lieues de la mer, un canton regorger de grains, et ne pouvoir pas s'en défaire pour deux raisons :

1° Parce que le prix doit en être haut, même dans l'abondance, pour pouvoir payer les charges et impôts, dont une partie se prend sur la chose, au moment de la vente, et se prend encore sur les reventes successives * ;

2° Parce que les habitans des villes maritimes, et même les entrepreneurs des vivres de terre et de mer, préfèrent d'acheter, de l'étranger, des grains tout portés sur la place, et de les payer un peu plus cher qu'à douze ou quinze lieues. Ils gagnent encore à cette cherté apparente**, parce qu'ils épargnent les frais de trans-

* *Las alcavalas* et *los cientos* sont ceux qui se perçoivent immédiatement sur la vente de la chose; ils s'étendent à toutes sortes de denrées et même d'effets mobiliers. Certains articles paient six, d'autres dix, et jusqu'à quatorze pour cent. Les villes, bourgs et leurs districts sont presque tous abandonnés pour celui des grains et d'autres denrées de première nécessité. Il faut toujours que chaque individu reprenne le montant de sa quotité sur le prix de sa denrée.

** Elle est rarement beaucoup au-dessus des prix de l'intérieur, parce que l'étranger a, par le traité de commerce, beaucoup plus de faveur que le sujet. Les droits d'*alcavalas* de *cientos* et autres sont abandonnés, par les traités, à tant pour cent sur chaque article, et presque toujours au-dessous de la proportion de l'intérieur. Ainsi les étrangers, et surtout les Anglais, en temps de paix, font la loi aux marchés; quelquefois même ils savent perdre quel-

port; et, par la même raison, les vendeurs ne sauraient les livrer, rendus sur la place, au même prix que l'étranger, parce qu'il leur faudrait supporter, en dedans du prix, ces mêmes frais, que la qualité des chemins et des voitures rend nécessairement très considérables *.

Enfin il faut revenir à l'inspection du local, et l'on trouvera que les provinces mêmes de l'Espagne les plus vantées pour leur fertilité, comme l'Andalousie, Valence, Murcie et Grenade, sont toutes entourées et coupées, comme

que chose pour soutenir la concurrence et pour conserver leurs chalands, sauf à regagner dans une autre occasion; ils s'en refont d'ailleurs sur le prix des autres marchandises qu'ils vendent en même temps, ou de celles qu'ils chargent en retour, ressource que n'ont pas les vendeurs nationaux. Enfin la condition des sujets est en général si peu avantageuse, comparativement avec celle des étrangers, que les gens instruits ne peuvent voir, sans quelque surprise, l'article du pacte de famille où il est stipulé que les Français seraient traités comme les propres sujets de S. M. C.

* Excepté cinq ou six grandes routes, il n'y a que des chemins de traverse, ou plutôt des sentiers frayés à droite et à gauche dans les plaines, et qui se réunissent aux montées et descentes. Celles-ci sont si fréquentes et si rudes que le charroi y est impraticable. Les paysans se servent de *jumentos*, bêtes de somme, et voiturent tout à dos de mulets, ou plus souvent de *borricos* : ces animaux sont même tout ce qu'il y a de plus petit et de plus faible dans les deux espèces, les beaux étant trop chers, surtout les mules et les mulets, pour de pauvres laboureurs. Il en faut donc un plus grand nombre pour une quantité modique. C'était ainsi, en 1760, qu'on transportait des chanvres d'Andalousie et de Grenade pour les magasins de Carthagène. C'étaient des cou-

les autres, de *sierras*, ou chaînes de montagnes pelées, qui font bien le cinquième au moins de la surface du royaume, et que les plaines mêmes y sont arides et maigres; partout où on ne peut pas conduire les eaux à volonté, comme dans les *huertos* * de Murcie et de Valence; que celles-ci ne font pas le tiers de ces deux provinces; qu'on ne les trouve souvent qu'à une ou deux lieues les unes des autres, et que tous les espaces intermédiaires sont incultes et incultivables.

Le manque d'eau n'est donc suppléé, par

---

vois de cent cinquante bêtes de somme, pour un poids que huit ou dix charrettes à quatre chevaux enlèveraient à l'aise sur nos grands chemins; mais cela paraissait beaucoup, et faisait, par cette raison, grand plaisir aux Espagnols, excepté aux paysans qui faisaient ce transport par corvées. Quelque peu que puisse coûter la nourriture de ces animaux et de leurs conducteurs, c'est toujours un objet pour trois ou quatre jours de marche, et autant de retour à vide. C'est pourquoi, dans le même temps, une partie de la Castille nouvelle, à quinze ou vingt lieues de Carthagène et d'Alicante, restait regorgée de grains, pendant que ces ports et toute la côte étaient alimentés par le cabotage des Hollandais, et autres pavillons neutres.

* Ou jardins, ainsi appelés de la variété et de l'abondance de leurs productions; ce sont des bassins ou vallons au milieu des montagnes pelées, ou de ces plaines hautes, arides et blanchâtres dont on a parlé. Les eaux des sources ou de petites rivières, prises à une certaine hauteur, sont dérivées dans ces bassins qui ont rarement plus d'une demi-lieue de diamètre. Les vallons sont encore plus étroits; ce sont, en effet, plutôt des jardins que des campagnes de blé, comme les plaines de la France, des Pays-Bas et de l'Angleterre.

cette industrie*, que dans une très petite partie de l'Espagne. Partout ailleurs ce mal est sans remède. Les rivières sont encaissées, et ne débordent jamais. Les ruisseaux sont à sec, ou forment des torrens passagers. Mais ceci nous conduit à parler de la navigation de ce royaume.

Il n'y en a point d'intérieure, à proprement parler. Les quatre grands fleuves ne sont navigables qu'à quelques lieues de leur embouchure. Deux, le Tage et le Douro, sont perdus pour l'Espagne; ils vont en Portugal former les belles rades de Lisbonne et de Porto. Le Guadalquivir se comble tous les jours, et porte à peine quelques bateaux jusqu'à Séville. L'Èbre était presque impraticable au-dessus de Tortose. On a beaucoup parlé, depuis quelques années, des travaux projetés et commencés, dit-on, pour le rendre navigable dans tout son cours, et d'un canal pour communiquer par Bilbao avec le golfe de Biscaye. Ce plan d'une nouvelle jonction des deux mers est encore bien loin de son exécution.

La navigation extérieure se réduit aux flottes et aux autres embarcations pour l'Amérique es-

---

* C'est l'ouvrage des Maures, qui ont autrefois possédé ces provinces. Les conquérans arabes, dont ils descendaient, furent alors les maîtres des nations chrétiennes pour la géométrie et les autres sciences exactes.

pagnole. En Europe, on voit sur l'Océan peu de bâtimens de cette nation ; et dans la Méditerranée, la guerre perpétuelle contre les régences barbaresques fait préférer à l'Espagnol même le pavillon étranger. Il est si gêné, jusque dans son cabotage domestique, qu'il le laisse faire presque entièrement aux autres nations commerçantes.

De là son commerce réunit à peu près tous les désavantages possibles ; il est passif et indirect ; il paie à l'étranger le fret, la commission et le change même dont il lui fournit la matière* ; il lui abandonne le bénéfice, puisque, malgré tous les trésors que l'Espagne verse continuellement en Europe, la balance est toujours contre ce royaume.

D'après ce tableau, dont la vérité ne peut être contestée, il résulte :

1° Que l'agriculture y est fort bas, mais qu'elle ne peut pas s'élever beaucoup au-dessus de son niveau actuel ;

2° Qu'il n'y a point de navigation intérieure, point de circulation de denrées, ni par conséquent d'espèces ;

3° Que, dans son commerce, le particulier, l'individu espagnol peut bien être en gain sur

* C'est-à-dire les métaux, dont le papier marchand n'est que le signe représentatif.

le général, mais que celui-ci est toujours en perte avec l'étranger.

Nous avons déjà établi que l'Espagne a peu ou point d'industrie. Il est facile de prouver qu'elle ne peut pas en avoir beaucoup davantage.

Soit le climat, les alimens ou l'éducation, les préjugés ou l'habitude, il est constant qu'après l'orgueil, la paresse est le vice le plus dominant de cette nation, et qui paraît le plus incorrigible. On pourrait même dire que c'est une branche de l'orgueil, puisque le préjugé attache au travail une sorte de honte, en supposant la nécessité de travailler pour vivre. Ailleurs, on n'attend pas cette nécessité, on cherche à la prévenir; et, lorsqu'on s'en est mis à l'abri, on a quelque idée d'aisance, et même d'un luxe relatif; on travaille pour vivre mieux. L'Espagnol ne se doute pas de ces jouissances, ou il les méprise. Il travaille tout juste pour vivre; ou, s'il a de quoi précisément ne pas mourir de faim, il trouve plus beau de ne rien faire.

Au reste, une preuve certaine qu'il y a quelques causes locales et physiques toujours subsistantes de cette paresse et de presque tous les autres défauts reprochés à cette nation, c'est l'exemple journalier des enfans nés en Espagne, même de parens étrangers. S'ils y sont nourris et élevés jusqu'à un certain âge, on leur trouve bientôt le caractère des Espagnols naturels, leurs goûts, leurs mœurs et leurs manières, enfin jusqu'à la haine pour les autres nations, sans excepter celle d'où ils sont sortis [*].

Avec ces dispositions naturelles, on ne doit donc ni espérer ni craindre que l'industrie de cette nation fasse jamais de grands progrès. Il reste un mot à dire du militaire et de la marine.

On nous disait, il y a trois ans, que tout, à ces deux égards, était bien changé depuis la paix, mais tout en mieux, au point que ni la flotte ni l'armée n'étaient reconnaissables : les troupes augmentées, complètes, belles, bien tenues et bien exercées; le génie et l'artillerie sur le meilleur pied; la marine instruite, les officiers actifs et vigilans; les équipages nombreux, les vaisseaux marchant bien et manœuvrant de même; enfin tout ce qui peut inspirer la confiance aux alliés, et la terreur aux ennemis.

Malheureusement on avait dit la même chose en 1761, et ceux qui le disaient le plus, étaient précisément ceux qui savaient mieux tout le contraire. On sait ce qu'il en résulta.

---

[*] Cet exemple est encore plus frappant dans les enfans des Français lorsqu'ils restent en Espagne ; les parens le remarquent, s'en plaignent, et ceux qui en ont le moyen les envoient élever en France.

D'après les mêmes exagérations, la France s'est vue depuis au moment d'être embarquée, malgré elle, avec l'Espagne dans une nouvelle guerre contre l'Angleterre. Le prétexte en était frivole.

Parmi les parades qu'on donna au public pour lui faire oublier la perte de l'Amérique, on avait fait découvrir, vers le pôle antarctique, une île déserte et inhabitable. Elle avait été déjà découverte et nommée par les Anglais, les Hollandais et les Français, mais également négligée par les trois nations.

Ce chétif établissement fut cédé aux Espagnols. Les Anglais, qui n'y auraient jamais songé, en prirent de la jalousie. Ils vinrent s'y établir. C'était une semence de guerre. Des gens qui croyaient en avoir besoin pour leurs intérêts particuliers, la cultivèrent soigneusement. L'instant venu, on fit envahir, par les ordres d'un gouverneur voisin, la baraque appelée *Port-Egmond;* et l'on compta si positivement sur une rupture, que les confidens du complot firent en conséquence leurs spéculations de banque et de commerce [*].

---

[*] Aussitôt après les ordres donnés pour cette invasion, M. de La Borde alla à Bruxelles; et, avec l'apparat d'une spéculation scientifique, il fit des marchés à l'avance pour avoir toute la cochenille qui se trouvait alors en Europe, et celle qu'on attendait

Tel fut le vrai motif des relations hyperboliques qu'on faisait alors des forces de l'Espagne; mais, pour y croire, il fallait avoir cette foi aveugle qu'inspire l'esprit de parti, que l'ignorance nourrit, et dont les émissaires soudoyés sont les zélés propagateurs. On ne refond point en sept ans les hommes et les nations.

On ne parlera pas ici du militaire; on s'en rapporte à des observations faites sur les lieux, dans cet intervalle, par des gens du métier, attentifs, éclairés et infatigables *. On remarquera seulement qu'en dernier lieu encore, le gouvernement espagnol a fait tirer au sort pour les milices, et a levé le quatrième sur les jeunes gens en état de porter les armes; qu'il y a eu pour cela quelques émeutes, entr'autres à Barcelonne; et que cette démarche précipitée achève de manifester le secret de l'Espagne, c'est-à-dire son extrême dépopulation.

Quant à la marine, on ne voit pas que, depuis la paix, il y ait eu de nouvelles constructions fort considérables. Les officiers existent; ce sont les mêmes qu'à l'époque de la dernière paix.

---

par le retour de la flotte. Deux autres négocians, MM. Vanneck, de Londres, et Hope, d'Amsterdam, furent associés dans l'opération, et par conséquent dans la confidence.

* On saurait, au besoin, où prendre ces mémoires, qui réduisent à leur juste valeur les exagérations débitées sur la refonte du militaire en Espagne.

Pour les équipages, on ne croira pas non plus qu'ils puissent être beaucoup plus nombreux. On a observé qu'il y en avait à peine la moitié du complet. Sept ans n'ont pas suffi pour réparer la brèche. Si des enfans d'alors sont devenus des hommes, et si l'on en a fait de nouveaux matelots, beaucoup d'anciens, à proportion, sont ou morts ou hors de service; et, lors des derniers préparatifs commencés et suspendus, on a vu employer pour les équipages les mêmes moyens que pour les recrues.

Mais cette discussion nous ramène au sujet que peut-être nous aurions dû traiter le premier, les causes de la dépopulation de l'Espagne.

Ce mal est sans remède, quoi qu'en aient écrit ou rêvé nos voyageurs de cabinet. Le climat*, le sol, les mœurs plus corrompues sous le manteau de la gravité et de l'hypocrisie, que sous les étendards du luxe et de la frivolité; une

---

* L'Asie offre, il est vrai, des exemples contraires. Les pays placés sous la zone torride, tels que le Bengale et les deux presqu'îles de l'Inde, y sont les plus peuplés; mais on sait combien ces pays sont arrosés de grandes rivières, et remplis d'étangs ou bassins pratiqués pour les arrosemens : on sait aussi la vertu généralement attribuée aux eaux du Gange pour la fécondité des femmes. Enfin, d'après toutes les observations, on peut regarder le concours du chaud et de l'humidité comme une circonstance favorable à la génération; mais l'expérience prouve aussi qu'un sol aride, un air sec et dévorant, sont partout des obstacles à la population, aussi bien qu'à la fertilité.

maladie cruelle, universelle, héréditaire, qui attaque les sources de la génération, et dont l'indolence et l'habitude ne laissent pas même désirer la guérison; le nombre prodigieux de célibataires forcés de l'un et l'autre sexe, les possessions immenses des grands et des gens de main-morte, la multiplication énorme des majorats*, sont autant de causes constantes et permanentes de cette dépopulation.**

Les moyens d'ailleurs qu'on a pris pour y remédier, ont été mal choisis, mal administrés, et le résultat toujours fort au-dessous des espérances qu'on en avait conçues.

En dernier lieu, on a fait grand bruit de la colonie établie dans la Sierra-Morena. Le vice primitif de cette entreprise consistait dans le

---

* Ou *majorasgos* : ce sont des substitutions ou fidéicommis perpétuels, établis d'abord en faveur des grands et des *titulados*, permis ensuite à la petite noblesse, à la robe, à la petite bourgeoisie, et prostitués enfin au peuple. Le plus vil artisan peut faire aujourd'hui un majorat de ses immeubles réels, ou même fictifs, en faveur des aînés, filles ou garçons, de sa race future. Cet abus, qui empêche les partages et réduit les cadets au célibat, fait entrer quelque argent dans les coffres du roi par le produit des droits considérables qu'il faut payer pour obtenir l'érection d'un majorat; mais c'est aux dépens des droits sur les mutations, et surtout de la population et de l'agriculture.

** On peut répondre à cela que la plupart de ces causes de dépopulation existent en France, et l'on ne peut nier que l'effet n'en soit très sensible; mais aussi beaucoup de causes contraires existent en France et n'existeront jamais en Espagne.

choix des colons. On était allé les chercher en Allemagne, d'où ils ont dû être conduits par terre à grands frais au lieu de leur embarquement : élevés dans un climat généralement froid, ils ont été transportés dans la partie de l'Espagne où peut-être la chaleur est la plus insupportable ; la lassitude et l'abattement qu'elle produit sur les Espagnols mêmes, se sont fait sentir bien davantage à ces pauvres Allemands transplantés, et ils n'en ont pas été quittes pour cela. Les maladies en ont emporté une grande partie, et cela devait arriver nécessairement.

En fait de colonies, le premier principe est d'éviter, autant qu'on peut, le contraste trop fort du climat que l'on quitte à celui où l'on va s'établir ; faute de cette précaution, indiquée par la nature et par le sens commun, on a sacrifié en pure perte des peuplades entières[*] ; les mesures, d'ailleurs, avaient été si mal prises pour faire trouver à ces émigrans des maisons, des meubles et des ustensiles, que l'influence du climat en devint doublement funeste.

Cet établissement a donc coûté beaucoup à l'Espagne, et n'en a guère augmenté la population : cela ne serait pas arrivé, si, au lieu de l'Allemagne, on avait tiré les colons de l'Italie

---

[*] Telle fut la transplantation du reste des Acadiens à Saint-Domingue et à Cayenne, après la perte du Canada.

et de la Grèce, et des autres pays chauds, tous situés sur la Méditerranée ; le transport en aurait été plus prompt, moins coûteux, et le succès certain*.

Il n'y aurait donc qu'un moyen sûr de remédier à l'inconvénient de la dépopulation pour la guerre et pour la marine.

Ce serait, pour la première, d'augmenter considérablement le nombre des troupes étrangères, de mettre dans les régimens nationaux, comme on a fait en Portugal, quelques officiers

---

* Si on ose le dire, c'était plutôt à l'Espagne à conquérir la Corse, pour en importer chez eux tous les habitans. Ils n'auraient trouvé dans le sol, ni dans le climat, aucune différence. C'était là une richesse réelle, une acquisition utile ; et les Corses, de leur côté, y auraient gagné à beaucoup d'égards. Il n'aurait même pas été impossible de rendre cette émigration volontaire. S'il avait fallu y employer la force, ce moyen violent a souvent été pratiqué, et presque toujours avec succès **.

** « Comme l'esprit d'opposition égare souvent ! Favier condamne la conquête utile de la Corse ; il aurait mieux aimé que l'Espagne eût fait cette acquisition ; c'est un vœu étrange en politique. S'il avait été exaucé, la faiblesse des forces militaires de la cour de Madrid aurait probablement opposé peu d'obstacles aux entreprises des Anglais, qui se seraient emparés de cette île, d'où ils auraient dominé la Méditerranée, et il en serait peut-être sorti un jour quelque guerrier d'un grand talent, qui aurait donné aux armes britanniques un funeste éclat. » (SÉGUR.)

et chefs étrangers; car l'espèce de l'officier est encore plus rare que celle du soldat, naturellement patient, soumis et brave, quoique sans chaleur et sans gaîté.

Pour la seconde, il ne suffirait pas d'attirer sans cesse au service d'Espagne des matelots de toutes nations, surtout de la Méditerranée; il faudrait encore engager à grands frais les meilleurs officiers étrangers, corsaires et marchands, pour les mêler parmi les Espagnols, surtout dans les voyages de long cours, et, sans distinction de nation ni de religion, attirer aussi les commandans les plus habiles.

Tout cela ne serait pas à beaucoup près impraticable; mais la jalousie nationale contre les étrangers est encore plus enracinée en Espagne qu'en Portugal; l'autorité, quoique absolue, n'y est pas si concentrée dans les mains d'un seul ministre, et ce partage en embarrasse le développement. Quelque goût que le roi catholique ait montré lui-même pour les étrangers, il trouve sans cesse dans les représentations de son ministère des obstacles aux innovations utiles qu'il aurait déjà faites à cet égard, s'il avait toujours suivi son penchant.

Par exemple, il manque de généraux. Il n'est que trop vrai qu'il n'en a pas un seul capable de commander en chef; sans doute ils sont rares partout, mais il s'en trouve; il faudrait donc en tirer d'ailleurs, et c'est à quoi S. M. C. aurait bien moins de répugnance que tout son conseil.

Ajoutons que, si elle était une fois résolue de prendre à son service un ou deux généraux étrangers, on obéirait sans réplique, mais avec moins de peine, à des Allemands, des Wallons ou toute autre nation, qu'à des Français ou des Italiens. Ceux-ci sont devenus encore plus odieux depuis M. d'Esquilaci.

Malgré tous ces défauts du gouvernement espagnol, le plus grand spécifique aux maux d'une nation, quand il est bien administré, existe encore actuellement en Espagne : c'est un trésor considérable. Différens moyens, dont on n'a garde d'entamer ici la discussion, ont fait rentrer dans les coffres du roi le double, au moins, de ce qui en était sorti dans l'intervalle de 1759 à 1763; et si ces richesses ne peuvent pas créer, en dépit de la nature, tout ce qui manque dans le pays et dans la nation, au moral et au physique, elles pourraient du moins servir à faire avec succès les plus grands efforts pour deux ou trois campagnes.

Il n'en faudrait pas davantage avec une conduite aussi bonne qu'elle a été mauvaise, pour rétablir enfin l'équilibre maritime, et réduire l'Angleterre tout au plus à l'égalité avec les deux couronnes.

On ne doit donc pas désespérer de l'Espagne, en cas d'une rupture des deux cours avec l'Angleterre ; mais cette rupture ne devrait pas être précipitée, mal combinée, et produite par un caprice du moment, ou par quelque intrigue subalterne. Il serait nécessaire que tout eût été concerté et préparé d'avance. Enfin, comme on suppose que notre ministère n'aurait plus d'intérêt à faire influer sur nous celui de Madrid, le point essentiel serait qu'au contraire la France influât sur l'Espagne *.

Tout l'exige : les liens du sang ; la supériorité réelle du chef de la maison ; le danger de l'Espagne, si, toujours obstinée à se conduire d'après des notions outrées de sa puissance et de ses ressources, elle nous engageait avec elle dans un mauvais pas, d'où on ne pourrait plus se tirer ; enfin les avantages qu'elle peut espérer de cette *harmonie préétablie.*

* Sa majesté n'a sans doute pas oublié que, dès l'année 1763, elle avait donné ordre de faire des reconnaissances de l'Angleterre, et des plans relatifs à la formation d'un concert utile, entre la France et l'Espagne, contre cette première puissance. Si cet ouvrage avait été suivi jusqu'à son exécution, il est très apparent que la révolution du Nord ne serait pas arrivée, et que les deux couronnes auraient repris la place qui leur est due parmi les puissances de l'Europe.

Mais, pour engager l'Espagne à se mettre en quelque sorte sous la direction de la France, il faudrait, avant tout, que celle-ci lui donnât l'exemple des mesures et des moyens à prendre pour leur intérêt commun. Le premier pas à faire, c'est de lui inspirer de la confiance; car, d'État à État, comme entre particuliers, celui dont la conduite ne peut pas servir de modèle, ne serait pas bien reçu à réformer celle d'un autre. C'est donc dans la refonte totale de notre système politique et militaire, qu'il faut chercher les seuls moyens d'acquérir et de conserver la confiance de l'Espagne.

Le système militaire, une fois rétabli sur un pied respectable, encouragerait les amis communs, contiendrait les puissances dont l'amitié et la bonne foi sont devenues si problématiques à l'égard de l'Espagne comme de la France, et en imposerait aux ennemis déclarés et perpétuels des deux couronnes.

Le système politique, également ramené à ses vrais principes, nous rendrait tous les avantages de la puissance fédérative. Nos alliances seraient mieux combinées pour notre avantage, et mieux affermies par l'intérêt même de nos alliés. Elles ne seraient ni exclusives ni oppressives, et par conséquent n'exciteraient ni alarmes ni défiance; et l'Espagne, liée avec nous par des nœuds indissolubles, participerait également à tous ces avantages de la puissance fédérative.

Les rapports qui la constituent, seraient absolument les mêmes pour les deux couronnes, et l'Espagne n'aurait pas besoin d'intriguer pour en établir qui lui fussent particuliers. Sa position topographique lui en épargne la peine *. C'est ce qui doit simplifier beaucoup sa politique, et réduit à bien peu de chose ce qui nous reste à dire sur la position respective de l'Espagne, relativement aux autres puissances.

Elle n'a aujourd'hui de rapports directs, à proprement parler, qu'avec l'Italie, l'Angleterre, le Portugal et la France.

Autrefois, la première entrait pour beaucoup dans l'objet de ses vues, de ses projets d'ambition et d'agrandissement. Elle en a rempli une partie en faveur des Infans. L'autre, pour en avoir manqué le moment de l'exécution, est devenue impraticable. Il paraît qu'elle y a renoncé; et dans l'état présent des choses,

---

* L'Espagne est toujours à l'abri d'une agression par terre, excepté par la frontière, ou plutôt lisière du Portugal. Celui-ci ne l'attaquera pas le premier, et partout ailleurs elle est environnée des deux mers et couverte par la France, qui lui fait barrière contre toute l'Europe.

et dans les nouvelles combinaisons qu'amènerait un avenir peut-être trop prochain, elle devra se contenter d'y soutenir sur le même pied les deux branches qu'elle y a établies.

On ne répétera point ici ce qu'on a dit de l'Angleterre, relativement à l'Espagne, et dans l'article de la première de ces deux puissances, et dans celui du Portugal, et dans celui-ci même. Le résultat de ces trois articles donne la position respective de l'Espagne à l'égard de l'Angleterre.

Relativement au Portugal, la même position a été appréciée, en traitant des rapports de cette cour avec l'Espagne. Il ne reste qu'à résumer sur les liaisons subsistantes entre celle-ci et la France.

Ce sont des liaisons naturelles, nécessaires et indissolubles, fondées sur l'intérêt commun et invariable des deux puissances, d'où dépend réciproquement leur sûreté extérieure et maritime, ou sûreté de commerce. Ajoutons que la sûreté intérieure ou territoriale de l'Espagne, et dans ses immenses possessions en Amérique, dépend également de la durée de ses liaisons, et qu'à cet égard elle aurait beaucoup plus à perdre que la France.

Mais cet intérêt, ce besoin commun, devrait être aussi, pour l'administration espagnole, un motif de traiter le commerce français avec plus de douceur et même d'équité qu'elle n'en a mis dans toute sa conduite à cet égard, depuis deux ou trois ans.

Elle s'est livrée sans réserve à l'esprit jaloux et prohibitif qui la caractérise *; et, sous prétexte d'envelopper toutes les nations étrangères dans les réglemens minutieux et inexécutables qui sont sortis de ses bureaux, elle a trop laissé voir qu'elle en voulait principalement à la France.

C'est l'effet de cette haine populaire et incurable qui circule dans le sang espagnol. Dès que l'administration peut saisir le moindre prétexte plausible, ou profiter de quelque circonstance favorable **, elle ne manque pas de surprendre la religion du souverain, pour donner

---

* C'est-à-dire relativement au commerce et à la navigation des Indes. Les Français en fournissent la plus grande partie des fonds à des prête-noms espagnols, qui, sans ce secours, ne pourraient ni ne sauraient rien entreprendre. Cependant c'est l'objet éternel de la jalousie et des plaintes de l'administration.

** Il s'en est présenté, dans ces deux ou trois dernières années, qui n'ont pas pu être aperçus de tout le monde, mais qui n'ont pas échappé aux gens instruits qui connaissaient, à cette époque, les dispositions de la cour de Madrid. Il fallait savoir le *dessous des cartes*, pour découvrir et apprécier la connexion qu'il y avait alors entre certaines intrigues dans les deux cours, et les tracasseries que le commerce français a essuyées coup sur coup de la part de l'administration espagnole.

carrière à cette animosité toujours renaissante.

La position respective de l'Espagne à l'égard de la France, est donc celle d'un état intimement uni avec un autre par les liens les plus étroits du sang, l'unité de nom, et pour ainsi dire de gloire, entre les deux maisons régnantes, par l'intérêt, le besoin et la sûreté réciproques.

Donc aussi, les vues, les démarches, toutes les opérations politiques et militaires de ces deux cours doivent toujours être concertées ensemble; en un mot uniformément, dans le plan et dans l'exécution.

Donc, à ces deux conditions, l'Espagne peut devenir réellement utile à la France; celle-ci pourrait en tirer parti, et elle le fera certainement toutes les fois qu'elle établira sur sa propre conduite la confiance et la déférence de l'Espagne.

Donc enfin, en prescrivant à l'Espagne tout ce qui pourrait lui être avantageux, ce serait à la France de lui en donner l'exemple, et lui en assurer les moyens, en créant et perfectionnant un nouveau système de puissance militaire et de puissance fédérative.

OBSERVATIONS

ADDITIONNELLES

SUR L'ARTICLE XII, DE L'ESPAGNE.

I.

De la haine nationale.*

Lorsqu'on a parlé plus d'une fois, dans cet article, de la haine nationale contre les Français, on n'a pas prétendu dire que ce sentiment

* « Il est parfaitement inutile de chercher quelles
» peuvent être les causes de la haine qui divise les peu-
» ples. A la honte de l'humanité, toutes les nations du
» globe se haïssent entr'elles, d'autant plus qu'elles
» sont plus voisines l'une de l'autre. Les Suédois dé-
» testent les Danois et les Russes; ceux-ci haïssent les
» Turcs et les Allemands; les Allemands, les Français,
» les Anglais, se jalousent et se blâment réciproque-
» ment; on l'éprouve dans toutes les coalitions : aussi
» ce sont des mariages que suit promptement le di-
» vorce. Un intérêt momentané les unit, une jalousie
» constante les sépare. Le patriotisme même, si néces-
» saire, n'est qu'un égoïsme politique, d'autant plus
» indestructible, que l'intérêt de chaque nation l'érige
» en vertu. » (Ségur.)

soit commun, sans exception, à toute la nation espagnole.

A Madrid, comme à Londres, ce sentiment, ou plutôt ce préjugé d'éducation, réside principalement dans le peuple; et le peuple peut être partagé en deux classes.

Celle des bourgeois, marchands et autres citadins, qui composent, à proprement parler, le peuple d'une ville, à laquelle on ajoute les artisans, ouvriers, manœuvres et autres ordres inférieurs, qui en sont la populace.

Ensuite un très grand nombre d'hommes de tout rang et de tout état, qui, par incapacité, mauvaise éducation, ou paresse d'esprit, n'ont été à portée ni de s'instruire dans la jeunesse, ni de réfléchir dans un âge mûr, ni de se guérir des erreurs et des préjugés populaires par l'observation et par l'expérience, et qui, comme le peuple, ne pensant guère que d'après autrui, n'ont point, à proprement parler, d'idée qui leur appartienne, qui louent ou blâment, estiment ou méprisent, aiment ou haïssent toujours sur parole; enfin qui sont appelés peuple, parce que la sphère de leur esprit est circonscrite à peu près dans les mêmes limites.

Dans la première de ces deux classes, le peuple espagnol est véritablement animé d'une haine aveugle et stupide contre les Français, parce que, de père en fils, il y a près de trois cents ans qu'il en entend dire du mal *.

Mais cette haine est plus forte dans les provinces intérieures ou reculées, que dans la capitale ou dans les ports de mer, où l'on est accoutumé à voir les Français répandre l'argent et l'abondance **.

Dans les villes de commerce, et surtout à Cadix, ils sont plus aimés et considérés que les négocians espagnols, parce qu'ils vivent mieux et font circuler plus d'argent.

La seconde classe du peuple est nombreuse en Espagne, par l'ignorance universelle des

---

* On croirait peut-être que l'avénement d'une maison française à la couronne d'Espagne a dû changer à cet égard les affections du peuple : point du tout. Il aima Philippe V à cause de sa gravité et de son immobilité en public, qui leur retraçait celle de Philippe IV, son bisaïeul. Il disait, pour son éloge, qu'il aurait mérité d'être né Castillan. Il est triste de penser que peut-être ce serait un jour un mérite au roi d'Espagne de ne savoir pas le français. Ce qui est certain, c'est qu'en 1759, à l'arrivée du roi régnant, les jeunes Infans n'en savaient pas encore un mot; et M. le duc de Béjar, qu'on leur donna pour *ayo*, n'était pas fort en état de le leur apprendre.

** Le peuple de Madrid leur rendait cette justice lors de la révolte. Quelques Français, que la curiosité avait attirés dans la foule, ayant été reconnus et au moment d'être insultés, il s'éleva un cri général « qu'il fallait les laisser tranquilles, parce » que, s'ils gagnaient de l'argent en Espagne, ils le dépensaient » et ne l'emportaient pas chez eux comme les Italiens. » En effet, pendant tout le temps que l'émeute dura, aucun Français ne fut insulté.

mœurs et des usages des autres nations, et les préjugés grossiers qui y subsistent, même dans les rangs élevés, faute d'avoir lu, réfléchi, voyagé et observé. Ces préjugés règnent surtout parmi les ecclésiastiques, les moines, les gens de robe, qu'on appelle *letrados*, et qui, partout ailleurs, seraient des gens très illétrés.

Ceux-ci sont répandus dans tous les conseils, *juntas* et autres branches de l'administration. Ce sont presque tous gens de fortune qui ont été envoyés à pied aux universités, où ils n'ont pu apprendre que les mêmes inepties qu'on y enseigne depuis trois cents ans. Ils y ont presque vieilli dans un long cours d'études, avant de parvenir au sublime degré de *licenciado*; et d'emplois en emplois ils parviennent souvent aux premières places de l'administration, sans aucun mérite que la gravité et les lunettes.

C'est dans cette classe du peuple que la haine nationale contre les Français est véritablement dangereuse, parce que ces hommes, sortis de la poussière scolastique, sans éducation, sans usage du monde, et sans aucunes connaissances pratiques, se trouvent tout d'un coup les juges des nations dont ils savaient à peine le nom, et qu'ils haïssent sans savoir pourquoi. Le commerce français n'a pas de plus grands ennemis, même en Angleterre.

D'ailleurs, tout ce qui n'est point peuple, la cour, la noblesse et le militaire, ou ne hait point les Français, ou tempère cette haine par l'extérieur de la politesse et des bienséances. Tout Français même qui a l'avantage de parler la langue, qui se fait aux mœurs, aux usages du pays, qui ne les fronde point, et n'en fait pas sans cesse des comparaisons désavantageuses avec ceux de sa patrie, est sûr d'être accueilli, même recherché de la bonne compagnie, à Madrid et en province. Alors le front se déride, la gravité disparaît; on s'ouvre; on se communique peu à peu : il trouve assez souvent des gens instruits qui cherchent à l'être davantage, et qui l'instruisent à leur tour.

II.

De la marine.

En Espagne, comme en France, la marine est divisée en trois départemens : de Cadix, du Ferrol et de Carthagène.

On n'a parlé, dans l'article XII, que de ces trois divisions; et, quand on a dit qu'en 1760 il n'y avait au plus que trente vaisseaux de ligne en état de servir, c'était dans ces trois départemens d'Europe, et sans y comprendre les ports de l'Amérique, où la cour fait construire des vaisseaux de guerre, comme à la Havane, et où elle en a toujours en station, comme à Carthagène des Indes.

Dans ces différens ports, il y en avait bien vingt-cinq en état de mettre en mer, dont quinze furent pris par les Anglais à la Havane. On y en a fait construire depuis avec chaleur, et il est très vraisemblable que l'Espagne en a aujourd'hui le même nombre, au moins, dans cette partie du monde.

Mais on doit observer que ces vaisseaux de construction américaine sont plus propres à la défense, par la solidité de leurs matériaux *,

---

* Ils sont construits de bois d'acajou, de gaïac et autres, tous

qu'à l'attaque, et à donner ou prendre chasse, parce qu'ils marchent mal et manœuvrent pesamment. Cela est au point que les meilleurs marins espagnols en font peu de cas, et les regardent plutôt comme un embarras que comme un renfort, dans une escadre de vaisseaux d'Europe, parce que, pour aller de conserve avec eux, il faut que les autres ralentissent leur marche, ce qui a souvent causé de très grands inconvéniens *.

Il se peut donc qu'en comptant les vaisseaux de ligne stationnés ou construits en Amérique, l'Espagne en ait aujourd'hui une soixantaine, et même qu'en prenant d'avance ses mesures, et répandant l'argent, dont elle ne manque pas, elle soit en état de les équiper avec de fortes recrues de matelots de toutes nations ; et pour

---

pesans, durs, résineux, compactes ; ce qui les rend presque impénétrables à l'eau, à la pourriture, et même aux boulets de canon, qui n'y font guère que leur trou, sans éclater ni percer de part en part. En un mot, ce sont des citadelles flottantes. *Le Royal-Philippe*, qui fit cette fameuse défense au combat de Toulon, avait été construit aux Indes.

* Don Guttière Dehevia, marquis de Real-Transport, parce qu'il avait commandé, sous le marquis de la Victoria, son beau-père, le vaisseau *le Phénix*, qui transporta le roi régnant de Naples à Barcelonne, et qui a été perdu depuis à l'affaire de la Havane, était un Biscayen franc et sincère. En montrant l'escadre de Cadix à un Français, en 1760, il fit cette remarque sur le magnifique vaisseau *le Ferme*, construit aux Indes, « qu'il était bien » nommé ; car il était si ferme, qu'il ne pouvait pas se remuer. »

cela elle trouverait de grandes facilités dans la Méditerranée.

Mais, encore une fois, tous ces arrangemens et ces préparatifs doivent être combinés, calculés d'avance, faits avec précaution, peut-être même avec lenteur, pour éviter l'éclat; et malheureusement les Espagnols, si lents à agir, ne le sont point à célébrer et même exagérer leurs armemens et leurs moyens. C'est la vieille politique du temps de Philippe II. L'Angleterre, plus redoutable que sous Élisabeth, n'attendrait pas aujourd'hui la flotte invincible*; elle enverrait au devant d'elle des escadres nombreuses et toujours plus tôt prêtes, qui bloqueraient chacune des trois divisions dans leurs ports, tandis que deux autres escadres iraient attaquer, en Amérique, deux places principales, qui peuvent être regardées comme les deux départemens de la marine espagnole dans cette partie du monde, c'est-à-dire la Havane et Carthagène des Indes. C'est la méthode que les Anglais ont suivie dans les deux dernières guerres contre l'Espagne, et qui, à l'exception du siége de Carthagène, leur a toujours réussi.

Ce ne serait donc qu'insensiblement, et avec

---

* C'était ainsi qu'ils appelaient celle qui devait envahir l'Angleterre en 1588, et qui périt presque tout entière sur les côtes des trois royaumes.

les plus grandes précautions pour éviter l'éclat; que les préparatifs de l'Espagne devraient être faits, toujours de concert avec la France.

Ceci nous conduit à la discussion des motifs les plus apparens d'une rupture éventuelle entre l'Espagne et l'Angleterre; ce sera le sujet de l'observation suivante.

III.

Des démêlés qui peuvent naître entre l'Espagne et l'Angleterre, à l'occasion des établissemens faits par les Anglais sur les côtes espagnoles du continent de l'Amérique.

Ces démêlés ont toujours eu un double objet :

1º Les anciens établissemens des Anglais dans la baie de Campêche, pour la coupe des bois de teinture ;

2º Les nouveaux établissemens de la même nation dans le golfe de Honduras, et dans quelques autres parties plus méridionales des côtes espagnoles.

Après avoir joui des premiers pendant long-temps, malgré l'Espagne, les Anglais en obtinrent le droit, ou du moins la tolérance expresse et indéfinie, par le traité de Breda, en 1667; et elle leur a été confirmée depuis par tous les traités subséquens. Ils joignent donc, depuis long-temps, le droit à la possession, dans cette partie.

Quant à la seconde, c'est-à-dire le golfe de Honduras, ils n'ont obtenu ce droit que par le traité de Paris, du 10 février 1763.

Ce n'est donc point sur l'exercice légal de ce droit acquis dans les deux parties, que peuvent s'élever de nouveaux différends entre l'Espagne et l'Angleterre, mais sur l'abus continuel et scandaleux que les Anglais font de ce droit, sous le prétexte de la coupe des bois de teinture, pour faire impunément, et à main armée, la contrebande*˙ sur toutes les côtes du golfe de Mexique, des îles adjacentes et de la baie de Honduras.

Ils ont, particulièrement dans cette dernière partie, un prétexte de plus : c'est la chasse et les établissemens qu'elle autorise pour la préparation des cuirs. C'étaient autrefois de simples hangars ou boucans ** amovibles et transportables, à proportion que la chasse ou la coupe des bois était épuisée dans chaque canton; et ce ne devrait être rien de plus, selon la lettre et l'esprit des traités; mais peu à peu on en fit des établissemens fixes, et des magasins remplis et vidés sans cesse par l'interlope.

* C'est cette contrebande, sur les côtes espagnoles, qui est généralement connue sous le nom d'*interlope*.

** Les coupeurs de bois sont aussi *boucaniers*, c'est-à-dire chasseurs de sangliers et de bœufs sauvages. Ces animaux, étrangers au climat de l'Amérique, mais importés par les Espagnols, depuis deux ou trois siècles, y ont tellement peuplé, qu'ils remplissent aujourd'hui les vastes forêts du continent et des grandes îles. C'était la subsistance ordinaire des flibustiers; c'est celle des boucaniers et coupeurs de bois. Les cuirs font partie de leur commerce.

Les oppositions qu'on trouvait souvent à cette contrebande, malgré la connivence fréquente des préposés espagnols, fit naître bientôt, même en pleine paix, un état de guerre entre les gardes-côtes et les coupeurs de bois. Ceux-ci jugèrent à propos de se fortifier dans les postes les plus commodes pour exercer la contrebande. Ils y eurent constamment une espèce de garnison, et même du canon. C'était assez pour en imposer aux chétives milices créoles et mulâtres des côtes d'Yucatan, de Honduras et de Nicaragua.

Tel était l'état des choses pendant l'intervalle entre les deux guerres. L'Espagne s'en plaignit long-temps inutilement. Elle rompit enfin avec l'Angleterre, et le fruit, pour elle, de cette rupture, fut d'être obligée de céder et de reconnaître aux Anglais le même droit dans cette seconde partie que dans la première.

Il est à propos de connaître la situation de ces établissemens nouvellement concédés par le traité de Paris. On en verra mieux l'importance de cette cession, et le nouveau germe de discussions et d'altercations qui en est résulté entre l'Espagne et l'Angleterre.

On peut réduire à trois les principaux de ces établissemens fixes dans le golfe de Honduras.

Le premier, en partant du nord, est situé

vers le 73ᵉ degré de longitude *, et entre le 17ᵉ et le 18ᵉ de latitude septentrionale, sur la côte, au sud-est de la péninsule d'Yucatan, au sud de la baie de l'Ascension, et au nord du cap de Tres-Puntas; sur le lac, ou Lagunaa-Azul, entre les embouchures de la rivière de Nolukan ou Rio-Grande, non loin d'une ville espagnole, appelée Salamana de Bacalar (et le débouquement du lac salé de Los-Remedios), au fond d'un petit archipel qui, par ses bas-fonds et ses anses fréquentes, favorise ** les excursions, et fournit des retraites sûres.

* Il est entendu, une fois pour toutes, que c'est la longitude occidentale du méridien de l'île de Fer dans les Canaries.

** « La contrebande, qui fait un si grand tort à l'Es-
» pagne, ne vient pas seulement des Anglais; les Hol-
» landais l'exercent sur toute la côte de l'Amérique
» espagnole, et, quoiqu'en paix, ils la font à main ar-
» mée. Ce malheur ne doit être attribué qu'aux vices
» de l'administration espagnole. Pendant la dernière
» guerre, j'ai traversé le gouvernement de Caracas, et
» j'ai vu, dans cette fertile province, le mécontentement
» porté au plus haut degré. Don Joseph d'Avalos en
» était intendant. Tous les propriétaires étaient forcés
» de porter leur indigo et leur cacao à la Guayra et à
» Porto-Cabello; les marchands espagnols étaient con-
» traints aussi de débarquer les marchandises d'Europe
» dans ces deux ports : les uns et les autres ne se ven-
» daient qu'au prix fixé par don Joseph; ce qui enri-

Le second est précisément au sud de l'île Ruatan, entre le 69ᵉ et le 70ᵉ degré de longitude, et vers le 16ᵉ degré de latitude septentrionale, à l'est du petit cap du Morrochier, et à l'embouchure du Rio-Seco, ou, selon les Anglais, River-Wallis.

Le troisième établissement des Anglais, et le plus considérable sur la côte de Honduras, est situé vers le 66ᵉ degré de longitude, et le 15ᵉ degré de latitude septentrionale, entre le cap Gracias à Dios, et le faux cap du même nom, dans le Rincon de Mosquitos, au fond d'un petit golfe qui forme l'embouchure de la rivière

» chissait l'intendant, ruinait la province, et tuait le
» commerce. Il en résultait que, pour échapper à ces
» vexations, les habitans du pays favorisaient les contre-
» bandiers hollandais, et leur portaient, la nuit, sur la
» côte, les denrées, pour les vendre furtivement.
» Telle est la vraie cause de la richesse de Curaçao,
» qui n'est qu'une île aride, qu'enrichissent, de con-
» cert, l'activité hollandaise et l'avarice espagnole. J'ai
» vu aussi, dans l'intérieur de la province, de nom-
» breuses hordes d'Indiens civilisés, qui vivaient d'une
» chasse incertaine, au lieu de se livrer à une culture
» facile : lorsque je leur demandais ce qui les empê-
» chait de semer, j'apprenais, par mon interprète, que,
» dès qu'ils faisaient croître un peu de maïs, on les
» chargeait d'une taxe en argent qu'ils ne pouvaient
» payer, et que, faute de paiement, ils étaient mis en

de Nienesa ou Rio-Tinto, appelée Blackwater par les Anglais.

Ce dernier établissement deviendra d'autant plus à craindre, qu'il met les Anglais à portée des différens *desaguaderos*, ou débouquemens du grand lac de Nicaragua. Celui-ci communique avec la mer du Sud par le Rio-Partido; c'est une route que les flibustiers ont bien connue, et que les Anglais n'ont point oubliée : aussi cet établissement de Mosquitos est-il le plus important pour l'Angleterre et le plus dangereux pour l'Espagne.

Nous avons déjà parlé du grand commerce

» esclavage, et employés à tirer du sable d'or des riviè-
» res. Ainsi cette injuste politique arrêtait à la fois l'a-
» griculture, la population et la civilisation. Ayant
» communiqué ces réflexions à un moine inquisiteur
» fort considéré, le père me répondit : « La province
» est bien comme elle est, et rend assez d'argent au
» roi; si, en laissant plus de liberté à ces gens-là, la
» prospérité et la population croissaient, bientôt la co-
» lonie secouerait le joug de la métropole, comme les
» colonies anglaises. » Révolté de cette réponse, je lui
» répliquai en le quittant : « Mon père, je ne vois
» qu'un moyen à ajouter à ceux qu'approuve votre pré-
» voyante politique; ce sera de tuer les enfans nouveau-
» nés, si, par malheur, la fécondité devient trop grande,
» et l'accroissement de la population trop dangereux. »

(SÉGUR.)

d'interlope que les Anglais y font avec les provinces de Honduras, de Nicaragua, de Costa-Rica, et même de Veraguas. Ils en avaient senti toute l'importance; et, pendant plus d'un an de rupture avec l'Espagne, ils y avaient déjà fait de bons retranchemens bien garnis d'artillerie.

Les établissemens dans la baie de Campêche intéressent moins le commerce de l'Espagne. Les Anglais n'y peuvent guère que couper du bois : le pays est pauvre.

Le seul avantage qu'ils en peuvent tirer pour l'interlope, c'est d'y avoir un entrepôt de navires et de marchandises pour la contrebande qu'ils exercent déjà dans le golfe du Mexique, et principalement sur les côtes de l'île de Cuba, d'où ces marchandises pénètrent, par différentes voies, jusque dans la Havane.

Mais cette contrebande exige une assez grande traversée; et ceux qui la font n'ayant pas d'établissement, ni de prétexte pour en former sur la côte de Cuba, il en résulte beaucoup plus de frais, de difficultés et de dangers, que dans la partie de Honduras, où l'interlope se fait, pour ainsi dire, de plain-pied avec les provinces qu'on vient de nommer.

Il résultera donc de cette nouvelle cession plusieurs inconvéniens inévitables :

1° Ce grand commerce d'interlope ;

2° Des nids de corsaires, ou même de pirates, qui, en temps de guerre, renouvelleraient sur ces côtes les brigandages et les ravages affreux des anciens flibustiers;

3° En temps de paix, de nouveaux empiétemens qui naîtront certainement de la facilité locale et de la connivence vénale des préposés espagnols : de là nouvelles discussions et nouveaux sujets de rupture.

D'après cet exposé topographique, on voit clairement combien l'article seul de la contrebande, et seulement dans cette partie, peut et doit faire naître de nouveaux différends entre l'Espagne et l'Angleterre. Le peuple anglais se plaint déjà de quelques actes de justice exercés par les gardes-côtes sur les contrebandiers qui, depuis la paix, n'ont point cessé d'infester les côtes de l'Amérique espagnole : car l'interlope ne se borne point aux deux parties que nous venons d'indiquer; il s'étend aussi sur les côtes méridionales, comme aux Caraques, Santa-Fé, la nouvelle Grenade, et jusqu'à Carthagène, par les îles de la Trinité, la Marguerite, et autres qui avoisinent celles de Tabago et la Dominique, que nous avons cédées à l'Angleterre. Celles-ci avaient, pour l'interlope, le même avantage local que les îles hollandaises de Curaçao et Saint-Eustache; les Anglais ont bien résolu d'en partager le bénéfice; et c'est pour cela qu'à l'envi des Hollandais, ils ont établi un port franc à la Dominique, c'est-à-dire un entrepôt général pour toutes sortes de marchandises, qu'on verse de là incessamment, soit à la Trinité ou à la Marguerite, d'où les Espagnols les passent eux-mêmes en terre ferme, soit directement à la côte, dans ces différentes provinces de l'Amérique méridionale.

IV.

De l'état actuel des possessions espagnoles en Amérique.

Ce qu'on vient de dire au sujet de l'interlope, nous conduirait nécessairement à rechercher et à apprécier l'état au vrai des ports et places de l'Espagne dans le vaste continent de l'Amérique, sur les deux mers du Nord et du Sud. D'après le résultat de cette recherche, on pourrait calculer le danger d'une rupture entre cette couronne et l'Angleterre, ainsi que l'avantage et le désavantage réciproques dans la guerre qui s'ensuivrait.

Mais on ne peut guère se flatter d'avoir là-dessus des notions exactes et certaines. Le plus profond secret tient toujours couverte d'un voile sacré cette partie de l'administration espagnole; et ce qui transpire en Europe des événemens de ce pays-là, est ordinairement dénué de certitude, souvent même de vraisemblance *.

Par exemple, les gazettes anglaises et autres

---

* La navigation et le commerce direct étant interdits à tout étranger, l'intérieur du pays fermé à la curiosité des voyageurs, et les autres nations ne pouvant avoir dans cette partie ni agens ni consuls, il est tout simple qu'on ignore en Europe tout ce que l'Espagne ne juge pas à propos de communiquer elle-même, et qu'on n'en soit instruit que par les gazettes, c'est-à-dire mal, peu, ou point du tout : témoin toutes les absurdités qui ont été débitées sérieusement sur la guerre du Paraguay.

sont remplies de nouvelles d'une révolte au Chili, de l'invasion des Indiens Araucas, et des autres événemens fâcheux qui ont nécessité l'Espagne à faire passer au Pérou des convois de troupes, d'artillerie et de munitions. Ces faits sont vraisemblablement ou faux ou fort exagérés : car il ne paraît point que ces secours, jusqu'à présent, aient été proportionnés à des besoins aussi grands et aussi pressans. Peut-être même ne serait-ce qu'un stratagême de la cour de Madrid pour faire filer quelques renforts en Amérique, sans donner trop d'ombrage à l'Angleterre. Il est bien à souhaiter que cette conjecture se vérifie, mais surtout que l'Espagne puisse soutenir ces bruits assez long-temps pour se mettre ainsi peu à peu en état de défense.

Ce vaste continent présentera toujours, dans la circonférence immense de ses côtes, trop d'endroits faibles, si l'état en était mieux connu. Cette étendue même en est la cause physique. L'Espagne n'a point assez de troupes ni de vaisseaux pour faire face de tous les côtés à une nation dont la marine est formidable, et dont la population, quoique exagérée par l'anglomanie, fournira cependant toujours des recrues-surabondantes, quand il sera question d'un si riche butin.

L'esprit de rapine qui anime le peuple anglais à ces expéditions lointaines et périlleuses*, est précisément le même des Cortès, des Pizarros, de ces deux poignées d'aventuriers qui avaient défait et massacré des millions d'hommes, et conquis les deux grands empires du Pérou et du Mexique.

L'audace et l'activité des Anglais diffèrent peu aujourd'hui de l'orgueil et de l'avarice des premiers conquérans. Ils ne font guère plus de cas des Espagnols abâtardis qui habitent ces riches contrées, que les ancêtres de ceux-ci n'en faisaient alors des vils troupeaux qu'ils avaient à combattre.

Cette persuasion semblerait, au premier coup d'œil, téméraire, insensée, puisqu'il n'y aurait plus aujourd'hui entre les combattans aucune différence dans les armes, qui sont à présent les mêmes des deux côtés**; mais elle est, en quelque sorte, justifiée par l'expérience de deux siècles. On a vu souvent, dans cet intervalle, des pelotons de flibustiers, la plupart Anglais ou Français, parcourir et traverser en tous sens

---

* Le climat seul y combat pour les Espagnols, et y détruit plus d'ennemis que le fer ou le feu.

** On sait que les Américains ne connaissaient alors ni les armes à feu, ni même le fer, et que leurs armes étaient des bâtons durcis au feu, et armés de pierres tranchantes ou d'os de poissons, dont ils se servaient au lieu de haches, de piques et d'épées.

cette vaste étendue de pays, piller, ravager et brûler, ou rançonner les plus riches villes et les plus fortes places, pénétrer par terre de la mer du Nord dans celle du Sud, et s'y rembarquer, pour aller exercer les mêmes déprédations sur les côtes de celle-ci. Des armées entières de créoles et d'Indiens, ou n'osaient se présenter sur leur passage, ou ne se montraient que pour être aussitôt dispersées.

C'est donc dans les secours d'Europe que l'Amérique espagnole met toute sa confiance pour la défense de ses foyers; c'est d'eux aussi que les Anglais ont éprouvé quelquefois de la résistance, mais pas si vigoureuse qu'on aurait pu et dû l'attendre. Dans les deux dernières guerres, elle n'a été heureuse qu'une seule fois à la défense de Carthagène.

Les doutes raisonnés qu'on vient d'exposer sur l'état actuel des possessions espagnoles dans cette partie du monde, n'encouragent point à prononcer là-dessus. On dira seulement qu'il serait à souhaiter que la cour de Madrid eût dans la nôtre assez de confiance * pour lui par-

* « Cette confiance serait d'autant plus nécessaire
» qu'il existe dans les colonies méridionales de l'Espagne
» des germes d'insurrection que les Anglais entretien-
» nent, et dont ils espèrent profiter. Lorsque j'étais en
» Amérique, j'appris à Caraque que l'activité du gou-

ler à cœur ouvert : ce serait l'intérêt commun de toutes deux ; et, si l'on pouvait être une fois assuré de sa sincérité à cet égard, on pourrait combiner et calculer, de concert avec elle, un plan d'opérations offensives et défensives, au moins par approximation : car il ne faut point se flatter que la cour de Madrid puisse nous instruire plus exactement sur cet article, qu'elle ne l'est et ne peut l'être elle-même. On ne saurait se dissimuler qu'à une si grande distance, elle ne soit trompée la première.

Nous parlerons ailleurs * des moyens qu'il ne serait pas impossible de prendre pour établir cette confiance, et pour engager l'Espagne à nous mettre à portée d'en avoir une mieux fon-

» verneur venait d'y étouffer une révolte assez considé-
» rable. Vingt mille Indiens armés avaient pris pour
» chef un descendant de leurs anciens caciques, nom-
» mé Tupac-Amaro. Ils avaient déjà des fusils et quel-
» ques canons, et l'opinion générale était qu'ils leur
» avaient été fournis par l'Angleterre. Les créoles eux-
» mêmes paraissent peu attachés à la métropole. J'en ai
» entendu plusieurs qui, en parlant des Espagnols, les
» appelaient *forestieres, étrangers.* Il est donc d'un très
» grand intérêt pour le gouvernement espagnol de s'en-
» tendre parfaitement avec la France, pour veiller à la
» sûreté de ces colonies si vastes et si menacées. »

(SÉGUR.)

* Section troisième.

dée aux états qu'elle nous donnerait de ses forces de terre et de mer en Amérique.

Il serait sans doute difficile de lui faire adopter ce dernier genre de moyens ; car, soit orgueil ou défiance, l'administration n'aime point à être éclairée de trop près. Mais, on le répète, la mode doit être passée de laisser influer l'Espagne sur la France; le besoin et l'infériorité réelle de puissance font une loi à la branche cadette de se remettre à sa place. C'est à l'autre à diriger en lui donnant l'exemple, et à reprendre en quelque sorte son droit d'aînesse.

V.

De la fertilité, la population et l'industrie de quelques provinces d'Espagne.

Ce que nous avons dit (article XII) de la paresse, de l'indolence, et d'une espèce d'apathie qui règne en général dans le peuple espagnol, ainsi que de la stérilité naturelle et insurmontable de ce pays, se trouve pourtant susceptible de quelques exceptions.

Il est constant que les provinces de cette monarchie, les plus voisines de la France, participent aux avantages de son sol et de son climat, et leurs habitans, au naturel actif et laborieux de notre nation.

La Biscaye et la Catalogne en sont deux exemples frappans. Les montagnes de la première, loin d'être arides et pelées, comme les *sierras* à peu près du reste de l'Espagne, sont couvertes jusqu'à leur sommet de bois de chauffage, de charpente, et même de construction. Les riches mines qu'elles renferment y sont exploitées par ce moyen avec facilité, et les vallons étroits qu'elles forment, dans leurs différentes directions, sont arrosés d'autant de gros ruisseaux, sur lesquels on trouve à chaque pas des forges, moulins et autres usines, dont le travail, le produit, vivifie l'industrie et entretient la circulation. Leurs eaux, dérivées d'une certaine hauteur, arrosent et fertilisent, dans les petites plaines, des pâturages couverts de bestiaux; et le bas des montagnes donne, à force de travail, des récoltes assez abondantes. Rien dans ce pays ne ressemble au reste de l'Espagne *.

La Catalogne, à peu près aussi montagneuse, mais mieux exposée, réunit tous les avantages et toutes les productions des meilleures et plus belles provinces de France. Ses habitans sont en général actifs, industrieux, laborieux; et, jusqu'au sommet des montagnes, tout est cultivé. Les eaux, plus rares qu'en Biscaye, y sont dirigées avec plus d'art encore pour les arrosemens; et Barcelonne offre aux voyageurs le tableau d'une ville de France pleine d'ouvriers et d'artisans dans le mouvement le plus animé. Si tout le reste de l'Espagne ressemblait à ces deux

---

* La Biscaye et le Guipuscoa, autrefois habités par les Cantabres, nation guerrière et indomptable, n'ont jamais été parfaitement soumis aux Romains; les Maures n'y ont jamais pénétré, et les Juifs en ont toujours été exclus : aussi les Biscayens ne sont-ils point une race mêlée comme les Castillans, les Andalous, et tout le reste à peu près de la nation espagnole; ils ont conservé la stature, la couleur, la force, et en général la beauté. C'est un peuple tout différent, et qui ne le cède ni aux Allemands ni aux Français.

provinces, ce royaume n'aurait rien à désirer ni à envier, relativement à l'industrie et à l'agriculture.

La population y est proportionnée aux avantages qui résultent de ces deux sources de l'aisance publique. L'espèce d'hommes est meilleure à tous égards que dans les autres provinces, soit pour la mer, soit pour la terre.

Les matelots biscayens sont reconnus sur l'Océan pour d'excellens et intrépides marins. Les ports de ces pays sont bons, les chantiers pleins d'ouvriers et de constructeurs, la navigation florissante et le commerce très animé. Les Catalans ne sont pas moins distingués dans la Méditerranée; ce ne sont véritablement qu'eux et les Majorquins qui font la course contre les Barbaresques.

Les soldats de ces deux provinces réunissent les qualités communes du soldat espagnol : ils sont sages, sobres, patiens et braves, mais avec plus de feu, d'audace et de gaîté. Les officiers de terre et de mer sont de tout point bien supérieurs aux autres : ils joignent à la valeur la plus déterminée beaucoup d'activité, de goût pour le métier, avec l'ambition louable de percer et de faire fortune.

« Quoiqu'en général il règne un peu trop d'amertume
» dans le tableau de l'Espagne qu'on vient de lire, il
» faut convenir que la plupart des détails affligeans
» qu'on y trouve sont incontestables. Ce vaste royaume,
» qui verse l'or sur toute l'Europe, manque des den-
» rées les plus indispensables : le peuple espagnol, ri-
» che en mines, pauvre en hommes, jouit du plus
» beau ciel et languit sur un sol inculte; il a survécu à
» sa gloire. Ses soldats, braves, sobres et infatigables,
» sont presque toujours battus, parce qu'ils sont mal
» conduits, et ses trésors ne lui servent qu'à payer les
» tributs que l'industrie des autres peuples impose à sa
» paresse; mais ces maux ne sont point incurables. Fa-
» vier représente toute la terre espagnole comme un
» désert sablonneux; et cependant, du temps des Ro-
» mains, et postérieurement sous la domination des
» Maures, le terrain était fertile et la population nom-
» breuse. Les vraies causes de la décadence de l'agri-
» culture et de l'appauvrissement de l'Espagne, sont la
» multiplicité des ordres monastiques et célibataires,
» l'expulsion des Maures et les conquêtes en Améri-
» que. Les Espagnols se sont ruinés, parce qu'ils ont
» mieux aimé chercher péniblement l'or dans les en-
» trailles de la terre que de la labourer. Leur vaillante
» et nombreuse population est allée se perdre dans les
» déserts de la zone torride. Leur position géographi-
» que, la destruction des Maures et la perte des Pays-
» Bas et des Provinces-Unies, leur ôtant toute nécessité
» de se tenir armés, l'esprit militaire s'est éteint, les
» richesses de l'Amérique ont inspiré le mépris du tra-

» vail, et les fiers Castillans, comme tous les hommes
» qui font promptement fortune, ont perdu toute in-
» dustrie.

» Mais le malheur, ce grand maître du monde, n'a
» pas donné à l'Espagne des leçons inutiles. Déjà on y
» voit des provinces rendues à la culture; on commence
» à encourager le commerce, et à le débarrasser de
» quelques entraves; on rencontre plus d'hommes éclai-
» rés; l'inquisition y perd sa fatale puissance. Et com-
» me il faut prendre les mêmes moyens pour régénérer
» que pour créer, si le gouvernement espagnol encou-
» rage la jeunesse à voyager, et ne donne des emplois
» qu'aux hommes qui auront étudié les arts des nations
» étrangères, on verra bientôt une lumière douce et
» bienfaisante se répandre sur ce beau pays; le fécon-
» der, le vivifier, et lui rendre la place qu'il doit occuper
» parmi les grandes puissances de l'Europe. Tout porte
» à croire que cette prédiction, contraire aux oracles
» sinistres de Favier, ne tardera pas à s'accomplir.
» Puisse au moins ce peuple généreux, en prenant de
» ses voisins les qualités utiles qui lui manquent, gar-
» der sa fierté, sa franchise, sa tempérance! car ce sont
» des vertus que le censeur le plus rigide ne peut lui
» refuser, et qui compensent beaucoup de défauts. »

(SÉGUR.)

PACTE DE FAMILLE

ENTRE

LA FRANCE ET L'ESPAGNE,

Du 15 août 1761;

AVEC DES RÉFLEXIONS

DE M. LE COMTE DE SÉGUR,

SUR LA CRITIQUE QUI A ÉTÉ FAITE DE CE TRAITÉ

EN 1790.

AU NOM DE LA TRÈS SAINTE ET INDIVISIBLE TRINITÉ, PÈRE, FILS ET SAINT—ESPRIT, AINSI SOIT—IL.

LES liens du sang qui unissent les deux monarques qui régnent en France et en Espagne, et les sentimens particuliers dont ils sont animés l'un pour l'autre, et dont ils ont donné tant de preuves, ont engagé S. M. T. C. et S. M. C. à arrêter et conclure entr'elles un traité d'amitié et d'union, sous la dénomination de *Pacte de Famille*, et dont l'objet principal est de rendre permanens et indissolubles, tant pour leursdites majestés que pour leurs descendans et successeurs, les devoirs qui sont une suite naturelle de la parenté et de l'amitié. L'intention de S. M. T. C. et de S. M. C., en contractant les engagemens qu'elles prennent par ce traité, est de perpétuer dans leur postérité les sentimens de Louis XIV, de glorieuse mémoire, leur commun bisaïeul, et de faire subsister à jamais un monument solennel de l'intérêt réciproque qui doit être la base des désirs de leurs cœurs et de la prospérité de leurs familles royales.

Dans cette vue, et pour parvenir à un but si convenable et si salutaire, LL. MM. T. C. et C. ont donné leurs pleins pouvoirs; savoir : S. M. T. C. au duc de Choiseul, pair de France, chevalier de ses ordres, lieutenant-général des armées de S. M., gouverneur de Touraine, grand-maître et surintendant-général des courriers, postes et relais de France, ministre et secrétaire d'État ayant le département des affaires étrangères et de la guerre; et S. M. C. au marquis de Grimaldi, gentilhomme de sa chambre avec exercice, et son ambassadeur extraordinaire auprès du roi T. C.; et, après s'être communiqué leurs pleins pouvoirs, sont convenus des articles suivans :

ARTICLE PREMIER.

Le roi T. C. et le roi C. déclarent qu'en vertu de leurs intimes liaisons de parenté et d'amitié, et par l'union qu'ils contractent par le présent traité, ils déclareront à l'avenir comme leur ennemie, toute puissance qui le deviendra de l'une ou de l'autre des deux couronnes.

ART. II.

Les deux rois contractans se garantissent réciproquement, de la manière la plus absolue et la plus authentique, tous les États, terres, îles et places qu'ils possèdent dans quelque partie du monde que ce soit, sans aucune réserve ni exceptions; et les possessions, objets de leur garantie, seront constatées suivant l'état actuel où elles seront au premier moment où l'une et l'autre couronne se trouveront en paix avec toutes les autres puissances.

ART. III.

S. M. T. C. et S. M. C. accordent la même garantie absolue et authentique au roi des Deux-Siciles et à l'Infant don Philippe, duc de Parme, pour tous les États, places et pays qu'ils possèdent actuellement; bien entendu que S. M. sicilienne et le don Infant duc de Parme garantiront aussi, de leur part, tous les États et domaines de S. M. T. C. et de S. M. C.

ART. IV.

Quoique la garantie inviolable et mutuelle à laquelle LL. MM. T. C. et C. s'engagent, doive être soutenue de toute leur puissance, et que LL. MM. l'entendent ainsi, d'après le principe qui est le fondement de ce traité, que qui attaqué une couronne attaque l'autre, cependant les deux parties contractantes ont jugé à propos de fixer les premiers secours que la puissance requise sera tenue de fournir à la puissance requérante.

ART. V.

Il est convenu entre les deux rois que la couronne qui sera requise de fournir le secours, aura, dans un ou plusieurs de ses ports, trois mois après la réquisition, douze vaisseaux de ligne et six frégates armées à la disposition entière de la couronne requérante.

ART. VI.

La puissance requise tiendra, dans le même espace de trois mois, à la disposition de la puissance requérante, dix-huit mille hommes d'infanterie, et six mille hommes de cavalerie, si la France est la puissance requise; et l'Espagne, dans le cas où elle serait la puissance requise, dix mille hommes d'infanterie et deux mille hommes de cavalerie. Dans cette différence de nombre, on a eu égard à celle qui se trouve entre les troupes que la France a actuellement sur pied, et celles qui sont entretenues par l'Espagne; mais s'il arrivait, dans la suite, que le nombre des troupes sur pied fût égal de part et d'autre, l'obligation serait dès-lors pareillement égale de se fournir réciproquement le même nombre. La puissance requise s'engage à assembler celui qu'elle devra fournir, et à le mettre à portée de sa destination, sans cependant le faire d'abord sortir de ses États, mais de le placer dans la partie desdits États qui sera indiquée par la partie requérante, afin qu'il y soit plus à portée de l'entreprise ou objet pour lequel elle demandera lesdites troupes; et comme cet emplacement devra être précédé de quelque embarquement, navigation ou marche de troupes par terre, le tout s'exécutera aux frais de la puissance requise, à qui ledit secours appartiendra en propriété.

ART. VII.

Quant à ce qui regarde la différence dudit nombre de troupes à fournir, S. M. C. excepte les cas où elles seraient nécessaires pour défendre les domaines du roi des Deux-Siciles, son fils, où ceux de l'Infant duc de Parme, son frère; de sorte que, reconnaissant l'obligation de préférence, quoique volontaire, que les liens du sang et de la proche parenté lui imposeraient alors, le roi C., dans ces deux cas, promet de fournir un secours de dix-huit mille hommes d'infanterie et six mille hommes de cavalerie, et même toutes ses forces, sans rien exiger de S. M. T. C. que le nombre de troupes ci-dessus stipulé, et les efforts que sa tendre amitié pour les princes de son sang pourra lui inspirer en leur faveur.

ART. VIII.

S. M. T. C. excepte aussi, de son côté, les guerres dans lesquelles elle pourrait entrer ou prendre part, en conséquence des engagemens qu'elle a contractés par les traités de Westphalie et autres alliances avec les puissances d'Allemagne et du Nord; et, considérant que lesdites guerres ne peuvent intéresser en rien la couronne d'Espagne, S. M. T. C. promet de ne point exiger aucun secours du roi C., à moins cependant que quelque puissance maritime ne prît part auxdites guerres, ou que les événemens ne fussent si contraires à la France, qu'elle se vît attaquée dans son propre pays par terre; et, dans ce dernier cas, S. M. C. offre au roi T. C. de lui fournir, sans aucune exception, non-seulement les susdits dix mille hommes d'infanterie et deux mille de cavalerie, mais aussi de porter, en cas de besoin, ce secours jusqu'à dix-huit mille hommes d'infanterie et six mille de cavalerie, ainsi qu'il a été stipulé, par rapport au nombre à fournir au roi C. par S. M. T. C.; S. M. C. s'engageant, si le cas arrive, de n'avoir aucun égard à la disproportion qui se trouve entre les forces de terre de la France et celles de l'Espagne.

ART. IX.

Il sera libre à la puissance requérante d'envoyer un ou plusieurs commissaires choisis parmi ses sujets, pour s'assurer par eux-mêmes que la puissance requise a rassemblé dans les trois mois, à compter de la réquisition, et tient dans un ou plusieurs de ses ports, les douze vaisseaux de ligne et les six frégates armées en guerre, ainsi que le nombre stipulé de troupes de terre, le tout prêt à marcher.

ART. X.

Lesdits vaisseaux, frégates et troupes, agiront selon la volonté de la puissance qui en aura besoin et qui les aura demandés, sans que, sur les motifs ou sur les objets indiqués pour l'emploi desdites forces de terre et de mer, la puissance requise puisse faire plus d'une seule et unique représentation.

ART. XI.

Ce qui vient d'être convenu aura lieu toutes les fois que la puissance requérante demanderait le secours pour quelque entreprise offensive ou défensive, de terre ou de mer, d'une exécution immédiate, et ne doit pas s'entendre pour le cas où les vaisseaux ou frégates de la puissance requise iraient s'établir dans quelque port de ses États, puisqu'il suffira alors qu'elle tienne ses forces de terre et de mer prêtes, dans les endroits de ses domaines qui seront indiqués par la puissance requérante.

ART. XII.

La demande que l'un des deux souverains fera à l'autre des secours stipulés par le présent traité, suffira pour constater le besoin d'une part, et l'obligation de l'autre, de fournir lesdits secours, sans qu'il soit nécessaire d'entrer dans aucune explication, de quelque espèce que ce soit, pour éluder la plus prompte et la plus parfaite exécution de cet engagement.

ART. XIII.

En conséquence de l'article précédent, la discussion du cas offensif ou défensif ne pourra point avoir lieu, par rapport aux douze vaisseaux, aux six frégates, et aux troupes de terre à fournir, ces forces devant être regardées, dans tous les cas, et trois mois après la réquisition, comme appartenantes en propriété à la puissance qui les aura requises.

ART. XIV.

La puissance qui fournira le secours, soit en vaisseaux et frégates, soit en troupes, les paiera partout où son allié les fera agir, comme si ces forces étaient employées directement par elle-même; et la puissance requérante sera obligée, soit que lesdits vaisseaux, frégates et troupes restent peu ou long-temps dans ses ports, de les faire pourvoir de tout ce dont elles auront besoin, au même prix que si elles lui appartenaient en propriété, et à les faire jouir des mêmes prérogatives et priviléges dont jouissent ses propres troupes. Il a été convenu que, dans aucun cas, lesdites troupes ou vaisseaux ne pourront être à la charge de la puissance à qui elles seront envoyées, et qu'elles subsisteront à sa disposition, pendant toute la durée de la guerre dans laquelle elle se trouve engagée.

ART. XV.

Le roi T. C. et le roi C. s'obligent à tenir complets et bien armés les vaisseaux, frégates et troupes que LL. MM. se fourniront réciproquement ; de sorte qu'aussitôt que la puissance requise aura fourni les secours stipulés par les articles V et VI du présent traité, elle fera armer dans ses ports un nombre suffisant de vaisseaux, pour remplacer sur-le-champ ceux qui pourraient être perdus par les événemens de la guerre ou de la mer. Cette même puissance tiendra également prêtes les recrues et les réparations nécessaires pour les troupes de terre qu'elle aura fournies.

ART. XVI.

Les secours stipulés dans les articles précédens, selon le temps et la manière qui ont été expliqués, doivent être considérés comme une obligation inséparable des liens de parenté, d'amitié, et de l'union intime que les deux monarques contractans désirent de perpétuer entre leurs descendans ; et ces secours stipulés seront ce que la puissance requise pourra faire de moins pour la puissance qui en aura besoin : mais, comme l'intention des deux rois est que la guerre, commençant pour ou contre l'une des deux couronnes, doit devenir propre et personnelle, à l'autre, il est convenu que, dès que les deux rois se trouveront en guerre déclarée contre le même ou les mêmes ennemis, l'obligation desdits secours stipulés cessera, et à sa place succédera, pour les deux couronnes, l'obligation de faire la guerre conjointement en y employant toutes leurs forces; et, pour cet effet, les deux hautes parties contractantes feront alors entr'elles des conventions particulières, relatives aux circonstances de la guerre dans laquelle elles se trouveront engagées, concerteront et détermineront leurs efforts et leurs avantages respectifs et réciproques, comme aussi leurs plans et opérations militaires et politiques; et, les conventions étant faites, les deux rois les exécuteront ensemble et d'un commun et parfait concert.

ART. XVII.

LL. MM. T. C. et C. s'engagent et se promettent, pour le cas où elles se trouveront en guerre, de n'écouter ni faire aucune proposition de paix, de ne la traiter ni conclure avec l'ennemi ou les ennemis qu'elles auront, que d'un accord et consentement mutuel et commun, et de se communiquer réciproquement tout ce qui pourrait venir à leur connaissance, qui intéresserait les deux couronnes, et en particulier sur l'objet de la pacification; de sorte qu'en guerre comme en paix, chacune des deux couronnes regardera comme ses propres intérêts ceux de la couronne son alliée.

ART. XVIII.

En conformité de ce principe et de l'engagement contracté en conséquence, LL. MM. T. C. et C. sont convenues que, lorsqu'il s'agira de terminer par la paix la guerre qu'elles auront soutenue en commun, elles compenseront les avantages que l'une des deux puissances pourrait avoir eus, avec les pertes que l'autre aurait pu faire, de manière que, sous les conditions de la paix, ainsi que sur les opérations de la guerre, les deux monarchies de France et d'Espagne, dans toute l'étendue de leur domination, seront regardées et agiront comme si elles ne formaient qu'une seule et même puissance.

ART. XIX.

S. M. le roi des Deux-Siciles ayant les mêmes liaisons de parenté et d'amitié, et les mêmes intérêts qui unissent intimement LL. MM. T. C. et C., S. M. C. stipule pour le roi des Deux-Siciles, son fils, et s'oblige à lui faire ratifier, tant pour lui que pour ses descendans à perpétuité, tous les articles du présent traité; bien entendu que, pour ce qui regarde la proportion des secours à fournir par S. M. sicilienne, ils seront déterminés dans son acte d'accession audit traité, suivant l'étendue de sa puissance.

ART. XX.

LL. MM. T. C., C. et sicilienne s'engagent, non-seulement à concourir au maintien et à la splendeur de leurs royaumes, dans l'état où ils se trouvent actuellement, mais encore à soutenir, sur tous les objets sans exception, la dignité et les droits de leur maison, de sorte que chaque prince qui aura l'honneur d'être issu du même sang, pourra être assuré en toute occasion de la protection et de l'assistance des trois couronnes.

ART. XXI.

Le présent traité devant être regardé, ainsi qu'il a été annoncé dans le préambule, comme un pacte de famille entre toutes les branches de l'auguste maison de Bourbon, nulle autre puissance que celles qui seront de cette maison, ne pourra être invitée ni admise à y accéder.

ART. XXII.

L'amitié étroite qui unit les monarques contractans, et les engagemens qu'ils prennent par ce traité, les déterminent aussi à stipuler que leurs États et sujets respectifs participeront aux avantages et à la liaison établis entre les souverains; et LL. MM. se promettent de ne pas souffrir qu'en aucun cas, ni sous aucun prétexte que ce soit, leursdits États et sujets puissent rien faire ou entreprendre de contraire à la parfaite correspondance qui doit subsister inviolablement entre les trois couronnes.

ART. XXIII.

Pour cimenter d'autant plus cette intelligence et ces avantages réciproques entre les sujets des deux couronnes, il a été convenu que les Espagnols ne seront plus réputés aubains en France; et en conséquence S. M. T. C. s'engage à abolir en leur faveur le droit d'aubaine, en sorte qu'ils pourront disposer par testament, donation ou autrement, de tous les biens sans exception, de quelque nature qu'ils soient, qu'ils possèderont dans son royaume, et que leurs héritiers, sujets de S. M. C., demeurant tant en France qu'ailleurs, pourront recueillir leurs successions, même *ab intestat*, soit par eux-mêmes, soit par leurs procureurs ou mandataires, quoiqu'ils n'aient point obtenu de lettres de naturalité, et les transporter hors des États de S. M. T. C., nonobstant toutes lois, édits, statuts, coutumes ou droits à ce contraires, auxquels S. M. T. C. déroge, en tant que besoin serait : S. M. C. s'engage, de son côté, à faire jouir des mêmes priviléges, et de la même manière, dans tous les États et pays de sa domination, tous les Français et sujets de S. M. T. C., par rapport à la libre disposition des biens qu'ils posséderont dans toute l'étendue de la monarchie espagnole, de sorte que les sujets des deux couronnes seront généralement traités, en tout et pour tout ce qui regarde cet article, dans les pays des deux dominations, comme les propres et naturels sujets de la puissance dans les États de laquelle ils résideront. Tout ce qui est dit ci-dessus par rapport à l'abolition du droit d'aubaine et aux avantages dont les Français doivent jouir dans les États du roi d'Espagne en Europe, et les Espagnols en France, est accordé aux sujets du roi des Deux-Siciles, qui sont compris aux mêmes conditions dans cet article, et réciproquement les sujets de LL. MM. T. C. et C. jouiront des mêmes exemptions et avantages dans les États de S. M. sicilienne.

ART. XXIV.

Les sujets des hautes parties contractantes seront traités, relativement au commerce et aux impositions, dans chacun des deux royaumes en Europe, comme les propres sujets du pays où ils aborderont ou résideront; de sorte que le pavillon espagnol jouira en France des mêmes droits et prérogatives que le pavillon français, et pareillement que le pavillon français sera traité en Espagne avec la même faveur que le pavillon espagnol. Les sujets des deux monarchies, en déclarant leurs marchandises, paieront les mêmes droits qui seront payés par les nationaux.

L'importation et l'exportation leur sera également libre, comme aux sujets naturels, et il n'y aura de droits à payer de part et d'autre, que ceux qui seront perçus sur les propres sujets du souverain, ni de matières sujettes à confiscation, que celles qui seront prohibées aux nationaux eux-mêmes; et pour ce qui regarde ces objets, tous traités, conventions ou engagemens antérieurs entre les deux monarchies, resteront abolis; bien entendu que nulle autre puissance étrangère ne jouira en Espagne, non plus qu'en France, d'aucun privilége plus avantageux que celui des deux nations, en observant les mêmes règles en France et en Espagne à l'égard du pavillon et des sujets du roi des Deux-Siciles; et S. M. sicilienne les fera réciproquement observer à l'égard du pavillon et des sujets des couronnes de France et d'Espagne.

ART.-XXV.

Si les hautes parties contractantes font dans la suite quelque traité de commerce avec d'autres puissances, et leur accordent ou leur ont déjà accordé dans leurs ports ou États le traitement de la nation la plus favorisée, on préviendra lesdites puissances que le traitement des Espagnols en France et dans les Deux-Siciles, et des Français en Espagne, et pareillement dans les Deux-Siciles, et des Napolitains et Siciliens en France et en Espagne, sur le même objet, est excepté à cet égard, et ne doit point être cité ni servir d'exemple, LL. MM. T. C., C. et sicilienne ne voulant faire participer aucune autre nation aux priviléges dont elles jugent convenable de faire jouir réciproquement leurs sujets respectifs.

ART. XXVI.

Les hautes parties contractantes se confieront réciproquement toutes les alliances qu'elles pourront former dans la suite, et les négociations qu'elles pourront suivre, surtout lorsqu'elles auront quelque rapport avec leurs intérêts communs ; et, en conséquence, LL. MM. T. C., C. et sicilienne ordonneront à tous les ministres respectifs qu'elles entretiennent dans les autres cours de l'Europe, de vivre entr'eux dans l'intelligence la plus parfaite, et avec la plus entière confiance; afin que toutes les demandes faites au nom de quelqu'une des trois couronnes tendent à leur gloire et à leurs avantages communs, et soient un gage constant de l'intimité que LL. MM. veulent établir à perpétuité entr'elles.

ART. XXVII.

L'objet délicat de la préséance dans les actes, fonctions et cérémonies publiques, est souvent un obstacle à la bonne harmonie et à l'entière confiance qu'on veut entretenir entre les ministres respectifs de France et d'Espagne, parce que ces sortes de discussions, quelque tournure que l'on prenne pour les faire cesser, indisposent les esprits. Elles étaient naturelles quand les deux couronnes appartenaient à des princes de deux différentes maisons; mais actuellement, et pour tout le temps pendant lequel la Providence a déterminé de maintenir sur les deux trônes des souverains de la même maison; il n'est pas convenable qu'il subsiste entr'eux une occasion continuelle d'altercation et de mécontentement : LL. MM. T. C. et C. sont convenues, en conséquence, de faire entièrement cesser cette occasion, en fixant pour règle invariable à leurs ministres, revêtus du même caractère dans les cours étrangères, que, dans les cours de famille, comme sont présentement celles de Naples et Parme, les ministres du monarque, chef de la maison, auront toujours la préséance dans tel acte, fonction ou cérémonie que ce soit, laquelle préséance sera regardée comme une suite de l'avantage de la naissance; et que, dans toutes les autres cours, le ministre, soit de France, soit d'Espagne, qui sera arrivé le dernier, ou dont la résidence sera plus récente, cédera au ministre de l'autre couronne, et de même caractère, qui sera arrivé le premier, ou dont la résidence sera plus ancienne; de façon qu'il y aura désormais à cet égard une alternative constante et fraternelle à laquelle aucune autre puissance ne devra ni ne pourra être admise, attendu que cet arrangement, qui est uniquement une suite du présent pacte de famille, cesserait, si des princes de la même maison n'occupaient plus les trônes des deux monarchies, et qu'alors chaque couronne rentrerait dans les droits ou prétentions à la préséance. Il a été convenu aussi que si, par quelque cas fortuit, des ministres des deux couronnes arrivaient précisément en même temps dans une cour autre que celles de famille, le ministre du souverain, chef de la maison, précèdera à ce titre le ministre du souverain, cadet de la même maison.

ART. XXVIII.

Le présent traité ou pacte de famille sera ratifié, et les ratifications en seront échangées dans le terme d'un mois, ou plutôt, si faire se peut, à compter du jour de la signature de ce traité.

En foi de quoi, nous, ministres plénipotentiaires de S. M. T. C. et de S. M. C., soussignés, en vertu des pleins pouvoirs qui sont transcrits littéralement et fidèlement au bas de ce présent traité, nous l'avons signé, et y avons apposé les cachets de nos armes.

Fait à Paris, le 15 août 1761.

Le duc de Choiseul.

Le marquis de Grimaldi.

(L. S.)   (L. S.)

Ratifié par le roi d'Espagne, à Saint-Ildefonse, le 25 août 1761.

« LE *Pacte de famille*, désapprouvé par Favier, fut
» attaqué depuis, en 1790, par des membres distingués
» de l'assemblée constituante. L'Angleterre armait con-
» tre l'Espagne : il s'agissait de savoir si la nation fran-
» çaise remplirait les engagemens pris par le roi. Je pu-
» bliai alors, en faveur de ce traité, un écrit qui fut
» favorablement accueilli par le comité diplomatique,
» et particulièrement par Mirabeau, dont il fixa l'opi-
» nion. Je crois utile d'insérer ici cet écrit. » (SÉGUR.)

EXAMEN

PAR M. LE COMTE DE SÉGUR

D'UN OUVRAGE INTITULÉ :

EXTRAIT DU PACTE DE FAMILLE.

Un auteur célèbre par ses connaissances, distingué par son esprit, connu par son patriotisme, vient de publier un extrait et une critique sévère du *Pacte de famille*. Le poids de l'opinion d'un écrivain si recommandable rend bien dangereuses les plus légères erreurs qui peuvent lui échapper. La difficulté de le vaincre ne fait qu'augmenter la nécessité de le combattre. Il a assez de titres de gloire pour avouer sans honte quelques erreurs; et je crois qu'en les lui faisant observer, loin de lui déplaire, on acquiert de nouveaux droits à son suffrage. Avec de tels hommes, une discussion littéraire ou politique n'est qu'un combat de lumières. L'opinion publique y peut beaucoup gagner. On combat toujours avec décence l'adversaire qu'on lit avec estime.

Dans le moment où de si grands intérêts nous occupent au dedans, les intérêts extérieurs sont négligés. Nous venons de conquérir la liberté, nous ne songeons qu'à sa défense. Celle de nos frontières ne nous intéresse que faiblement. Tout ce qui veut nous rappeler des objets étrangers à notre constitution nous importune. On dédaigne la politique, on la croit inutile; on la critique sans examen, on la confond avec l'intrigue : on oublie que tous les États de l'Europe sont encore loin d'embrasser nos principes; on oublie que, tant que les princes auront des passions, la politique existera, comme la médecine et la jurisprudence existeront tant qu'il y aura des maladies et des crimes.

Il existe donc une politique nécessaire. Je conviens que celle d'une nation libre et éclairée ne doit point ressembler à la politique insidieuse, intrigante, corruptrice, des princes conquérans et des peuples esclaves. La politique des Français doit se borner à conserver la paix tant qu'ils le pourront avec sûreté, et à pacifier leurs voisins pour ne pas être entraînés dans leurs querelles.

Cette noble et simple politique, digne de notre constitution, rendra les fonctions de nos ambassadeurs plus augustes, plus sacrées; mais elles seront encore difficiles. Elles exigeront encore beaucoup de prudence, d'habileté, d'adresse.

Ils n'auront plus à servir les passions, les vengeances, l'ambition de leur cour; mais ils auront à deviner, à prévenir, à calmer, à combattre les passions qui dirigent d'autres cabinets.

L'homme qui fait parler les passions ne remplit que trop facilement son but. Il est plus aisé d'allumer les feux politiques que de les éteindre; le négociateur qui plaide la cause de la raison contre celle de l'ambition, est peut-être celui de tous auquel l'adresse et le talent sont le plus nécessaires.

Je crois inutile de prouver avec plus de détail que la politique, que nous dédaignons, est essentielle à notre conservation. L'ambition, la jalousie, la force de nos voisins, l'étendue de nos possessions et la richesse de notre commerce démontrent cette vérité avec évidence. Il s'agit d'examiner si nous sommes assez forts pour exister isolés, ou si nous avons besoin d'alliances. Je sais que quelques esprits enthousiastes soutiennent la première hypothèse; mais les erreurs passagères du fanatisme tombent sans appui aux pieds de l'éternelle et froide raison; et je ne ferai à ce chimérique orgueil national qu'une réponse géométrique : « Il vaut mieux » être deux qu'être seul pour combattre un » ennemi qui a le double de vos forces. »

L'Angleterre a cent soixante vaisseaux; nous n'en avons que quatre-vingts : l'Espagne en a aussi quatre-vingts : avec elle nous pouvons combattre nos rivaux à armes égales.

Nos colonies et notre commerce seront à la merci des Anglais si nous sommes sans alliés, et je ne crois pas qu'aucun citoyen français soit assez imprudent pour laisser dépendre l'existence de la marine, des colonies et de la richesse de la France, de l'ambition certaine ou de la générosité douteuse de l'Angleterre. Il nous faut donc un allié. Nous avons cet allié; c'est une nation puissante, courageuse, fidèle, qui, depuis vingt-neuf ans, nous sert de bouclier, qui ajoute, depuis vingt-neuf ans, sa marine à la nôtre, pour balancer celle de l'Angleterre, et qui deux fois a pris les armes sans intérêt direct, et pour venir à notre secours. L'Espagne, à la fin de la guerre de 1756, est venue généreusement embrasser notre défense. C'est lorsque nous étions écrasés par nos rivaux, qu'elle est venue partager nos dangers; c'est sur les débris de notre marine qu'elle a signé le pacte qui nous a préservés d'une destruction inévitable. Les circonstances de ce traité suffiraient pour en faire respecter les inégalités si on y en trouvait; mais l'Espagne n'a point abusé de notre situation : elle a fait un traité dont toutes les stipulations étaient égales et réciproques. Eh bien! c'est ce traité dont on fait publiquement une critique imprudente : c'est ce traité qu'on propose aujourd'hui de rompre, tandis qu'il ne s'agit que de le modifier; car c'est évidemment le rompre que de n'en pas remplir les conditions défensives.

Mais ce traité, dicté par le ministre d'un roi absolu, doit-il rester tel qu'il est, lorsque la nation est devenue libre, lorsque cette nation a abjuré tous les principes d'une politique ambitieuse; lorsque les Français ont déclaré à tout l'univers qu'ils n'attenteraient à la liberté, à la propriété d'aucun peuple; lorsqu'ils ont abjuré toute idée de conquête, pour consacrer les éternels principes de la justice et de l'humanité? Non, sans doute, ce traité ne doit pas rester tel qu'il est. Il doit être modifié pour la forme et pour le fond. Le *Pacte de famille* doit disparaître. Un pacte national doit le remplacer. Les articles qui renferment quelques stipulations offensives doivent être effacés; mais tous ceux qui stipulent l'engagement d'une défense réciproque doivent être en même temps renouvelés, resserrés, consacrés par le vœu national. Il n'est aucun des ministres du roi qui ne doive être convaincu de cette vérité. Il n'en est aucun qui ose proposer à l'assemblée nationale de ratifier et de remplir d'autres engagemens que des engagemens purement défensifs; mais ils seraient aussi coupables s'ils doutaient de la fidélité avec laquelle la nation remplira des conventions défensives.

L'Espagne nous a deux fois défendus. Elle a même, il y a deux ans, armé une troisième fois pour notre défense, et nous ne pouvons, sans ingratitude et sans lâcheté, l'abandonner si on l'attaque. Les traités admettent des modifications, la reconnaissance n'en admet point; et il n'existe pas plus de sûreté que de considération pour une nation qui a manqué de foi.

Ce n'est pas la nation, direz-vous, qui a pris cet engagement; mais la nation a été secourue. Si le traité est une question de droit, les services rendus sont des vérités de fait que personne ne peut oublier ni méconnaître. Et certes, les Français doivent éviter l'apparence de l'ingratitude et de la faiblesse, s'ils veulent faire aimer et respecter leur constitution.

Je m'attends à une autre objection. On répétera ce qu'on a déjà dit: la querelle des Anglais et des Espagnols ne vaut pas le sang qu'elle peut faire répandre. Il est même difficile de déterminer quel est l'agresseur.

Je répondrai avec vérité que l'Espagne et l'Angleterre se disputent un droit injuste aux yeux de l'humanité, nul à ceux de la philosophie. Elles se disputent la possession d'un pays dont le commerce les tente, mais qui ne leur appartient pas, puisqu'il est possédé par ces peuples indépendans que nous nommons *sauvages*.

Mais qui donc peut ignorer que c'est avec aussi peu de justice, que c'est sur ce frivole titre de découverte que sont fondés les droits de toutes les nations européennes qui possèdent des terres en Amérique ? Le vertueux Penn est le seul qui ait fait une acquisition légitime, et toutes les puissances maritimes sont obligées, dans toutes les discussions qui s'élèvent au sujet de leurs possessions, de fonder leurs réclamations sur le titre du premier arrivant.

On ne vous propose pas de combattre pour l'Espagne, si elle a tort. On vous proposera sans doute de négocier, d'employer toutes les armes de l'humanité et de la raison, pour engager deux grandes puissances à ne pas acheter de leur sang une possession si éloignée, un commerce si peu essentiel à leur existence ; mais, si l'Angleterre, abusant de votre situation, ne

veut point de conciliation, si elle attaque l'Espagne, on vous présentera ce dilemme, dont il est difficile de se dégager : « Ou vous retarderez
» la régénération de vos finances, en secourant
» votre allié, en faisant la guerre dans un in-
» stant où l'état de vos forces la rend difficile ;
» ou vous abandonnerez l'Espagne, qui sera
» peut-être forcée de céder et de désarmer l'An-
» gleterre, en formant avec elle des liens éga-
» lement funestes à votre existence et à votre
» crédit. »

Lorsque cette cruelle alternative doit affliger tous les citoyens, embarrasser toutes les opinions; lorsque le ministère doit employer tous ses efforts pour modifier un traité dont la forme n'est plus admissible, mais dont l'existence est indispensable; lorsqu'il doit employer toute la sagacité, toute la prudence possible pour éviter la guerre, sans enhardir nos rivaux, sans nous brouiller avec nos alliés; lorsque l'Espagne nous demande avec chaleur une réponse que nous différons avec prudence; lorsqu'il est peut-être essentiel de montrer de la fermeté pour amener la conciliation, de préparer la guerre pour conserver la paix, un auteur éloquent publie la critique du *Pacte de famille*, présente la sortie de nos vaisseaux comme le prélude d'une guerre inconstitutionnelle et désastreuse. Il affaiblit l'importance d'une alliance qui double notre marine. Il voit sans effroi la perte de quatre-vingts vaisseaux et d'un commerce immense que nous coûterait une rupture avec l'Espagne. Il sert, sans s'en douter, la politique de nos rivaux. Il aigrit un allié qui n'a eu que trop à se plaindre de nous. Il déjoue les moyens déjà pris pour amener l'Espagne à des modifications nécessaires.

Il est bien malheureux que de tels hommes aient été négligés par le gouvernement, et qu'ils n'aient été employés ni dans le ministère ni dans les négociations. C'était une grande faute de l'ancien ordre de choses. Il en est résulté que les têtes les plus fortes, les esprits les plus vastes n'ayant jamais été dans le cas de soumettre les élans de leur imagination aux calculs de l'expérience, leur conception hardie s'écarte souvent des règles de la prudence. Le papier sur lequel ils tracent leurs plans ne leur offre jamais d'obstacles. Ils ne sont point exercés à la lutte des passions, et les difficultés qui arrêtent dans la pratique leur semblent des petitesses devant lesquelles ils dédaignent de faire plier une imprudente, mais ingénieuse théorie.

Si l'auteur de cet Extrait avait daigné réfléchir au danger d'enhardir nos rivaux et de nous brouiller avec nos alliés, il aurait communiqué ses idées au ministère. Il ne les aurait pas publiées dans l'instant où l'Espagne attend avec inquiétude, et l'Angleterre avec espérance, la décision que nous prendrons dans une circonstance si critique; mais cet ouvrage est publié, et l'on ne peut détruire l'impression fâcheuse qu'il peut faire qu'en en relevant les erreurs, et en publiant aussi ce qu'il est de l'intérêt national de déterminer.

PRÉAMBULE.

La remarque de l'auteur sur le préambule est juste, mais elle est inutile. Dans l'ordre ancien, les rois étaient les seuls délégués des nations. C'était en leur nom que se faisaient tous les traités. Il n'est pas douteux que ce préambule ne change lorsqu'on renouvellera le traité.

ARTICLE PREMIER.

Je ne comprends pas la différence que veut établir l'auteur entre une fédération et une alliance. Le mot latin lui donne la même signification. *Fœdus* veut dire alliance; on ne se sert actuellement du mot de *fédération* que lorsqu'il est question d'un traité entre plusieurs puissances. On emploie même alors plutôt celui de ligue, et l'un ou l'autre de ces liens n'exige nullement l'existence d'un congrès. La ligue des électeurs, nouvellement formée, n'en a point nécessité. On aurait pu critiquer plus spécieusement ce premier article, en lui trouvant une interprétation offensive; mais l'article IV explique cet article, en énonçant que le principe du traité se borne à ceci : « que qui attaque » une puissance attaque l'autre, » principe essentiel à conserver.

ART. II.

La garantie réciproque des possessions est une clause essentielle dans tout traité défensif. Il était bien généreux aux Espagnols de garantir les nôtres dans le moment où nous étions écrasés. La possession américaine qui fait le sujet de la querelle actuelle pourrait être un objet de discussion en négociation : mais, si les Anglais en exigent la cession, en attaquant les Espagnols, au lieu de se soumettre à un arbitrage ou à une médiation, la première hostilité les rendra nos ennemis par la teneur du traité; ainsi l'observation n'est pas juste.

L'article III, ainsi que tous ceux qui regardent le roi des Deux-Siciles et le duc de Parme, ne demandent aucune discussion, et n'ont pas été exécutés.

L'article IV est la base fondamentale du traité

fait et du traité à renouveler. Il nous était même plus avantageux qu'à l'Espagne, notre position nous donnant plus d'ennemis qu'à elle.

Les articles V, VI et VII sont purement réglementaires et très justes.

L'article VIII méritait d'autant moins d'être critiqué, qu'il est absolument dans nos principes : à cette époque, nous avions, pour des causes bien étrangères à nos vrais intérêts, porté trois fois la guerre au sein de l'Allemagne et loin de nos frontières. L'Espagne, plus pacifique, ne voulait prendre part à ces guerres d'ambition, à ces querelles éloignées, que dans le cas où, nos frontières étant attaquées, la guerre deviendrait défensive. L'observation *sur les bêtes de Californie* est un peu amère, mais n'est pas juste en politique; et les querelles de commerce, si graves aux yeux des Anglais, ne nous paraîtront pas long-temps indifférentes.

L'article IX est une stipulation de méfiance réciproque; j'espère qu'un jour la loyauté de la France rendra de pareilles stipulations inutiles; et j'aurais désiré que l'auteur de l'Extrait eût fait cette observation.

Les articles XI, XII et XIII contiennent des

stipulations entièrement offensives, et que nos principes décrétés ont sagement proscrites; mais l'observateur a tort de prétendre que ces clauses doivent annuler le traité. La vérité est qu'il faut en bannir toute stipulation qui n'est pas purement défensive, puisqu'il est constitutionnellement consacré que nous ne voulons jamais contracter de pareils engagemens. Il est bon cependant de distinguer les entreprises offensives des guerres offensives. On fait souvent des entreprises offensives dans les guerres défensives; et si les Anglais nous attaquent, nous ferons bien de faire une entreprise offensive qui nous mette à portée de signer la paix à Londres.

Les articles XIV et XV n'ont été trouvés susceptibles d'aucune observation.

L'article XVI en exigeait : il est libellé d'une manière obscure et diffuse, et prête encore à quelques interprétations offensives. L'auteur voit que je suis sur ce point plus sévère que lui. Nous serons d'accord tant qu'il demandera des modifications; mais il n'aurait jamais dû mettre en doute s'il faut conserver ou annuler le traité.

Les articles XVII et XVIII sont bien essentiels à conserver; ils s'opposent aux efforts qu'on ferait pour nous diviser.

Les articles XIX et XX n'ont pas été exécutés. La forme de ces articles ne mérite plus d'observation. La nation est devenue la seule famille de nos rois, et nous n'aurons plus que des pactes de nation. La plaisanterie de l'observateur sur le *monseigneur* des princes, ne me paraît pas convenable à la gravité du *Pacte* qu'il examine.

Les articles XXI et XXII renferment une exclusion impolitique; car il faut se réserver la liberté d'augmenter le nombre de ceux qui veulent accéder à toute liaison conservatrice de la paix : telle est la remarque que l'on pourrait faire; mais j'ignore pourquoi l'observateur, qui ne l'a pas faite, assure que le traité de Paris exclut les sujets respectifs des avantages stipulés dans tout le traité.

Les articles XXIII et XXIV sont très avantageux à notre commerce. Le traité de Paris a diminué quelques-uns de ces avantages; mais ils sont encore si considérables, que plusieurs provinces de France n'en supporteraient peut-être pas tranquillement la perte.

L'article XXV a été si peu annulé par le

traité de Paris, que, lorsqu'on a traité avec la Russie, on lui a fait observer qu'en traitant les Russes comme les plus favorisés, on exceptait l'exemple de l'Espagne, avec laquelle nous avions des stipulations particulières.

L'article XXVI est d'usage dans tous les traités d'alliance.

L'article XXVII n'a point été critiqué par l'auteur de l'Extrait.

Cependant j'aurais voulu qu'il dictât à sa philosophie de justes, de grandes, de salutaires réflexions sur le ridicule des disputes d'étiquette et de préséance. Il est peut-être plus puéril et plus barbare d'exposer le sang humain pour de frivoles prétentions, pour le risible droit de la première et de la seconde place dans une salle de spectacle, que pour des objets de commerce et d'industrie; et les nations indépendantes, n'ayant ni première ni seconde place réelle, ne devraient se disputer d'autre supériorité que celle des lumières, de la force et de la sagesse.

L'article XXVIII est un article d'usage.

J'avoue que c'est surtout la note qui termine cet écrit, qui m'a inspiré le désir de le combattre. Cette note, dans laquelle l'auteur paraît d'abord revenir aux mêmes principes que moi, est terminée par une réflexion qui me paraît du plus grand danger. La sortie de nos vaisseaux est une opération de sûreté, lorsque des flottes étrangères paraissent sur la mer. Sous ce point de vue, elle est nécessaire. La sortie de nos vaisseaux est un acte de fermeté propre à conserver la paix, en montrant que nous sommes fidèles à notre engagement, à la dette de la reconnaissance que nous avons contractée, en avertissant l'Angleterre que si, au lieu de négocier, elle attaque l'Espagne, notre alliée peut compter sur notre secours.

Eh bien! au lieu de sentir la nécessité de cette opération, l'auteur dit que, si ces vaisseaux sortent, nous ne pouvons plus éviter une guerre ruineuse et anticonstitutionnelle. Il croit donc que, si nos vaisseaux sortent, ils seront attaqués par les Anglais; car je ne suppose pas qu'il croie nos ministres assez insensés pour faire attaquer les Anglais au mépris de nos décrets et au péril de leur tête. Dans quel état d'humiliation l'auteur nous voit-il donc réduits, si, lorsque les mers se couvrent de flottes de toutes les nations, nous ne pouvons, nous n'osons faire sortir les nôtres, et si des puissances rivales nous interdisent les mouvemens de précaution, les évolutions d'instruction et la sortie de nos rades, pour protéger notre commerce?

Comment un esprit si sage fait-il une réflexion si peu prudente? Comment un auteur si énergique donne-t-il un conseil si timide?

Je terminerai ces observations par l'exposé rapide de ce que la France doit faire selon mon opinion. Ce résultat est fondé sur ce que j'ai dit précédemment.

Premièrement, l'alliance de l'Espagne nous est indispensable.

Secondement, nous devons engager l'Espagne à modifier ce pacte, et à en bannir toute stipulation offensive, et tout autre engagement qu'une garantie réciproque de possessions, des secours réglés, et un traité de commerce.

Troisièmement, nous devons engager l'Espagne et l'Angleterre à éviter la guerre, à négocier, à terminer leur discussion par notre médiation ou par celle de toute autre puissance impartiale.

Quatrièmement, si l'Espagne attaque, nous ne devons pas nous mêler de cette guerre.

Cinquièmement, si l'Angleterre attaque l'Espagne, nous devons défendre notre alliée. La guerre est un malheur, mais il ne faut pas manquer de foi. Il ne faut pas que notre premier pas en politique soit une ingratitude, que notre premier acte de puissance libre soit une lâcheté. Notre sûreté nous dicte les mêmes lois que la bonne foi. Aujourd'hui nous sommes faibles, désorganisés. La guerre nous est funeste ; mais nous avons un allié ; nous aurons cent soixante vaisseaux. Si nous ne secourions pas l'Espagne, dans un an nous aurions la guerre, sans allié, avec quatre-vingts vaisseaux contre l'Angleterre, le stathouder, et peut-être l'Espagne.

Enfin, si quelque moyen peut conserver la paix, c'est celui de la fermeté. L'ambition n'a jamais fléchi devant la crainte et la prière. La loyauté et la sagesse armées peuvent seules la réprimer.

ARTICLE XIII.

DE L'ITALIE.

Ce pays, autrefois le berceau des conquérans du monde connu, a bien changé de face depuis la décadence de l'empire romain. Conquis ou ravagé sans cesse par un déluge de Barbares, il devint à son tour la proie des nations.

Deux des plus puissantes se le disputèrent long-temps; le sort de la guerre, ou plutôt de l'intrigue et des négociations, décida la question en faveur de l'Espagne. La France y perdit tout; l'Italie resta partagée entre quelques petits souverains, deux ou trois républiques et la monarchie espagnole.

Cette consistance dura environ cent cinquante ans, jusqu'à l'ouverture de la succession d'Espagne.

Les malheurs de la France, dans cette longue guerre, livrèrent l'Italie sans défense à la maison d'Autriche. Elle y prit la place de l'Espagne dans ses anciennes possessions, et commença d'y faire valoir les droits de l'empire romain.

Joseph Ier s'en prévalut pour confisquer à son profit les États de Mantoue, de la Mirandole et de Carpi*, pour lever des contributions et prendre des quartiers d'hiver sur ceux des autres princes, sans respecter le pape qui fut obligé de plier, par le traité de 1709, sous les volontés absolues du prétendu représentant de Charlemagne **.

* Ces deux derniers furent vendus au duc de Modène, et rentrèrent encore à la nouvelle maison d'Autriche avec la masse des États de la maison d'Este, par l'investiture éventuelle accordée à l'archiduc Ferdinand et à ses héritiers collatéraux.

** « L'observation n'est pas exacte. La guerre de succession avait été entreprise pour empêcher la maison de Bourbon de posséder les trônes de France et d'Espagne ; mais la mort du prince autrichien, dont on soutenait les prétentions, changea la face des affaires, et l'Angleterre se décida à la paix, parce qu'elle aimait mieux voir le petit-fils de Louis XIV roi d'Espagne, que de voir la même tête porter les couronnes autrichienne et espagnole, et ressusciter la puissance redoutable de Charles-Quint. Il résulta de ce changement de politique, et des traités subséquens, qu'après plusieurs alternatives, la maison d'Autriche, loin de s'agrandir, comme elle l'espérait, vit ses plus belles espérances détruites ; qu'elle ne conserva, de ses prétentions sur l'Espagne, que celle de faire des chevaliers de la toison d'or, ce qui ne faisait de mal à personne, et qu'elle n'acquit par la suite en Italie que le Milanez et la Toscane, faibles compensations de l'accroissement important que reçut la maison de France par la possession de Parme, de Naples, d'Espagne, du Mexique et du Pérou. » (SÉGUR.)

Ce fut à ce titre que la cour de Vienne continua de mettre en avant les prétentions surannées de l'Empire contre tous les princes et États d'Italie. Après la mort de Joseph Ier, Charles VI avait adopté son système; mais les liaisons entre la France, l'Espagne et l'Angleterre, firent naître des obstacles à l'exécution de ses projets. Il y gagna pourtant la suzeraineté de Parme et de Plaisance, qui fut reconnue de ces trois puissances, au préjudice de la cour de Rome.

Les deux guerres de 1733 et 1741, et les deux traités qui les avaient terminées, semblaient avoir posé de nouvelles barrières à l'ambition autrichienne toujours étayée des droits de l'Empire. On n'en avait plus entendu parler, tant que la France avait conservé dans l'ordre politique son crédit, sa considération, sa prééminence, en un mot sa place à la tête des grandes puissances.

Mais le nouveau systeme de 1756 ayant ouvert la porte aux prétentions de toute espèce que la cour de Vienne avait accumulées, elle ne tarda point à les remettre en avant; la crise d'une guerre en Allemagne, où l'on s'était engagé pour elle si gratuitement, nous avait mis dans le cas d'exiger tout de cette cour * : elle

---

* « Ici Favier dit la vérité tout entière, et ces deux

exigea de nous, et on voulut bien s'y prêter.

Par tous les traités [*] qui suivirent celui du 1er mai de cette année, la France s'engagea à faire valoir ces prétentions chimériques, aux dépens de qui il appartiendrait (même des autres branches de la maison de Bourbon). Ainsi cette grande et première puissance devint peu à peu l'instrument des vues et des projets d'une autre, exclusivement aux intérêts de ses alliés, même aux siens propres; et, par une conséquence naturelle et nécessaire, elle a été enfin regardée comme n'ayant plus de mouvement propre, recevant l'impulsion au lieu de la donner, enfin comme une puissance secondaire et subordonnée.

Dès-lors elle éprouva en Italie, aussi bien qu'en Allemagne, une rapide dégradation de son crédit, de sa considération et de sa prééminence.

Les circonstances étaient pourtant bien favo-

» lignes seules suffisent pour réfuter tout ce qu'on voit
» de trop systématique dans son ouvrage. Le *traité de*
» 1756 *nous donnait le droit de tout exiger de la cour*
» *de Vienne*. J'ajoute que la position des Pays-Bas au-
» trichiens nous en donnait les moyens. » (SÉGUR.)

[*] On vit éclore successivement ceux du 1er mai 1757 et du 30 décembre 1758; ce dernier enchérit sur les précédens. *Voyez* article VII, *de la cour de Vienne*, à la fin de cet article.

rables alors pour y conserver et même y augmenter tous ces avantages.

La cour de Rome a toujours craint, depuis Joseph Ier, d'être encore exposée aux mêmes avanies de la part de ses successeurs.

Naples était une conquête récente de l'Espagne sur la maison d'Autriche, et cela ne se pardonne point.

Le roi de Sardaigne venait de lui arracher, par le besoin qu'elle avait eu de lui, une partie du Milanez; et cela ne se pardonne pas davantage.

Parme et Plaisance, données à don Philippe, semblaient encore à cette cour une usurpation sur elle, parce que ce petit État venait d'être démembré aussi de ses usurpations précédentes.

Des deux républiques *, la plus faible venait d'échapper à ses fers, et elle ne devait qu'à la France le bonheur d'en avoir été entièrement délivrée.

La plus puissante avait été le triste témoin de cette oppression. Elle avait inutilement intercédé en faveur de cette sœur infortunée auprès d'un vainqueur inflexible qui la menaçait du même sort à la première occasion.

* Venise et Gênes : on ne parle pas plus ici de Lucques que de Saint-Marin; on en dira pourtant un mot au sujet de Modène et de la Toscane.

Que de motifs, pour tous ces princes et États, de recourir uniquement à la protection de la France! Celle de l'Espagne avait été suspecte; elle était alors devenue presque nulle. Le traité d'Aranjuez* ne l'annonçait que faiblement; et, sans procurer aucune sûreté de plus aux deux Infantes qu'elle y avait établies, il laissait en proie à l'Autriche tout le reste de l'Italie.

Le roi de Sardaigne, partie contractante dans ce traité, y aurait gagné seul par la garantie de l'Espagne pour ses nouvelles possessions. Mais la prestation de cette garantie aurait dépendu principalement de la liberté du passage par la France, et celle-ci n'était engagée à rien.

La France restait alors libre d'accorder ou de refuser aux trois parties contractantes et à tous les autres États son appui contre tout agresseur, tout infracteur de la paix publique en Italie aussi bien qu'en Allemagne.

Pour avoir le droit d'accorder, il ne lui fal-

---

* Conclu, en 1752, entre les cours de Vienne, de Madrid, et de Turin. Il semblait n'avoir été négocié que pour débarrasser entièrement l'Espagne des affaires d'Italie, sous le prétexte spécieux d'en assurer la tranquillité; mais il ne contenait rien de plus que le traité d'Aix-la-Chapelle. A l'égard des cours de Vienne et de Turin, l'une avait le plaisir de traiter avec l'Espagne sans la France, et l'avantage d'assurer de plus en plus ses possessions sans compromettre ses prétentions; l'autre obtint enfin, par ce même traité, l'alternative si désirée.

lait point d'autres engagemens, d'autres titres que ceux qu'elle avait déjà contractés ou acquis par le traité d'Aix-la-Chapelle, par ses alliances toujours subsistantes avec les deux républiques, enfin par le droit de protection qu'elle a de tout temps été en possession d'exercer en faveur du Saint-Siège.

Donc, dans tous les cas possibles, il pouvait et devait alors exister, des États d'Italie à l'égard de la France, le recours du plus faible; de la France à eux, le secours du plus fort; enfin le concours de l'un et de l'autre. Ce sont ces trois espèces de rapports qui constituent essentiellement la puissance fédérative.

La France avait de plus la liberté du choix entre la médiation, l'arbitrage et la protection; il lui restait la faculté d'exercer chacune de ces trois fonctions au gré de ses intérêts, sans négliger sa gloire ni manquer à la justice.

Donc elle était alors, relativement à l'Italie aussi bien qu'à l'Empire, au plus haut degré de sa puissance fédérative.

Donc aussi elle y jouissait de tous les avantages que donne à un État ce genre de puissance, lorsqu'il est soutenu de la puissance militaire. Elle y avait conservé son crédit, sa considération, sa prééminence. Elle était d'autant plus sûre de les y maintenir, qu'en espérant de son secours, on ne craignait plus rien de son ambition. Le désintéressement, la modération du roi et son amour pour la paix avaient trop éclaté dans les deux derniers traités, pour que l'Italie eût pu conserver là-dessus le moindre soupçon. Elle célébrait la sagesse et la générosité du monarque, sans redouter, comme autrefois, la politique du cabinet *.

Telle était alors la situation de la France dans l'ordre politique, relativement à l'Italie. Voyons à présent quelle est aujourd'hui la position respective de l'Italie à l'égard de la France.

Mais cette partie de l'Europe étant partagée entre plusieurs dominations différentes, il résulte de ce partage autant de rapports divers

* *Gran gabinetto di Francia!* C'était encore, il y a vingt ans, l'exclamation familière aux Italiens, lorsqu'ils apprenaient quelque événement où la France avait eu part. Cette admiration était fort ancienne; elle avait commencé du temps de Henri IV (Sully, Villeroy, Jeannin, d'Ossat l'avaient établie) : elle s'était toujours soutenue depuis, mais non pas sans être mêlée de crainte. Cette nation avait la même opinion de notre puissance que de notre politique : témoin le mot du marquis d'Ormea, sous le feu roi de Sardaigne. Ce ministre était en conférence, à la cour de Turin, avec ceux de Vienne et de Londres, qui lui parlaient sans cesse de l'équilibre de l'Europe : il était fatigué de ces lieux communs de la vieille politique. « C'est une chimère, leur répondit-» il; cet équilibre n'existe point, et il ne saurait exister que dans » le cabinet de Versailles; car, tant que celui-ci ne fera point de » faute, il n'y aura et ne peut jamais y avoir d'équilibre en Eu-» rope. »

de ces dominations entr'elles, et respectivement à l'égard des autres puissances. Ces rapports doivent être discutés et appréciés séparément. Ce seront les sujets d'autant de sous-divisions qu'il y a d'États à parcourir; et, en commençant par le midi, on suivra toujours l'ordre topographique *.

* L'étendue de l'objet nous obligera de le partager en deux numéros; le premier contiendra le sud et l'est de l'Italie; et le second tout le reste.

« MALGRÉ la faiblesse de la France, presque tout ce
» que désire Favier avait été prévu et fait : et, si une
» aveugle condescendance avait porté à signer des arti-
» cles favorables aux prétentions éventuelles de l'Autri-
» che, conformes, d'ailleurs, à ce qui avait été précé-
» demment stipulé dans le traité d'accession du roi de
» Sardaigne au traité d'Aix-la-Chapelle, il faut con-
» venir que le *Pacte de famille*, en réunissant postérieu-
» rement les intérêts des cours de Naples, de Parme,
» de Madrid et de Versailles, avait réparé cette faute,
» et rendu à la France son vrai rôle, celui de protec-
» trice de l'Italie. (SÉGUR.)

NAPLES ET SICILE.

Ces deux royaumes, si long-temps disputés entre les deux maisons d'Anjou et d'Aragon, entre les Français et les Espagnols, étaient enfin restés à la maison d'Autriche.

Elle les a perdus en 1734, et depuis elle n'a point cessé de les regretter. Son entreprise, en 1744, pour en chasser don Carlos, ne réussit pas, il est vrai : le traité d'Aix-la-Chapelle lui en ôta l'espoir; mais ceux qu'elle fit depuis avec la France, et les clauses vagues, ambiguës qu'on y laissa glisser, donnent à cette cour des prétextes de s'immiscer dans les arrangemens éventuels relatifs à la succession de ces deux royaumes. Elle s'était flattée de faire passer l'Infant don Philippe au trône de Naples, à l'exclusion des fils du roi régnant, lorsqu'il monterait sur celui d'Espagne; et, dans ce cas, la réversion de Parme et de Plaisance lui était assurée *.

La fermeté de don Carlos à la mort de Ferdinand VI, et l'usage qu'il fit de ses droits naturels en faveur d'un de ses enfans, déconcerta

* Voyez la convention ou traité secret de Versailles, du 30 décembre 1758, tome II, article VII, *de la cour de Vienne*, à la fin de cet article.

heureusement toutes les mesures de la cour de Vienne, et ceux qui paraissaient lui avoir promis leurs services dans cette occasion furent obligés de les lui déprometttre.

Il ne resta donc à la cour de Vienne que l'espoir de dominer un jour, par l'intrigue, dans un royaume que la force n'avait pu lui soumettre.

Elle a pu et dû s'en flatter, aussitôt qu'elle a réussi à donner pour épouse une archiduchesse au nouveau roi des Deux-Siciles.

On n'est pas à portée de juger à quel point l'influence de la reine peut être prépondérante. Mais, d'après le génie, le caractère et l'éducation de toute la branche espagnole, on peut du moins prévoir que cette prépondérance doit même augmenter avec le temps, au lieu de diminuer.

Tel est aussi l'usage heureux et adroit que la cour de Vienne a toujours su faire de ses archiduchesses ; et, sous l'impératrice régnante, on oserait ajouter que cette méthode a été encore perfectionnée.

Le roi de Naples n'a pas été élevé dans des principes d'amitié et d'attachement pour la France. Son gouverneur, le prince de San-Nicandro, n'avait eu soin de lui inspirer aucun des sentimens, des goûts et des affections qui auraient été le mieux à leur place, dans un prince cadet de cette première maison de l'univers *. Loin d'aimer, de connaître la France et les Français, ce jeune monarque, non plus que les Infans ses frères, n'en parlait pas même la langue **.

Ce ne serait donc que pendant la vie du roi son père, et d'après l'autorité qu'il conserve encore sur la cour de Naples, qu'on pourrait compter sur l'union intime de cette cour avec la nôtre.

Il serait même très possible qu'à la naissance d'un prince héritier du trône, la jeune reine, qui n'a encore donné à son époux que des princesses, prît sur lui bien plus d'ascendant, et même assez dans certains cas pour lui faire secouer le joug de l'autorité paternelle.

Enfin, en supposant qu'il ne s'écarte jamais à cet égard de ses devoirs, il peut perdre le roi son père, et, tout jeune qu'il est, ne lui sur-

---

* Ceci n'est point un trait d'enthousiasme ni de fanatisme: Tout étranger qui aura bien étudié l'histoire, conviendra qu'aucune autre maison n'a eu tant de rois, ni régné sur tant de royaumes différens, et ne remonte incontestablement si haut dans les temps les plus reculés; enfin, que les maisons royales aujourd'hui régnantes en Europe et même en Asie, sont, en cette qualité, toutes très modernes, relativement à celle de France.

** Voyez les *éclaircissemens* et *observations* sur l'article XII, de l'*Espagne*, n° I, de la Haine nationale.

vivre que peu de temps. Si, à cette époque, il ne laissait point d'enfans mâles, il n'est pas douteux que l'Infante aînée ne devînt le partage d'un des princes de Toscane*; et, quelques arrangemens que Charles III eût pu faire, de son vivant, en faveur de sa ligne masculine, on saurait élever cette princesse sur le trône, et lui en assurer la possession, ainsi qu'à son époux actuel ou futur.

Alors il serait aussi très possible que l'empereur mourût sans enfans, et que le fils du grand-duc devînt l'héritier des États d'Autriche.

Il réunirait à lui seul ceux que Charles-Quint avait possédés en Italie, et augmentés de la Toscane entière.

Que deviendrait alors et la liberté de l'Italie et celle d'Europe, et la maison de Bourbon? On ne pourrait pas se flatter que l'Angleterre voulût bien s'unir et se concerter encore avec elle pour maintenir ou rétablir en Italie une espèce d'équilibre. Nous l'avons déjà dit **, les motifs qui, sous les deux George, premier et second, ont pu décider ces alliances, ne subsiste-

---

* La cour de Vienne prendrait de loin, pour cela, de bonnes mesures, comme elle a fait pour le mariage de l'héritière des États de Modène.

** Article X, *de l'Angleterre*; et VIII, *de l'Empire*, sur la maison de Brunswick.

raient plus sous le troisième ni sous ses successeurs; les *continental connections* n'influeraient plus dans le cabinet de Saint-James. Il ne verrait alors que de deux choses l'une :

Ou la plus belle occasion de mettre aux mains deux maisons dont il craint l'une, et dont l'autre a paru enfin détachée de l'Angleterre;

Ou une circonstance heureuse pour bannir à jamais la première de l'Italie, y établir exclusivement une puissance ennemie naturelle de la France, renfermer ainsi la maison de Bourbon dans les limites de la France et de l'Espagne *, vendre cher son secours par mer à celle d'Autriche, et s'assurer, par ce moyen, une supériorité privative dans les ports d'Italie soumis à la même domination.

Mais supposons que le roi des Deux-Siciles ait bientôt un ou plusieurs enfans mâles (cela est assurément très possible et très vraisemblable), voilà donc en Italie une nouvelle branche de la maison de Bourbon, qui peut et doit y devenir puissante et florissante. Reste à savoir si, ayant tiré de la France son origine et son appui, elle lui en sera désormais plus attachée.

* On ne parle point de la branche établie à Parme. Un détachement de hussards parti de Casal-Maggiore, vis-à-vis de Colorno, peut et pourra toujours passer le Pô la nuit, et enlever de ce château l'Infant duc avec sa cour et sa famille.

On ne peut guère se flatter que Ferdinand IV, gouvernera un jour par lui-même. Toujours soumis à une direction, une impulsion quelconque, une nouvelle influence devra succéder à celle qui subsiste encore de la cour de Madrid sur celle de Naples. Quelle sera cette influence? Nous l'avons déjà dit; tout paraît annoncer celle de la reine, et par conséquent de la maison d'Autriche.

Si celle-ci donc jugeait à propos de détourner un jour ce monarque des affections et des liaisons qui auraient subsisté entre sa maison et lui du vivant de Charles III; si même, par des circonstances qu'il ne serait pas impossible de prévoir, l'Autriche de nouveau s'unissait avec l'Angleterre, et que le penchant naturel des cours d'Italie pour cette puissance maritime entraînât celle de Naples dans des mesures opposées à celles de la France * et de l'Espagne, que n'aurait-on point à se reprocher? On au-

---

* On a vu don Carlos lui-même céder un moment à la terreur qui avait subjugué son conseil en 1743; le capitaine Martin donner, montre sur table, la loi au monarque dans son palais, dans sa capitale, et l'obliger à rappeler ses troupes de l'armée espagnole en Italie.

Le penchant naturel influerait désormais encore plus que la crainte dans une pareille démarche, si l'occasion s'en présentait de nouveau: ce penchant n'est que trop manifeste à tous ceux qui connaissent et Naples et l'Italie.

rait manqué aux premiers élémens, aux règles les plus triviales de la politique.

En effet, si dès à présent, et de concert avec l'Espagne, on ne prenait pas des mesures pour affermir, entre cette cour, celle de Naples et la nôtre, un système indissoluble de puissance fédérative, il ne serait plus temps d'y penser, lorsque le besoin, la crise des affaires nous forceraient de nous en occuper.

On ne parlera pas ici des moyens et des ressources que ces deux royaumes, bien administrés, pourraient fournir ou préparer à cette triple alliance de la maison de Bourbon * : ce serait le sujet d'un mémoire particulier, où il faudrait entrer en détails sur la cour, le ministère, les troupes, la marine, les finances, le commerce, l'industrie, l'agriculture, et en général tous les objets, toutes les branches de l'administration. On dira seulement que ces moyens et ces ressources pourraient devenir très considérables, et mettre un grand poids dans la balance de l'Italie et de l'Europe **.

* On suppose que tous les autres États d'Italie, qui ne sont point soumis à la domination autrichienne, accéderaient, au moins successivement, à cette alliance ; et c'est de quoi on parlera dans la suite de cet ouvrage.

** « Favier n'a que trop prévu ce qui devait arriver, » en annonçant l'influence de l'Autriche et de l'Angle-

En effet, aucun pays du monde n'est situé plus avantageusement pour réunir en abondance presque tous les genres divers de productions du sol et de bénéfices de l'industrie, qui se trouvent partagés entre les autres États de l'Europe.

Il n'est pas moins bien placé pour jouir de tous les avantages du commerce d'exportation et d'importation. Entouré de mers et de ports, il semble fait pour dominer sur la Méditerranée.

Sa position topographique lui donne d'ailleurs le plus grand avantage pour influer militairement dans les affaires d'Italie. Isolé de trois côtés, il ne touche au continent que par la frontière de l'État ecclésiastique.

S'il est attaqué (ce que pourtant il ne doit jamais attendre), ce ne peut être ni de près ni subitement; il a toujours le temps de se préparer, n'ayant rien à craindre de ses plus proches voisins, et l'ennemi étant obligé de partir de fort loin pour traverser leur territoire avant d'arriver jusqu'à lui. Sa frontière est aisée à défendre, de quelque côté que cet ennemi se

» terre sur la cour de Naples ; mais les événemens doi-
» vent faire voir combien il s'est trompé sur les forces
» militaires du royaume des Deux-Siciles, en les regar-
» dant comme un poids considérable dans la balance
» politique. » (SÉGUR.)

présente, ou sur le Tronto, ou sur le Garigliano.

S'il attaque, il a devant lui un vaste champ de bataille. Outre l'État ecclésiastique, les deux autres les plus voisins * ne sont guère mieux armés. Ouverts aux amis et aux ennemis, ils offriraient toujours à une armée napolitaine, et pour les subsistances, et même pour les besoins pécuniaires, ces ressources un peu forcées, et contre lesquelles on réclame peut-être avec justice, mais que la raison d'État, les lois de la guerre, la nécessité surtout, autorisent du moins, et que le succès justifie.

Les royaumes de Naples et de Sicile forment donc par eux-mêmes l'État le plus considérable, le plus important de l'Italie, et le plus fait pour y être prépondérant.

Quant à sa position respective à l'égard des autres puissances de l'Europe, elle ne peut consister que dans les rapports directs de cette cour avec celle de Vienne, par les liaisons étroites, et peut-être trop intimes, que la nouvelle affinité a établies entre les deux familles; ou dans ceux que les liens du sang et de l'intérêt commun lui rendent essentiels et nécessaires avec la France et l'Espagne. C'est par ces deux

* La Toscane et l'État de Venise.

puissances qu'elle peut se trouver impliquée, engagée dans les affaires générales de l'Europe; c'est pour elle aussi que les deux monarques, parens et alliés, doivent veiller sans cesse, non-seulement à sa sûreté, à sa conservation, mais aussi à l'accroissement de ses forces, de ses moyens, et à l'usage que, dans plusieurs cas, elle en pourra et devra faire.

La position de cette nouvelle monarchie, respectivement à la France, est donc et doit être un des objets les plus intéressans des spéculations de celle-ci. C'est la position d'un État que tout semble attacher à la France, qui l'est encore, au moins par le lien commun de l'Espagne, mais qui pourrait s'en détacher si ce lien venait à se rompre ou à se relâcher, ce qui n'est rien moins qu'impossible.

Donc on ne saurait s'y prendre trop tôt pour établir et affermir l'union et la communauté d'intérêts entre ces deux puissances et la monarchie napolitaine, toujours aussi de concert avec l'Espagne; pour l'allier fortement et solidement au nouveau système de puissance fédérative qu'il est si nécessaire de former, non-seulement en Italie, mais en Europe.

Donc aussi la France doit à la cour de Naples, ainsi qu'à celle de Madrid, l'exemple des mesures sages, fermes et bien combinées, qui peuvent amener et consolider la formation de ce système.

Donc enfin, c'est de la France même que ces deux puissances doivent apprendre, en l'imitant, à soutenir et vivifier ce système politique par le concours indispensable d'un bon système militaire.

Ce moyen seul, mis en usage tout à la fois par les trois couronnes de la maison de Bourbon, pourrait assurer d'avance le succès complet de leurs opérations politiques.

~~~~~~~~

« Si on lisait les correspondances, on verrait que le
» gouvernement français n'avait rien négligé pour rap-
» peler la cour de Naples à son vrai système, pour di-
» riger sa politique et pour rendre à son armée une exis-
» tence respectable. Mais l'influence de la reine de
» Naples, et le crédit du ministre Acton, dévoué à l'An-
» gleterre, ont toujours combattu ses efforts. Le baron
» de Salis, officier général suisse distingué, fut envoyé
» par le roi à Naples pour rétablir la discipline et l'in-
» struction militaire ; mais son activité, sa constance,
» ses soins furent inutiles. Que faire dans un pays où
» les officiers se livrent sans honte aux emplois les plus
» bas et à l'avarice la plus sordide ? Il aurait fallu
» refondre toute l'armée et détruire tous les préjugés.
» La cour n'avait ni assez de caractère ni assez de lu-
» mières pour y parvenir. La superstition est telle
» dans ce royaume, qu'on ne parvint à opposer une

» digue aux vols qui se commettaient la nuit à Naples,
» et à éclairer cette ville, que par le moyen d'un moine
» qui excita la ferveur des Napolitains, et leur persuada
» de placer, à la porte de chaque maison, une madone
» et une lumière.

» On a vu récemment vingt mille Français mettre
» en fuite quatre-vingt mille Napolitains, faire la con-
» quête de tout le royaume de Naples, et ne parvenir
» cependant à subjuguer la populace de Naples qu'en
» commandant un miracle à saint Janvier, que la cour
» de Naples, à son retour, punit de ce mauvais service
» en le privant de son patronage, et en le donnant à
» saint Antoine.

» Les combinaisons et les prédictions d'une politi-
» que sage sont souvent en défaut lorsqu'elles ont pour
» objet une telle nation. » (Ségur.)

L'ÉTAT ECCLÉSIASTIQUE.

La considération à la cour de Rome serait au fond peu importante, si l'usage n'en avait fait une prérogative essentielle des grandes couronnes [*].

Dès-lors elle fait partie de ce crédit ou réputation si nécessaire à conserver.

Depuis Joseph Ier, cette cour a toujours tremblé que la maison d'Autriche n'établît en Italie une trop grande puissance, et ne prétendît y faire revivre, pour son propre compte, les droits surannés de l'empire romain.

Cette crainte serait encore plus fondée sous un empereur qui joindrait du côté paternel les États de Toscane à la Lombardie autrichienne : le cas peut arriver ; il peut exister tout à l'heure.

Ce serait encore bien pis, si, d'un autre côté, l'héritier de la maison d'Este, par un mariage et par une investiture, venait à réclamer la

---

[*] Quoique l'importance réelle de cette considération ne consiste que dans le crédit à la cour de Rome, relativement au siège et au conseil permanent du chef de l'Église, observons qu'ici l'État ecclésiastique n'est et ne sera considéré que sous le rapport d'un État séculier et souverain avec d'autres États de la même classe.

totalité des États autrefois possédés par cette maison; et par conséquent le duché de Ferrare. Ceci est encore très possible, peut-être même assez prochain, et cet héritier est un archiduc.

Depuis soixante ans, la cour de Rome et les autres princes d'Italie n'avaient eu d'autre ressource pour s'empêcher de subir le joug que la protection de la France et de l'Espagne.

La cour de Rome pourrait-elle y compter? et cette protection serait-elle, au besoin, prompte, suffisante, efficace dans l'état actuel des choses, c'est-à-dire après que la France a perdu, relativement à l'Italie, comme à l'Empire, beaucoup de son crédit, de sa considération, de sa prépondérance?

Tout cela se trouvait fondé sur la sagesse et la solidité de son système ancien de puissance fédérative.

Ce système est détruit; un autre a succédé, qui avait placé la France en seconde ligne, qui l'avait subordonnée aux vues, aux désirs d'une autre puissance; et c'est précisément la seule dont tous les États d'Italie, surtout la cour de Rome, redoutent l'ambition et l'oppression.

Un troisième système vient d'éclore, également destructif des précédens, c'est le système copartageant. Il ne semblerait affecter que le Nord et l'Allemagne; il menace cependant et la cour de Rome et toute l'Italie.

Le premier étant détruit, le second déjà ébranlé et près de s'écrouler de son propre poids, c'est le troisième qui domine en Italie tout comme ailleurs.

Une branche de ce système, c'est le principe de l'égalité et de la proportion dans les acquisitions des trois copartageans.

La Russie et le roi de Prusse peuvent acquérir beaucoup dans le Nord et en Allemagne, rien en Italie.

Pour maintenir donc cette proportion, cette égalité entre les acquisitions réciproques, il faudrait chaque fois un équivalent à la cour de Vienne. Où le prendrait-elle, sans achever d'envahir la Pologne et l'Empire? ce serait en Italie.

Les États du pape, donnés jadis par deux rois de France*, et long-temps avant que le second fût empereur, sont toujours cependant, au gré des publicistes autrichiens, un démem-

* Pépin et Charlemagne, des dépouilles du royaume de Lombardie et de l'empire grec. C'est un fait notoire et prouvé incontestablement par les époques de ces donations, telles quelles, antérieures de beaucoup à celle du couronnement de Charlemagne à Rome, comme empereur d'Occident. Cette cérémonie ne donnait pas au roi de France un pouce de terrain ni un droit de plus à tout ce qu'il possédait déjà ; elle n'eut lieu qu'en 800, et quatorze ans seulement avant la mort de ce conquérant.

brement scandaleux de l'empire romano-germanique.

Joseph II paraît déjà fort impatient d'adopter leur jurisprudence; ce ne serait à ses yeux qu'une réunion des biens de l'Église : genre d'acquisition facile, commode, pacifique, et pour lequel ce prince laisse entrevoir un penchant décidé.

S'il croyait avoir des raisons pour ne pas consommer d'abord cette opération de finance, il en ferait du moins l'essai par la réunion du duché de Ferrare aux États de Modène en faveur de l'archiduc Ferdinand, et par la réclamation de Comachio (qui n'est qu'assoupie) contre le Saint-Siége, au profit de l'Empire.

La France, politiquement, pourrait-elle permettre toutes ces vexations; et sa considération à la cour de Rome, en Europe, dans l'univers entier, n'y serait-elle pas compromise? En honneur même, voudrait-elle les souffrir?

Mais comment les empêcher dans l'état actuel, et moins encore dans celui qui doit nécessairement résulter du système copartageant, si on le laisse subsister?

La position respective de la cour de Rome, relativement à la France, est donc celle d'un État faible, créé depuis mille ans révolus par la piété, la libéralité, la bienfaisance d'un souverain d'un autre État puissant et redoutable, constamment protégé par les successeurs de ce grand monarque pendant une longue suite de siècles, et qui a toujours reconnu cette protection comme un droit inséparable et inaliénable de leur couronne.

La position de la France, à l'égard de la même cour, est celle d'une puissance qui a daigné s'honorer des titres et des distinctions que cette protection constante, lui a fait donner par le Saint-Siége, au-dessus de toutes les autres monarchies, et qui, par l'usage établi entre les têtes couronnées [*], s'en est à son tour prévalue pour maintenir sa dignité et sa prééminence.

Mais un motif bien plus solide d'intérêt réel, actuel, qui doit sans doute intéresser la France en faveur de cette cour, c'est que les vexations dont elle est menacée ne peuvent avoir lieu sans que la paix de l'Italie, et par contre-coup de l'Europe, n'en soit troublée au point d'engager peut-être la France dans une guerre générale, qu'elle doit prévenir.

Donc l'amour même de la paix et le désir de

---

[*] Cet usage était si constant et si invétéré en Europe, que depuis la réformation, les rois d'Angleterre ont toujours conservé précieusement le titre de *défenseurs de la foi*. Il avait été conféré par Léon X à Henri VIII, pour avoir soutenu des dogmes tout contraires à ceux dont ses successeurs et lui-même ont fait profession depuis cette époque.

maintenir la tranquillité publique exigent de la France des mesures nobles, sages, fermes, bien concertées, et surtout prises à temps, pour aller au devant de ce torrent d'usurpations : donc l'Italie même, surtout la cour de Rome, se trouve menacée, et par le système ancien et constant de la cour de Vienne, et par celui qu'a fait éclore la ligue copartageante.

Donc aussi la France ne doit pas attendre que le feu s'allume dans cette partie de l'Europe ; elle doit, au contraire, travailler sans délai, sans relâche, à la formation d'un nouveau système politique et militaire, dont la solidité puisse en imposer à l'ambition et à l'avidité des infracteurs de la paix. Par ce moyen, seul digne d'elle, cette monarchie protectrice, née de l'Église, et arbitre naturel de l'Italie, comme de l'Allemagne, conservera tout à la fois et la paix et sa propre gloire et commencera dès-lors de recouvrer son crédit, sa considération et sa prééminence.

« Il est certain que le nouveau système politique qui
» s'établit à l'occasion de la Pologne, c'est-à-dire le
» système des partages, doit malheureusement faire
» époque dans l'histoire de l'Europe. Lorsqu'on sub-
» stitue le droit de convenance au droit des gens, il
» n'existe plus rien de certain, et la force des armes

» tient lieu de loi. L'Europe est encore bouleversée
» par les suites de ce fatal système, et toutes les puis-
» sances n'y renonceront qu'après en avoir toutes plus
» ou moins souffert. L'équilibre étant dérangé, il
» faut établir un nouvel ordre de choses, un nouveau
» code de propriétés politiques. Dieu veuille que les
» négociations qui l'amèneront soient plus courtes que
» celles du traité de Westphalie! Quand on a tant d'in-
» térêts contraires à concilier, et tant d'ambitions op-
» posées à satisfaire, la paix générale est bien difficile
» à conclure, quoiqu'elle devienne un besoin universel.
» La lassitude donne quelques instans de calme; le
» vainqueur fait signer au vaincu des traités qui ne
» sont que des trèves; la paix est sur les lèvres, et le
» ressentiment au fond du cœur. Le repos solide ne
» peut renaître que lorsque toutes les grandes parties
» contractantes sont satisfaites de leur position res-
» pective, et c'est toujours aux dépens des États faibles
» que tout s'arrange. Les petits princes paient tôt ou
» tard les frais des procès des grands monarques. Fa-
» vier voyait de loin et souvent juste : il se serait plus
» rarement trompé s'il n'avait pas voulu plier tous les
» événemens, présens et futurs, à son système : mais
» il ne voit partout à craindre que l'Autriche. La suite
» des événemens a prouvé cependant que ce n'était
» point Vienne que Rome avait à redouter. La France,
» Naples, l'Espagne et la Prusse auraient défendu l'É-
» tat ecclésiastique contre l'Autriche; et, en y réflé-
» chissant impartialement, Favier aurait dû voir que
» les papes avaient plus à craindre la lumière que la
» foudre, et que leurs vrais ennemis étaient plus les
» philosophes que les rois. » (Ségur.)

LA RÉPUBLIQUE DE VENISE.

Cet État est si nul, relativement à l'Europe et à l'Italie même, depuis deux siècles, que, dans ce long intervalle, on n'a, pour ainsi dire, entendu parler des Vénitiens que trois ou quatre fois.

La première, lors du démêlé de la république avec la cour de Rome; elle en sortit avec honneur par la médiation, et plus encore par la protection de Henri IV.

Ensuite elle perdit Candie, et cette perte fut célèbre par la longueur du siége et par les secours de la chrétienté, mais surtout de la France.

Engagée dans la guerre qui précéda la paix de Carlowitz (en 1699), la république y joua un rôle plus heureux et assez brillant. Le dernier de ses héros y conquit la Morée *, elle la retint par le même traité.

Enfin, dans le cours d'une autre guerre contre les Turcs (heureuse pour tous les alliés, excepté pour elle-même), Venise reperdit cette

---

* Le doge Morosini : à l'imitation des généraux de l'ancienne Rome, il remporta de cette conquête le surnom de *Peloponesiaco*.

importante conquête, et fut obligée d'y renoncer par le traité de Passarowitz, en 1719.

Depuis cette époque, la république est restée purement passive dans les deux dernières guerres d'Italie (de 1733 et 1741). Ses États ont servi de passage et de champ de bataille aux armées françaises, autrichiennes, espagnoles, comme ils l'avaient toujours fait dans les précédentes, depuis deux cents ans.

Elle suit encore actuellement ce système d'inertie dans la guerre de l'Archipel entre la Porte et la Russie. Cela, jusqu'à présent, ne lui a produit que ce qui arrive toujours aux États trop long-temps neutres et craintifs sur ce qui se passe, pour ainsi dire, à leur porte : elle n'a contenté personne; et des deux parties belligérantes, celle qui reste à portée de cette république lui fera éprouver tôt ou tard son ressentiment.

Elle ne doit pas espérer plus d'égards de la cour de Vienne, aussitôt que celle-ci aura pu remplir en partie ses vastes projets sur l'Italie; elle ne tarderait point alors à mettre en avant les prétentions de Maximilien Ier sur l'État de terre ferme.

Cet État, composé de la dépouille de plusieurs petits tyrans* et des empiétemens atroces

---

*. Ce nom en Italie, ainsi qu'autrefois dans la Grèce, n'avait

et frauduleux que la république avait faits en différens temps sur les États voisins, n'était rien moins alors que légitimement acquis : mais une prescription de trois siècles de plus en doit avoir enfin légitimé la possession; sans cela, il n'y en aurait aucune d'assurée dans l'Europe entière.

Mais quel droit peut tenir contre une prétention escortée de deux cent mille hommes? Telles sont aujourd'hui celles de la maison d'Autriche. On ne peut plus les réfuter qu'avec des argumens de la même force.

La république de Venise touche peut-être de bien près au moment d'éprouver les effets lents, mais sûrs, et toujours funestes, d'un système passif.

Dès à présent, elle n'existe plus que sous l'abri ordinaire des États faibles, c'est-à-dire la défiance et la jalousie réciproque des États plus puissans dont ils sont entourés. Aucun d'eux, dit-on, ne voudrait permettre qu'un d'entr'eux s'en emparât au préjudice de tous les autres.

---

pas la même signification odieuse et vague qu'il a eue depuis dans des langues modernes; il exprimait seulement un particulier qui, étant né dans une république, ou ville libre, s'y était rendu le maître absolu, soit à titre de souverain, soit en qualité de premier magistrat, comme César dans Rome, et les Médicis à Florence.

Mais cette existence, toujours humiliante et précaire, est bien peu de chose pour la superbe république de Venise, cette ancienne rivale des rois, des empereurs, et qui a tenu jadis pendant si long-temps la balance de l'Italie.

Elle pourrait même éprouver qu'il ne serait plus temps de recourir à cette honteuse ressource des gouvernemens faibles et pusillanimes; elle n'a plus d'autres voisins que le seul qui pourra et voudra l'accabler. C'est lui qui l'entoure et l'enferme de tous les côtés, excepté de la mer et du Pô. Le golfe Adriatique, dont elle affecte encore la souveraineté chimérique, ne lui fournirait point de défenseurs contre une puissance dont elle s'est laissé circonscrire par terre *. Le Pô ne l'avoisine qu'à un État plus faible ** encore, et non moins exposé aux usurpations du plus fort.

On s'étonne sans doute que cette république si célébrée pour sa sagesse et sa fermeté, se soit laissé réduire insensiblement à un état qui diffère si peu de l'esclavage, et qui en est toujours le préliminaire certain.

Cela est pourtant bien simple et bien naturel

---

* La partie autrichienne de l'Istrie et du Frioul, le comté de Goritz, la Carniole, le Tyrol, le Milanez, le Mantouan, font les trois quarts et demi des frontières de Venise, et tout cela appartient à la maison d'Autriche.

** L'État ecclésiastique, dont on vient de parler.

au gouvernement, de nos républiques modernes. Il est défiant et pusillanime par essence. Qu'on daigne seulement se rappeler ce qui a été dit (article IX) de la Hollande; on verra que celle-ci, après avoir beaucoup plus agi, remué, intrigué, dépensé que Venise, s'est réduite à peu près au même point d'asservissement ou de nullité.

Cette défiance et cette pusillanimité républicaine est bien plus enracinée dans le gouvernement de Venise; il craint également, et les secours des étrangers, et les services de ses sujets, de ses citoyens. Une basse jalousie lui a toujours fait envier la gloire de ses généraux, et redouter jusqu'à leurs succès. Enfin, plutôt que de risquer sa précieuse tranquillité et son autorité despotique, de s'abandonner à l'appui de ses amis les plus fidèles et les plus désintéressés (tels que la France l'a toujours été pour la république), ce sénat orgueilleux et tremblant s'est lâchement borné à prêter son territoire.

Qu'en est-il résulté? c'est que, même à présent, plus tard peut-être encore, à la veille d'être attaquée, cette république n'oserait réclamer les secours des puissances amies, mais éloignées. Elles ne pourraient, en effet, arriver à temps à son aide.

Presque entièrement désarmée et entourée de toutes parts, que pourrait-elle opposer à une armée qui peut-être ne se déclarerait et n'entrerait en action qu'au milieu de son territoire, par lequel cette armée aurait demandé ou pris passage selon la coutume *?

L'État de terre ferme est semé, de loin en loin, de quelques vieilles bicoques appelées châteaux ou forteresses **, asiles paisibles d'autant de podestats ou castellans.

Ceux-ci sont toujours étonnés qu'on puisse arriver par terre jusqu'à leurs remparts ***, et

* Elle serait en même temps ou jointe ou secondée par les troupes du Milanez, du Mantouan, et par celles de Modène; car la maison d'Este a aussi des arrière-prétentions sur le Polésin, qui jadis a été démembré du duché de Ferrare.

** Castello, Rocca dit Brescia, Bergamo, Crema, etc. Ces trois villes et leurs districts (dont la première est vaste et riche) ont autrefois appartenu au Milanez, raison de plus pour s'en emparer sans autre forme de procès.

*** Ceci n'est pas une plaisanterie; c'est, à leur gré, un grand défaut dans les fortifications, et qui leur fait mépriser beaucoup ce genre de dépense, quoiqu'ils aient souvent été dans le cas de l'employer; mais ils ne savent, par eux-mêmes, en tirer aucun parti. Pour défendre une place, il leur faut toujours un gouverneur étranger, comme à Corfou; en 1715, le maréchal de Schullembourg. Ils se plaignent encore de lui, parce que, disent-ils, ce général a tant fortifié la place, qu'il y faudrait une armée pour la défendre. Enfin les Vénitiens n'en savent pas là-dessus plus que les Turcs; mais ceux-ci sont plus braves. Aussi les moins ignorans d'entre les Vénitiens ont-ils une grande vénération pour la Hollande, parce qu'ils croient qu'elle est toute dans l'eau,

cet inconvénient les déterminerait bientôt à rendre leurs places. Celles-ci d'ailleurs ne sont plus tenables contre les armées de nos jours. Le premier usage de ces donjons a été de tenir en sujétion les villes de terre ferme qui étaient encore alors indociles et remuantes.

La république de Venise est donc, dès à présent, à la discrétion, à la merci de la cour de Vienne. Elle le sent bien; mais elle se borne à éloigner sa perte, sans prendre aucune mesure vigoureuse pour la prévenir.

Elle se contente d'avoir toujours à Vienne un ambassadeur qui y joue auprès des ministres le rôle de courtisan, qui flatte, qui cajole, qui rampe, et qui répand l'argent pour être bien instruit *. Aussi regarde-t-elle les autres am-

---

comme Venise. Ils ne comprennent point la barbarie des autres peuples qui n'ont pas eu l'esprit de choisir de pareilles situations. Ceux qui ne sont pas si savans ont si peu l'idée de tout ce qui n'est pas les lagunes ou la Brenta, qu'un jeune noble disait d'amitié à un voyageur hollandais, M. Heerkens, auteur vivant, qui a fait imprimer son voyage d'Italie : « Ah! vous êtes à présent bien de nos amis; mais vous ne songerez plus à nous, sitôt » que vous serez retourné dans vos montagnes de Hollande. » Beaucoup de gens se sont récriés sur ce trait comme fabuleux et controuvé; mais ces gens n'ont pas été à Venise, ou n'y ont guère vu de Vénitiens.

* Malgré la parcimonie républicaine, il est constant que les ambassadeurs de Venise à Vienne n'épargnent rien pour fureter partout, et découvrir ce qui se passe : aussi ont-ils toujours été avertis les premiers de tous les événemens qui pourraient intéres-

bassades comme de parade, et celle-ci comme la seule de politique et d'affaires.

Cette espèce de routine lui a réussi jusqu'à présent, et il ne lui est plus guère permis de prendre un autre parti.

Dans l'état actuel des choses, il n'est pas possible à la république de se mettre par elle-même en état de défense; les efforts pénibles et lents qu'elle tenterait pour cela serviraient vraisemblablement de prétexte à l'agression qu'on aurait méditée; elle crierait en vain au secours. Si la France, par exemple, voulait alors lui en donner, la distance qui nous sépare, et les intermédiaires qu'il y aurait à gagner ou à surmonter, ne permettraient de la secourir, en effet, que par la voie des diversions : avant qu'on eût pu en faire une, l'État serait conquis, et la république abîmée.

Il ne lui reste donc, pour se fortifier, que la voie des négociations; mais deux obstacles arrêteront toujours ses premières démarches : l'orgueil et la peur.

---

ser cette cour. C'est ainsi qu'en 1735, lorsque M. du Theil fut dépêché secrètement à Vienne pour traiter de la paix, l'ambassadeur de Venise sut tout, et en instruisit jour par jour, ses maîtres, depuis l'arrivée de ce ministre secret jusqu'à son départ; et ce fut par eux que la cour de Turin eut le premier avis de la négociation.

Ces deux choses, qui devraient être toujours incompatibles, vont trop souvent de compagnie ; l'une sert à cacher l'autre, et c'est ici le cas.

Les Vénitiens ont une si haute opinion de leur propre sagesse, qu'ils s'imaginent bonnement d'en imposer par leur contenance, et de se faire rechercher de toutes les puissances intéressées aux affaires d'Italie. Ils ne peuvent donc se résoudre à faire les premiers pas, et attendent toujours que ces puissances viennent, comme autrefois, mendier leur alliance ; ils attendront long-temps : voilà l'orgueil.

D'un autre côté, ils sentent si bien leur situation, qu'ils tremblent toujours de se compromettre ; et, dans le cas où quelque puissance voudrait les engager à se mettre en défense et en état de prendre des mesures vigoureuses en leur promettant de les seconder, ils trembleraient encore de donner de l'ombrage à l'ennemi même dont on voudrait les garantir : voilà la peur.

Pour les guérir de ce dernier défaut (car le premier, au fond, est assez indifférent, et ne peut produire que du ridicule), il n'existerait qu'un moyen : ce serait de se porter sur eux, ou d'avoir si bien pris d'avance toutes ses dimensions pour être sûr d'y arriver à temps, que cette certitude leur inspirât enfin le courage et la confiance.

Résumons sur la position respective de cette république à l'égard de la France.

C'est celle d'un État faible, passif et nul, relativement à un autre État puissant, ami, ancien allié, dont il a toujours éprouvé la bienveillance et reçu de bons offices; mais, dans cette position, il y a deux inconvéniens fort graves :

L'un, que l'État puissant avait perdu de vue, pendant quelque temps, les principes d'après lesquels il aurait dû veiller, influer sur l'État faible, ainsi que sur tout le reste de l'Italie;

L'autre, que la situation locale de chacun de ces deux États les tient trop éloignés et trop séparés l'un de l'autre, pour que le plus faible puisse compter avec certitude sur les secours du plus fort.

Concluons seulement, 1° que la France ne devrait pas refuser son secours à la république de Venise, dans le cas où celle-ci serait enfin réduite à le réclamer contre toute puissance qui voudrait envahir son territoire et renverser sa constitution;

2° Que, dans l'état actuel des choses, la France ne pourrait pas accorder ce secours, ou du moins l'effectuer, attendu la distance et les intermédiaires;

3° Qu'il serait, pour la France, plus prudent, plus noble, plus grand, plus conforme au désir de la paix, de n'être dans le cas ni d'accorder ni de refuser ce secours;

4° Que, pour éviter cette alternative, il n'y a qu'un moyen; c'est de la prévenir, en mettant d'avance les choses au point que le cas de la demande ne puisse pas avoir lieu *;

---

* « Cet article IV est très obscur. Comment se mettre
» en position de n'avoir ni à refuser ni à donner du
» secours aux Vénitiens? On devine que Favier, sans
» oser le prononcer, voulait qu'on détruisît les obsta-
» cles intermédiaires qui pouvaient arrêter la France,
» c'est-à-dire qu'on prît le Milanez à l'empereur; c'é-
» tait faire la guerre, pour conserver ensuite la paix
» plus solidement : vrai paradoxe politique que dicte
» l'animosité, et qui offre des malheurs certains pour
» un avantage incertain. Il me semble que, relative-
» ment à Venise, Favier tombait dans plus d'une er-
» reur. Si la puissance de cette république était dimi-
» nuée, on ne pouvait en accuser son gouvernement :
» elle avait cédé à des circonstances impérieuses qui
» changeaient toute la face de l'univers. Venise était
» florissante et respectable avant que Gama eût doublé
» le cap de Bonne-Espérance et frayé une nouvelle
» route au commerce des Indes, lorsque l'Amérique
» n'était pas connue, et lorsque toutes les monarchies

5° Enfin que, pour cela, il faut toujours en revenir à ce qu'on ne peut trop répéter, c'est-à-dire à la formation d'un nouveau système de puissance fédérative et de puissance militaire.

« de l'Europe étaient sans marine, sans finances et sans armées régulières ; alors son activité, son commerce et ses richesses lui avaient fait jouer un rôle brillant. Mais la découverte d'un nouveau monde, la chute de l'anarchie féodale, et l'accroissement du pouvoir des rois, ayant à la fois anéanti le commerce des Vénitiens et donné à plusieurs puissances des forces de terre et de mer si colossales, toute la sagesse et l'habileté du sénat de Venise n'avaient plus eu d'autre but raisonnable que la conservation de son territoire et de son repos; et on doit convenir que sa prudence avait admirablement rempli cet objet, que toute autre conduite lui aurait fait manquer indubitablement. La France était toujours la protectrice des Vénitiens ; et les Français seraient entrés dans le Brabant et dans le Milanez, si l'empereur avait voulu renverser la république. Son existence tranquille, jusqu'à l'époque de la révolution, prouve que les craintes de Favier n'étaient pas fondées : et, si l'Autriche possède aujourd'hui Venise, on ne doit pas en conclure que la prédiction de l'auteur est accomplie; car cette acquisition de l'empereur, loin d'être un effet de l'alliance de 1756, est une suite de la guerre allumée entre l'Autriche et la France, et une compensation de la perte du Brabant et du Milanez. » (Ségur.)

LA TOSCANE.

Ce grand-duché, jusqu'à présent, a été seul exempt des malheurs de la guerre, quoique la succession de Jean Gaston * eût été le germe des deux dernières en Italie.

Le feu empereur, devenu son héritier par l'échange de la Lorraine, se conduisit fort adroitement pendant la dernière de ces deux guerres. Il obtint la neutralité, et jouit tranquillement de la Toscane, pendant que son épouse l'impératrice-reine et son frère le prince Charles attaquaient la Lorraine, et réclamaient la possession d'un État dont François Ier avait reçu au moins l'équivalent.

Cette conduite aurait pu et dû être, pour les trois couronnes de la maison de Bourbon, un juste motif de ne plus respecter cette neutralité : on aurait évité par là tous les malheurs de cette guerre en Italie. Il est constant que leur première cause fut, pour les Espagnols et les Napolitains, d'avoir tourné deux ans autour de la Toscane, au lieu d'y entrer et de s'y éta-

* Dernier grand-duc de la maison de Médicis.

blir, à quoi ils n'auraient trouvé aucune difficulté.

Lors enfin qu'en 1745 les trois armées se réunirent, qu'on fut maître de Nice et de Villefranche, que Gênes se déclara, et qu'il ne restait aux Anglais qu'une seule relâche sur toutes les côtes de l'Italie, c'est-à-dire le port de Livourne, c'était le moment d'ôter aux alliés cette unique communication avec l'ennemi commun. Ils auraient été privés des secours de toute espèce, surtout de vivres, d'armes et de munitions, qu'ils en tiraient sans cesse par cette voie et par la connivence du gouvernement de Toscane. Ils auraient même éprouvé beaucoup plus de difficultés et de retards pour les remises d'argent que leur faisaient aussi, par le même canal, les deux puissances maritimes. On pourrait démontrer que ces deux fautes d'omission ont entraîné toutes les autres, et décidé en faveur des alliés le sort de la guerre d'Italie.

Cette observation ne peut pas être superflue: elle indique du moins de pareilles fautes à éviter pour l'avenir; et la conséquence nécessaire qui se présente, c'est que, dans le cas d'une guerre future en Italie, on ne doit jamais permettre que la Toscane reste neutre.

Jetons à présent un coup d'œil sur son état

actuel, et voyons de quel poids cet État, soumis aujourd'hui à un archiduc, peut et doit être, à l'avenir, dans le système politique de la maison d'Autriche.

Elle possède en propre le Milanez et le Mantouan; de là, par l'État de Modène, dont elle dispose déjà, et qui lui appartiendra bientôt, elle donne la main à la Toscane.*

Dès à présent donc, depuis le Tésin jusqu'à l'entrée de l'État ecclésiastique, ouvert au premier occupant, cette chaîne de cent lieues de longueur est soumise à la domination autrichienne.

La Toscane en fait une des extrémités, et cette partie, la plus faible en apparence, en est cependant la plus importante. C'est une espèce d'avant-poste qui menace sans cesse l'État ecclésiastique, et qui le serre d'un côté, tandis que le Mantouan et le Modénois le touchent de l'autre.

Ce même avant-poste, le plus voisin du royaume de Naples, ne lui en imposerait pas moins, en cas de rupture avec la cour de Vienne. Il

---

* C'est pour mieux assurer et faciliter cette communication que les deux cours de Modène et de Florence ont fait percer de concert un grand chemin au travers des montagnes de la Grafignance. Une armée peut marcher par là directement, et à travers la Toscane, jusqu'à la frontière de l'État ecclésiastique.

faut observer que la chaîne dont nous venons de parler coupe l'Italie en diagonale, depuis les Alpes jusque par-delà les Apennins, et qu'elle sépare dans sa longueur les États de Piémont, de Gênes et de Parme, de ceux de Venise, de Rome, et par conséquent du royaume de Naples.

Trois États d'un côté et trois de l'autre restent donc désormais sans communication entr'eux : elle leur est coupée par la domination autrichienne; elle est interdite aussi par terre à la France, et par conséquent à l'Espagne, dans le cas où l'une des deux branches italiennes de la maison de Bourbon serait obligée de réclamer leur appui *.

La Toscane, il est vrai, présente, au premier coup d'œil, toutes les apparences d'un État pacifique, et même désarmé. Son intérêt, dit-on, son système fondamental est de conserver sa tran-

* « C'est précisément cette position de la Toscane qui
» nous a, dans toutes les guerres, garanti son système
» de tranquillité et de neutralité. Trop loin de l'Au-
» triche pour être promptement secourue, et exposée
» sans défense aux attaques des Français et des Napo-
» litains, la cour de Florence, quoique autrichienne,
» était forcée, pour conserver son existence, de se mé-
» nager la protection et la bienveillance du gouverne-
» ment français. Si, comme Favier le souhaitait, les

quillité, de cultiver les arts, d'encourager sans cesse l'agriculture, d'animer l'industrie, et de favoriser le commerce. Ces principes étaient ceux des Médicis. Le feu empereur les avait adoptés, et le grand-duc régnant semble les avoir pris pour l'unique règle de sa conduite.

Oui, sans doute, et c'est celle que la cour de Vienne a dû lui prescrire. Cette cour a trop éprouvé combien il était utile pour elle que la Toscane fût tranquille et neutre, en apparence, dans toutes les querelles de l'Italie et de l'Europe. Par là ce petit État riche et florissant était devenu, pour la nouvelle maison d'Autriche, une mine d'or dans laquelle on sait combien elle a puisé. Quel autre usage aurait-elle pu en faire, qui n'eût compromis toutes les ressources qu'elle en tirait; et encore à présent, qu'a-t-elle besoin que la Toscane soit un État militaire ?

» rois d'Espagne ou de Naples eussent possédé la Tos-
» cane, peut-être alors la nécessité de protéger le reste
» de l'Italie contre leur ambition, aurait brouillé la
» France avec ces deux puissances. La division de l'Al-
» lemagne et de l'Italie en petits États, a toujours été la
» vraie cause de la grandeur de la France : ainsi le chan-
» gement le plus favorable pour elle, aurait été celui
» qui aurait fait de la Toscane un état indépendant de
» toutes les grandes monarchies. » (Ségur.)

Nous l'avons déjà dit, ce n'est qu'un avant-poste ; il n'est point garni, mais il peut toujours l'être à temps, au moyen de la communication nouvellement établie, et qui n'existait point avant la paix d'Aix-la-Chapelle.

Le projet ne pouvait pas même en être formé alors. Ce ne fut qu'en 1752 qu'il commença d'éclore *. A présent qu'il est rempli, on ne doit plus partir des faibles et paisibles Médicis, pour apprécier les vues et le système particulier de la nouvelle maison grand-ducale.

Ce n'est pas que, jusqu'à présent, elle ait paru s'écarter de leurs principes pacifiques ; mais, encore une fois, le système général, l'ensemble des vues et des projets de la cour de Vienne sur l'Italie n'a pris toute sa consistance que depuis le mariage de l'archiduc Ferdinand avec la princesse de Modène ; et même depuis, elle n'aurait eu aucun motif de faire jouer au grand-duc un rôle différent. On ne doit pas s'attendre qu'elle le mette en frais de troupes ni de places. Il est à l'abri de toute attaque par terre, tant que l'union subsistera entre les deux cours et les deux familles de Florence et de Naples, et plus encore entre les deux maisons de Bourbon et d'Autriche. Si les choses chan-

* On en parlera lorsqu'il sera question des États de Modène.

geaient, il serait bientôt plus à redouter que dans le cas de craindre lui-même; et toute la puissance autrichienne en Italie se porterait à son secours aussitôt qu'il serait seulement menacé.

Ce ne serait pas non plus par l'État des Présides * que la Toscane pourrait être prise au dépourvu. Cette expédition maritime ne serait pas plus subite qu'une attaque par terre. Les préparatifs militaires, les armemens des vaisseaux de guerre, l'embargo d'un grand nombre de vaisseaux de transport, les approvisionnemens considérables qu'exige une telle entreprise, tout cela s'annonce avec trop d'éclat; et plus on est près de l'ennemi, plus tôt il en est averti. Si la cour de Naples faisait mine seulement d'augmenter les garnisons de ces places, ou d'y former des magasins, le grand-duc, on le répète, serait aussitôt en mesure et pour se défendre, et pour attaquer. Il n'a pas besoin pour cela de rester armé; sa maison l'est pour lui, et si puissamment, qu'elle en impose à l'Italie encore plus qu'à l'Allemagne.

* *Stato degli Presidii*, c'est-à-dire les places d'Orbitello, Piombino, Porto-Ercole, Monte-Filippo et Portolongone sur la côte de Toscane, et dans l'île d'Elbe. Cet État de garnisons, qui avait appartenu à l'Espagne, et qui fut repris sur les Autrichiens en même temps que le royaume de Naples, est resté annexé à cette couronne.

Il pourrait d'ailleurs arriver tout naturellement que l'empereur ne laissât point de postérité, puisque ce prince ne paraît pas encore disposé à se remarier; alors le grand-duc, héritier de tous les États autrichiens, ajouterait vraisemblablement la Toscane à cette masse de puissance* ; alors il ne serait plus question d'un système particulier et personnel au grand-duc, mais du système général de la maison d'Autriche.

Nous avons déjà exposé quel il peut et doit être à l'égard de l'Italie, et nous n'insisterons pas davantage sur les conséquences qui en découleraient naturellement dans le cas de cette réunion du grand-duché à la monarchie autrichienne. Il nous reste à examiner quelle est la position respective de la Toscane à l'égard de la France.

Cela sera court. Elle se réduit et se renferme entièrement dans la position de la cour de Vienne, respectivement à la même couronne.

Les liens de l'affinité, les tendresses du sang peuvent bien nourrir entre la cour de Florence

---

* Qui sait en effet s'il penserait à cet égard comme le feu empereur, et si, à la place de Joseph II, il n'adopterait pas ses principes? On sait que celui-ci a vu avec regret la Toscane détachée de la primogéniture, et qu'il tient fortement au principe d'indivisibilité, établi par la pragmatique sanction.

et celles de Madrid et de Naples ces amitiés personnelles que le vulgaire est accoutumé à regarder comme autant de nœuds indissolubles et de garans d'une éternelle paix.

De là, peut-être, on prétendrait inférer que cette position de la cour grand-ducale serait aussi subordonnée aux dispositions naturelles des deux autres cours à l'égard de la nôtre, et par conséquent que leur influence y balancerait celle du cabinet de Vienne.

Mais ces nœuds rompus tous les jours par l'intérêt, même entre les particuliers qui les comptent pour quelque chose, ne sont, aux yeux des cours et des princes ambitieux, que des instrumens qu'ils savent briser après s'en être servis.

Il ne faut donc pas se flatter que la cour de Vienne fût arrêtée dans ses projets par toutes ces considérations personnelles, ni qu'elles eussent assez de poids sur celle de Toscane pour la dérober à son influence. La première fera tant qu'on voudra, elle recherchera même et sollicitera des mariages et des alliances ; mais cette cour a toujours su faire servir à ses intérêts les liens du sang, sans en être jamais arrêtée lorsqu'ils peuvent l'embarrasser *.

---

* On pourrait faire un recueil curieux d'observations historiques sur les différentes archiduchesses ou proches parentes que

On ne serait pas même en droit de s'en plaindre, si, par hasard, on avait compté, pour leur durée, sur ces nouvelles affinités. L'usage à cet égard est trop établi pour qu'on puisse ou doive s'y méprendre.

Donc, quels que soient les liens du sang et de l'affinité entre les familles royales d'Espagne, de Naples et de Florence, et les amitiés personnelles qui en peuvent résulter, la cour grand-ducale n'a et ne peut avoir de vues, de projets, d'intérêt que ceux de la cour impériale; elle ne pourra ni ne voudra se soustraire à son influence ou à sa direction.

Donc la position respective de la Toscane, considérée comme État d'Italie, relativement à la France, n'est aucunement différente de celle d'un archiduc puîné, mais qui a fait souche, et qui déjà peut être regardé comme chef de la branche aînée de la maison d'Autriche.

Donc sa position politique à l'égard de la France est comprise et renfermée dans celle de la cour de Vienne, relativement à cette couronne. Elle est topographiquement aussi la même avec celles de la Lombardie et les États de cette maison en Italie.

---

la maison d'Autriche a mariées, depuis plus de deux cents ans, à divers souverains, et du parti avantageux qu'elle a eu l'habileté d'en tirer dans toutes les occasions.

Donc enfin, pour apprécier cette position respective dans tous ses points et dans toutes ses conséquences, il faut remonter à celle déjà définie de la cour de Vienne, respectivement à la France.

FIN DU TOME SECOND.

TABLE DES MATIÈRES

CONTENUES DANS CE VOLUME.

POLITIQUE DES CABINETS DE L'EUROPE.

SUITE DE LA SECTION II.

                                                      Pag.

ARTICLE VI. De la Porte................ 1

ART. VII. De la cour de Vienne........... 37

Extrait de la convention, ou traité secret entre le roi et l'impératrice-reine, signé à Versailles, le 30 décembre 1758, par MM. le duc de Choiseul et le comte de Stharemberg............. 63

ART. VIII. De l'Empire, ou corps germanique... 74

De la Saxe......................... 92

De la Bavière....................... 96

De la maison Palatine................. 100

De la maison de Brunswick............. 105

De la Hesse......................... 114

Du Wurtemberg..................... 120

Récapitulation de l'article VIII.......... 121

ART. IX. De la Hollande ou des états-généraux des Provinces-Unies.................. 124

ART. X. De l'Angleterre................. 154

	Pag.
Art. XI. Du Portugal	184
Art. XII. De l'Espagne	217
Observations additionnelles sur l'article XII, de l'Espagne.	256
I. De la haine nationale	ib.
II. De la marine	261
III. Des démêlés qui peuvent naître entre l'Espagne et l'Angleterre, à l'occasion des établissemens faits par les Anglais sur les côtes espagnoles du continent de l'Amérique.	265
IV. De l'état actuel des possessions espagnoles en Amérique.	274
V. De la fertilité, la population et l'industrie de quelques provinces d'Espagne.	280
Pacte de famille entre la France et l'Espagne.	285
Examen, par M. le comte de Ségur, d'un ouvrage intitulé : Extrait du pacte de famille.	306
Art. XIII. De l'Italie	324
Naples et Sicile	333
État ecclésiastique	344
La république de Venise	352
La Toscane	364

FIN DE LA TABLE.

www.ingramcontent.com/pod-product-compliance
Lightning Source LLC
Chambersburg PA
CBHW050534170426
43201CB00011B/1427